"本科教学工程"全国纺织专业规划教材

纺织商品学

FANGZHI
SHANGPINXUE

朱进忠　主编

化学工业出版社

·北京·

本书介绍了纤维、纱线、织物、服装、家纺和产业用纺织商品的品种类别、生产形成、品质特征、质量要求、用途性能、编码代号、标志包装、仓储运输、保养使用等方面的内容，涉及面广，实用性强。

　　本书适合各类纺织高等院校作教材，也可供商务贸易、物流仓储、商检海关、技术监督和纺织企事业单位的经贸人员和技术人员参考。

图书在版编目（CIP）数据

纺织商品学 / 朱进忠主编 ． —北京：化学工业出版社，2015.6

"本科教学工程"全国纺织专业规划教材

ISBN 978-7-122-23661-6

Ⅰ.①纺⋯　Ⅱ.①朱⋯　Ⅲ.①纺织品 – 商品学 – 高等学校 – 教材　Ⅳ.① F768.1

中国版本图书馆 CIP 数据核字（2015）第 079175 号

责任编辑：崔俊芳　　　　　　　　　　　　装帧设计：史利平
责任校对：宋　玮

出版发行：化学工业出版社（北京市东城区青年湖南街13号　邮政编码100011）
印　　装：三河市延风印装有限公司
787mm×1092mm　1/16　印张13¹/₂　字数326千字　2015年7月北京第1版第1次印刷

购书咨询：010-64518888（传真：010-64519686）　售后服务：010-64518899
网　　址：http://www.cip.com.cn
凡购买本书，如有缺损质量问题，本社销售中心负责调换。

定　　价：39.00元　　　　　　　　　　　　　　　　版权所有　违者必究

"本科教学工程" 全国纺织服装专业规划教材
编审委员会

《纺织商品学》
教材编审委员会

主　编　朱进忠（河南工程学院）

副主编　吴　英（武汉纺织大学）　　　　睢建华（苏州大学）

　　　　李亚娟（河南工程学院）　　　　赵　博（中原工学院）

主　审　王府梅（东华大学）

参编人员

　　　　唐　静（天津工业大学）　　　　张　弦（西安工程大学）

　　　　马会芳（河南工程学院）　　　　普丹丹（河南工程学院）

　　　　王　萌（河南省纺织产品质量监督检验院）

　　　　李　一（成都纺织高等专科学校）

　　　　雷　励（成都纺织高等专科学校）

　　　　彭孝蓉（成都纺织高等专科学校）

　　　　李文彦（成都纺织高等专科学校）

支持委员

　　　　沈兰萍（西安工程大学）　　　　李亚滨（天津工业大学）

　　　　张尚勇（武汉纺织大学）　　　　段文平（河南工程学院）

　　　　牛建设（中原工学院）　　　　　李亚娟（河南工程学院）

　　　　丁雪梅（东华大学）　　　　　　刘文贵（河南工程学院）

　　　　潘绍来（南通纺织职业技术学院）

　　　　李雪月（郑州第一纺织有限公司）

　　　　杨柳松（郑州领秀梦舒雅服饰有限公司）

　　　　潘玉强（河南众诚纺织品有限公司）

　　　　王　普（郑州市娅丽达服饰有限公司）

　　　　孙家红（河南威龙进出口有限公司）

　　　　董新蕾（河南出入境检验检疫局）

序 *Preface*

　　教育是推动经济发展和社会进步的重要力量，高等教育更是提高国民素质和国家综合竞争力的重要支撑。近年来，我国高等教育在数量和规模方面迅速扩张，实现了高等教育由"精英化"向"大众化"的转变，满足了人民群众接受高等教育的愿望。我国是纺织服装教育大国，纺织本科院校47所，服装本科院校126所，每年两万余人通过纺织服装高等教育。现在是纺织服装产业转型升级的关键期，纺织服装高等教育更是承担了培养专业人才、提升专业素质的重任。

　　化学工业出版社作为国家一级综合出版社，是国家规划教材的重要出版基地，为我国高等教育的发展做出了积极贡献，被新闻出版总署评价为"导向正确、管理规范、特色鲜明、效益良好的模范出版社"。依照《教育部关于实施卓越工程师教育培养计划的若干意见》（教高［2011］1号文件）和《财政部 教育部关于"十二五"期间实施"高等学校本科教学质量与教学改革工程"的意见》（教高［2011］6号文件）两个文件精神，2012年10月，化学工业出版社邀请开设纺织服装类专业的26所骨干院校和纺织服装相关行业企业作为教材建设单位，共同研讨开发纺织服装"本科教学工程"规划教材，成立了"纺织服装'本科教学工程'规划教材编审委员会"，拟在"十二五"期间组织相关院校一线教师和相关企业技术人员，在深入调研、整体规划的基础上，编写出版一套纺织服装类相关专业基础课、专业课教材，该批教材将涵盖本科院校的纺织工程、服装设计与工程、非织造材料与工程、轻化工程（染整方向）等专业开设的课程。该套教材的首批编写计划已顺利实施，首批60余本教材将于2013～2014年陆续出版。

　　该套教材的建设贯彻了卓越工程师的培养要求，以工程教育改革和创新为目标，以素质教育、创新教育为基础，以行业指导、校企合作为方法，以学生能力培养为本位的教育理念；教材编写中突出了理论知识精简、适用，加强实践内容的原则；强调增加一定比例的高新奇特内容；推进多媒体和数字化教材；兼顾相关交叉学科的融合和基础科学在专业中的应用。整套教材具有较好的系统性和规划性。此套教材汇集众多纺织服装本科院校教师的教学经验和教改成果，又得到了相关行业企业专家的指导和积极参与，相信它的出版不仅能较好地满足本科院校纺织服装类专业的教学需求，而且对促进本科教学建设与改革、提高教学质量也将起到积极的推动作用。希望每一位与纺织服装本科教育相关的教师和行业技术人员，都能关注、参与此套教材的建设，并提出宝贵的意见和建议。

2013.3

前　言

近年来，随着纺织科技和网络电商的飞速发展，新材料、新工艺、新设备和新纺织标准不断涌现，引起了交换市场中纺织商品的变化，纺织商品学教学内容也相应发生改变。为充分体现纺织高等院校人才培养目标的要求，基于新形势下对技术应用型人才基本特征及培养规律的认识和探索，根据卓越工程师的培养要求，我们编写了这本《纺织商品学》。

《纺织商品学》是"本科教学工程"全国纺织专业规划教材之一，自从2013年初立项以来，受到业界的大力关注和积极支持。2013年11月，在郑州召开教材编审委员会研讨会，商定了教材的结构框架和具体内容等问题。2015年初，经过编写和审稿人员的通力合作，终于完成编写。

《纺织商品学》力求呈现以下几个特点。

（1）充分考虑到近几年来纺织商品的发展和变化，强调新品种，反映新商品。

（2）将新标准、新商品及时引入教材，按照国家和行业标准的规定修订名词术语和概念，确保指标、要求、方法等内容与最新国家标准一致，充分体现教材的时效性和前瞻性。

（3）更加强调学生实践能力的培养，强化学生的职业技能。

（4）教材内容富有弹性，有一定的覆盖面，基本可以满足不同专业方向对纺织商品学教材的需求。

（5）段落语句尽量简化精练。

（6）在每章前后分别设置本章知识点、思考与实训题。

（7）多采用展示图片，以加强教材内容的形象化。

河南工程学院朱进忠编写第一章、第三章第三~第四节、第十一章第一节；

天津工业大学唐静编写第二章、第九章第一节；

中原工学院赵博编写第三章第一~第二节、第四~第五章、第九章第二～第三节、第十章第一～第四节、第十一章第四节、第十四章；

河南工程学院李亚娟编写第三章第五节、第七章第一～第三节、第十二章、第十六章；

武汉纺织大学吴英编写第六章第一～第三节、第六章第五节、第十一章第二节、第十三章；

苏州大学眭建华编写第六章第四节；

西安工程大学张弦编写第十五章；

成都纺织高等专科学校李一编写第六章第六、第七节；

成都纺织高等专科学校雷励、李一编写第七章第四节；

成都纺织高等专科学校李文彦、李一编写第七章第五节；

成都纺织高等专科学校彭孝蓉、李一编写第八章；

河南省纺织产品质量监督检验院王萌编写了第十章第五节、第十一章第三节。

河南工程学院马会芳、普丹丹参与了书稿的校对。

限于笔者的能力水平有限，书中难免有不足、疏漏之处，敬请广大读者不吝赐教。

编者

2015年2月

目 录
Contents

基础篇

◎ 第一章　纺织商品与纺织商品学 ————————————————2
第一节　纺织商品的概念、分类和特性指标 ⋯⋯⋯⋯⋯⋯⋯⋯⋯⋯⋯ 2
第二节　纺织商品学及其形成与发展 ⋯⋯⋯⋯⋯⋯⋯⋯⋯⋯ 7

◎ 第二章　纺织商品的构成、品种与质量 ————————————10
第一节　纺织商品的构成 ⋯⋯⋯⋯⋯⋯⋯⋯⋯⋯⋯⋯⋯ 10
第二节　纺织商品的品种 ⋯⋯⋯⋯⋯⋯⋯⋯⋯⋯⋯⋯⋯ 12
第三节　纺织商品的质量 ⋯⋯⋯⋯⋯⋯⋯⋯⋯⋯⋯⋯⋯ 15

◎ 第三章　纺织商品的生产形成 ————————————————20
第一节　化学纤维的生产形成过程 ⋯⋯⋯⋯⋯⋯⋯⋯⋯⋯ 20
第二节　纱线的加工形成 ⋯⋯⋯⋯⋯⋯⋯⋯⋯⋯⋯⋯⋯ 21
第二节　机织物的加工形成 ⋯⋯⋯⋯⋯⋯⋯⋯⋯⋯⋯⋯ 25
第四节　纺织品的染整加工 ⋯⋯⋯⋯⋯⋯⋯⋯⋯⋯⋯⋯ 27
第五节　服装的设计生产加工形成 ⋯⋯⋯⋯⋯⋯⋯⋯⋯⋯ 29

品种篇

◎ 第四章　纤维商品 ————————————————————————34
第一节　天然纤维的主要品种 ⋯⋯⋯⋯⋯⋯⋯⋯⋯⋯⋯⋯ 34
第二节　化学纤维的主要品种 ⋯⋯⋯⋯⋯⋯⋯⋯⋯⋯⋯⋯ 39
第三节　新型化纤的主要品种 ⋯⋯⋯⋯⋯⋯⋯⋯⋯⋯⋯⋯ 43

◎ **第五章　纱线商品** ——————————————— **48**

第一节　纱线的特征与分类 ……………………… 48

第二节　纱线的主要品种 …………………………… 52

◎ **第六章　织物商品** ——————————————— **58**

第一节　织物的组织 ………………………………… 58

第二节　棉织品 ……………………………………… 61

第三节　毛织品 ……………………………………… 66

第四节　丝织品 ……………………………………… 72

第五节　麻织品 ……………………………………… 76

第六节　针织物 ……………………………………… 79

第七节　非织造布 …………………………………… 85

◎ **第七章　服装、家纺商品** ——————————— **87**

第一节　服装的分类 ………………………………… 87

第二节　服装的号型 ………………………………… 92

第三节　服装的主要品种 …………………………… 96

第四节　针织服装及其主要品种 …………………… 98

第五节　家用纺织品及其主要品种 ………………… 99

◎ **第八章　产业用纺织商品** ——————————— **104**

第一节　产业用纺织品概念和分类 ………………… 104

第二节　产业用纺织品的主要品种 ………………… 105

评价篇

◎ **第九章　纺织商品检验与纤维质量评价** ————— **122**

第一节　纺织商品检验 ……………………………… 122

第二节　天然纤维的品质评定与检验 ……………… 126

第三节　化学短纤维的品质评定与检验 …………… 133

◎ **第十章　纱线的质量评定** ——————————— **136**

第一节　棉纱线的质量评定 ………………………… 136

第二节　生丝的质量评定 …………………………… 140

第三节　麻纱线的质量评定 ………………………… 140

第四节　毛纱线的质量评定 ………………………… 141

第五节　化纤长丝纱的质量评定 …………………… 142

◎ **第十一章　织物的质量评价** ————————————145

　　第一节　织物的质量标准 ························· 145

　　第二节　织物的内在质量考核指标 ··················· 146

　　第三节　织物的外观质量考核指标 ··················· 149

　　第四节　纺织品的纤维成分鉴别 ···················· 149

◎ **第十二章　服装的质量评价** ————————————154

　　第一节　机织服装质量检验与评价 ··················· 154

　　第二节　针织服装的主要质量标准与检验 ··············· 165

流通篇

◎ **第十三章　纺织商品贸易与成本核算** ——————————170

　　第一节　纺织商品贸易基础 ······················· 170

　　第二节　纺织外贸成本核算 ······················· 176

◎ **第十四章　纺织商品的包装与标识** ———————————182

　　第一节　服装商品的包装与标识 ···················· 182

　　第二节　纤维商品的包装与标识 ···················· 185

　　第三节　纱线商品的包装与标识 ···················· 186

　　第四节　织物商品的包装与标志 ···················· 187

◎ **第十五章　纺织商品的选购** ————————————190

　　第一节　服装产品的选购要素 ····················· 190

　　第二节　各类纺织商品的选购 ····················· 193

◎ **第十六章　纺织商品的使用养护** ————————————195

　　第一节　纺织品服装的污染与除渍 ··················· 195

　　第二节　纺织品服装的洗涤 ······················· 196

　　第三节　废旧纺织品服装的废弃和再利用 ··············· 200

◎ **参考文献** ————————————————————203

基础篇

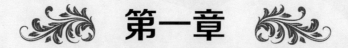

第一章

纺织商品与纺织商品学

【本章知识点】

- 纺织商品的概念及一般分类；
- 纺织商品的特性指标；
- 纺织商品学的内容、任务、形成和发展。

纺织商品是人类社会物质文化生活中的一类重要商品，与工农业生产、交通运输、国防军事、医疗卫生以及劳动保护等方面关系密切，在国计民生中占有重要地位。

第一节 纺织商品的概念、分类和特性指标

一、纺织商品的概念

纺织商品是指提供给市场交换、用于满足人民生活和社会需要的各种纺织制品，即市场上的由各种纤维经过纺织加工而形成的制品，包括各种纤维本身，以及纱线、织物、服装等，统称为纺织商品。

纺织商品一般有三个特征：一是其构成是以纤维为主体，或为纤维，或为纤维制品，虽然在形成纺织商品的过程中有非纤维材料被采用，但构成纺织商品的主体是各种纤维；二是一般经过制纤、纺纱、织造、染整、制衣等工艺的部分或全部加工过程，具有适应各种需要的使用价值；三是进入市场流通实现其使用价值，若未进入流通领域则不称其为商品，而只能是制品、物品或产品。

现代纺织商品的概念是广义的、整体的。它不仅指一种纺织物体，也不仅指一种服务，还包括购买纺织商品所得到的直接的、间接的，有形的、无形的利益和满足感。概括地说，纺织商品是人类有目的的劳动产品，是人和社会需要的物化体现，可以包括纺织实物、纺织知识、纺织服务等。消费者购买纺织商品，本质是购买一种需要，这种需要不仅体现在纺织商品消费时，而且还表现在纺织商品购买和消费的全过程。

二、纺织商品的一般分类

（一）按商品形态分

按商品形态有形纺织商品分为纤维商品、纱线商品、织物商品、服装商品、家纺商品、

产业用纺织商品六大类。

（二）按商品用途分

纺织商品应用非常广泛，按其最终用途可分为服用、家用和产业用三大类。

1. 服用纺织商品

包括面料、里料、填料、衬料、辅料等服用材料和袜子、手套、围巾、手帕等衣着配用品。

2. 家用纺织商品

包括各种床上用品、家具用布，餐巾、浴衣等餐饮盥洗用品，各种台布、墙布、壁挂、帷幕、窗帘、人造草坪等地面、壁面及建筑场所用装饰品。简称家纺产品。

3. 产业用纺织商品

种类繁多，有土工布、农业栽培用的各种遮阳布、育秧布等；渔业水产养殖用的各种渔网、钓钩线、网绳等；传动带，篷盖、帐篷，还有印刷用毡、钢琴琴键毡，尼龙粘扣带，船用救生抛绳，粉尘、烟尘、制糖过滤织物；电讯行业的各类筛网，隔热、隔音、绝缘用套管、吸声材料；各种类型的包装用材；各类劳保防护服、阻燃服、消防服、航天服、防静电服、透气防毒服等；医用高分子绷带、无损伤缝合线、可溶性止血布、人工血管，芭蕾鞋、运动鞋里布、足球里布，各种灯箱广告布，以及导弹、火箭等国防、航空航天及尖端工业用碳素纤维材料制品等。

三、纺织商品的特性指标

（一）吸湿性

纤维纺织品较为突出的性能之一是在空气中具有吸收或放出水蒸气的能力，称为吸湿性。因吸湿导致纤维纺织品的重量发生变化，在日常的贸易、计价和计划报表中广泛应用的质量是公定质量。

1. 回潮率和含水率

表示吸湿性的指标有回潮率和含水率两种，回潮率用得多。回潮率是指纤维材料中所含水分质量对纤维干燥质量的百分率；含水率是指纤维材料中所含水分质量对纤维含湿质量的百分率。其计算式如下。

$$W = \frac{G - G_0}{G_0} \times 100\%$$

$$M = \frac{G - G_0}{G} \times 100\%$$

式中　W——回潮率，%；

　　　M——含水率，%；

　　　G——含湿质量，g；

　　　G_0——干燥质量，g。

2. 标准回潮率

纤维及其制品的实际回潮率会随温湿度等条件而变。为了衡量各种纺织材料的吸湿能力，需把它们放在统一规定的标准大气条件下一定时间后使之回潮率达到一个稳定值，这时的回潮率称为标准回潮率。GB/T 6529—2008规定，温带标准大气为温度（20±2）℃、相对湿度（65±4）%（4%含测试不确定度）。

3. 公定回潮率

纺织商品的回潮率不同时，其质量也不同。为了消除因回潮率不同而引起的质量差异，满足纺织贸易和检验的需要，国家依据标准回潮率对各种纺织商品所规定的统一回潮率，称为公定回潮率。GB 9994—2008规定的常见纺织商品的公定回潮率见下表。混合纤维的公定回潮率，可按混合比例和混合纤维公定回潮率加权平均计算。

常见纺织商品的公定回潮率

纺织商品	公定回潮率/%	纺织商品	公定回潮率/%
棉纤维、棉纱线、棉缝纫线	8.5	黄麻及其纱线、织物	14.0
棉织物	8.0	桑蚕丝、柞蚕丝	11.0
羊毛洗净毛（同质）	16.0	木棉	10.9
羊毛洗净毛（异质）	15.0	椰壳纤维	13.0
羊毛精梳落毛	16.0	黏胶纤维、富强纤维、铜氨纤维	13.0
羊毛再生毛	17.0	莫代尔纤维	11.0
羊毛干毛条	18.25	莱赛尔纤维	10.0
羊毛油毛条	19.0	醋酯纤维	7.0
羊毛精纺毛纱	16.0	三醋酯纤维	3.5
羊毛粗纺毛纱	15.0	涤纶	0.4
羊毛织物	14.0	锦纶	4.5
羊毛绒线、针织绒线	15.0	腈纶	2.0
羊毛针织物	15.0	维纶	5.0
羊毛长毛绒织物	16.0	丙纶、乙纶、含氯纤维（氯纶、偏氯纶）、含氟纤维	0.0
分梳山羊绒	17.0	氨纶	1.3
山羊绒条、山羊绒纱、山羊绒织物	15.0	聚乳酸纤维（PLA）	0.5
兔毛、骆驼绒/毛、牦牛绒/毛、羊驼绒/毛及其纱线、织物	15.0	芳纶（普通）	7.0
马海毛及其纱线、织物	14.0	芳纶（高模量）	3.5
苎麻、亚麻、大麻（汉麻）、罗布麻、剑麻及其纱线、织物	12.0	二烯类弹性纤维（橡胶）、碳氟纤维、玻璃纤维、金属纤维	0.0

注：蚕丝均含生丝、双宫丝、绢丝、䌷丝及炼白印染等各种织物。

4. 公定质量

纺织商品在公定回潮率时的质量称为公定质量，简称公量。公定质量与实际回潮率时的质量之间折算的关系式为：

$$G_k = G_a \times \frac{1+W_k}{1+W_a}$$

式中　G_k——公定质量，g；
　　　G_a——实际回潮率时的质量，g；
　　　W_k——公定回潮率，%；
　　　W_a——实际回潮率，%。

在实际检测时，往往先将纤维材料取样烘干，然后按干燥质量计算而得到样品公定质量，其计算式为：

$$G_k = G_0 \times (1 + W_k)$$

（二）长度和细度

1. 长度

纤维的长度一般是指纤维伸直而未伸长时两端的距离。常用的长度指标有平均长度、主体长度、品质长度、短纤维率、长度标准差和变异系数。

平均长度是指纤维长度的平均值；主体长度是指纤维中含量最多纤维长度；品质长度指比主体长度长的那部分纤维的平均长度，一般比主体长度长 2.5～3.5mm，在确定纺纱工艺参数时采用；短纤维率是指长度短于某一长度值的短纤维重量占纤维总重量的百分率，在棉纤维中称为短绒率（长度界限为细绒棉 16mm，长绒棉 20mm），在毛纤维中称为短毛率（长度界限为 30mm）；天然纤维是长短不一的，长度标准差和变异系数表示纤维长度的整齐程度。

2. 细度

细度是指纤维材料粗细的程度，分为直接指标和间接指标两大类。直接指标有直径、截面积和截面宽度等。纤维直径的量度单位用 μm。间接指标有定长制和定重制之分，它们是利用纤维材料长度和重量间的关系来间接表示纤维细度的。因为长度和重量测试比较方便，所以常采用间接指标来表示纤维材料的细度。纱线细度是纱线的最重要特征之一。

（1）线密度。线密度是指 1000m 长的纤维材料的质量克数，单位为特克斯（tex），为我国法定计量单位。其计算式为：

$$Tt = \frac{1000G}{L}$$

式中　Tt——纤维材料的线密度，tex；

　　L——纤维材料的长度，m；

　　G——纤维材料的质量，g。

由于纤维较细，所以常采用分特（dtex）或毫特（mtex）表示，1dtex=10mtex=0.1tex。

实际应用时，因纤维材料的质量会受回潮率变化的影响，故往往使用在公定回潮率时的质量，即纤维材料的线密度常常是指公定回潮率时的线密度（下同）。

（2）旦尼尔　指 9000m 长的纤维材料的质量克数，单位为旦。旦尼尔在我国为非法定计量单位，尚习惯用于蚕丝和化学纤维，称为条份或纤度。其计算式为：

$$D = \frac{9000G_k}{L}$$

式中　D——纤维材料的旦数，旦；

　　L——纤维材料的长度，m；

　　G_k——纤维材料在公定回潮率时的质量，g。

（3）公制支数　指每克重的纤维材料所具有的长度米数，单位为公支。公支在我国为非法定计量单位，但仍有使用。其计算式为：

$$N_m = \frac{L}{G_k}$$

式中　N_m——纤维材料的公制支数，公支；

　　　L——纤维材料的长度，m；

　　　G_k——纤维材料在公定回潮率时的质量，g。

（4）英制支数　是每磅纱线的长度所包含的840码的倍数，多用于棉纱。计算公式为：

$$N_e = \frac{L_e}{840 G_{ek}}$$

式中　N_e——纤维材料的英制支数，英支；

　　　L_e——纱线的长度，码（1码=0.9144m）；

　　　G_{ek}——纱线在公定回潮率时的质量，磅（1磅=453.6g）。

各细度指标及单位间的换算可按下式进行。

$$Tt \cdot N_m = 1000$$

$$Tt \cdot N_e = 590.55$$

$$N_m = 1.6933 N_e$$

$$D = 9Tt$$

（三）机械性质

纤维及其制品在加工和使用过程中都要承受外力的作用，并且产生相应的变形。纤维材料在各种外力作用下所呈现的特性称为机械性质，与耐用性及加工有关。

1. 断裂强力

断裂强力是纤维材料拉伸到断裂时所能承受的最大拉伸力，简称强力，其法定计量单位为牛（N）或厘牛（cN）。强力与纤维的粗细有关，对不同粗细的纤维，强力没有可比性。

2. 断裂比强度

强力与线密度之比称为断裂比强度，简称比强度。比强度的法定计量单位为牛/特（N/tex），纤维材料常用厘牛/特（cN/tex）。习惯上，有时将比强度也简称为强度。断裂比强度和断裂长度可用来比较不同粗细纤维的拉伸断裂性质。

3. 断裂伸长率

纤维材料的伸长能力一般用断裂伸长率表示，即纤维拉伸至断裂时产生的伸长占原来长度的百分率，有时将也简称为伸长率。

另外，当外力去除后，纤维的一部分变形可以恢复，而另一部分变形则不会恢复。纤维变形的恢复能力称为弹性。

（四）其他性质

安全健康防护及生态性、燃烧性、保温性、耐热性、耐光性、抗静电性、化学稳定性、舒适性也常用到。燃烧性指纺织品的易燃性和阻燃性，影响到纺织品的生产、库存、运输、销售以及使用安全和防护。纺织材料的导热性越好，则保温性越差。纤维集合体中含有空隙和水分，常见纺织纤维的导热性大于静止空气而小于水，因此，纤维集合体中含有的静止空气越多，则保温性越好。纤维在热的作用下，随着温度的升高，强度下降。纺织纤维在使用过程中，因受日光的照射，会发生不同程度的裂解，使纤维的强度和耐用性下降，并会造成变色等外观变化，以致丧失使用价值。纺织纤维在日光照射下，抵抗其性质变化的性能称为纤维的耐光性。化学稳定性是指纤维对酸、碱、有机溶剂等化学物质具有的抵抗能力。

第二节　纺织商品学及其形成与发展

一、纺织商品学的研究内容

纺织商品学是研究纺织商品使用价值的一门学科，主要是研究纺织商品使用价值在流通和消费过程中的评价、维护、管理和实现问题。这是一门以纺织商品质量和品种为中心内容的、技术艺术和管理相结合的应用经济学科。

纺织商品的使用价值是由纺织商品的自然属性所决定的。研究纺织商品的使用价值就要研究纺织商品本身的性质与功能等自然属性，如强韧、吸湿、透气、手感、保暖、导电、保形、光泽、色彩等，也包括纺织商品的结构、组成、外观形态、品种类别、使用条件等，涉及到纺织商品的质量要求、检验标准、保管养护、生产技术，以及标识、包装和商标等。纺织商品的自然属性取决于纺织原材料的性能，即纺织纤维的性能。纺织纤维的性能与纺织商品的品质功能、保管养护等直接有关。因此，研究纺织纤维的性能就成为研究纺织商品学的基本任务。

商品的使用价值有其自身的形成、转移、实现和消亡运动历程。商品的设计和生产是商品使用价值的形成阶段，这时的"商品"往往叫作产品。商品流通是商品使用价值的转移阶段，商品消费是商品使用价值的实现阶段，商品废弃是商品使用价值的消亡阶段。

商品从生产部门进入流通领域，首先要经过商品检验和验收，以确保进入流通领域的商品符合商品的实际需要和质量要求。科学的商品鉴定、正确的检测方法、恰当的质量分析与评价方法，对全面分析和评价商品的品种质量，防止不合格的商品与伪劣假冒商品进入流通领域，保护消费者利益具有重要意义。商品检验是商品经济正常运行不可缺少的，在国民经济中起着重要作用。

商品进入流通领域，如果其质量得不到良好的维护，在运输和储藏过程中发生变化，其使用价值就会下降或得不到实现，从而造成经济损失。维护商品使用价值的安全是商品学研究的一个重要方面。通过确定合适的商品包装、保管、运输条件和方法，防止已经形成的商品使用价值受到不应有的损失。

商品能够满足使用者需要的特性是质量。商品品种是否齐全，从一个侧面反映了商品对使用者需要的满足程度。品种和质量是商品使用价值的集中体现，是商品学的中心内容。商品质量的基本要求是根据商品的用途、使用方法、使用目的以及消费者和社会需求提出来的，由于商品种类繁多、性能各异又各有不同的用途、特点、使用方法，因此对不同商品质量要求也各不相同。只有了解商品质量形成的全过程，掌握质量形成的规律，对影响质量形成的各种因素进行控制和管理，才能保证商品质量。

为适应现代化商品物流和信息流管理的需要，必须研究商品的分类，各类别的相互关系，确定商品种类的划分标志，建立和发展科学的、实用的商品分类体系。

二、纺织商品学的研究任务

归纳起来，纺织商品学有以下几个方面的研究任务。

① 研究纺织商品的分类编码、品种规格和消费动向。

② 研究纺织商品的成分、结构、性能和使用保养要求。

③ 制订纺织商品的质量要求、质量标准和检验方法。

④ 研究纺织商品的制造方法和生产工艺，开发新商品。

⑤ 研究纺织商品质量变化规律和影响因素，寻求提高质量的途径。

⑥ 研究纺织商品的鉴定、识别及防范伪劣商品的方法。

纺织商品学是一门涉及面较广的学科，不仅涉及纺织材料学、纺织工艺学、纺织标准学等，而且涉及环境、市场、包装艺术，与各学科存在着内在的联系。研究纺织商品学，必然要借助于多种学科的理论知识，这也是使纺织商品学得以发展的重要方法。

三、纺织商品学的形成与发展

1. 商品学的发展

随着商品生产和商品交换的出现以及商品经济贸易的发展，逐渐形成了商品学这一门独立的学科，并随着科学技术的发展，其内容不断更新和充实，研究范围不断扩大，理论体系不断发展和完善，在国民经济中的作用不断增强。商品学的发展与社会生产力、商品生产、商品经济及教育的发展紧密相关。商品学的发展大概经历了商品知识的汇集、商品学的诞生和现代商品学三个阶段。

（1）商品知识的汇集阶段　商品学诞生之前，商品的研究是商学研究的一个重要组成部分。为便于商人在经商过程中认识商品的品种、产地，鉴别商品质量的优劣和真伪，早期的商学书籍中包含了大量的商品知识。这一时期称为商品知识汇集阶段。春秋时期师旷的《禽经》、唐代陆羽的《茶经》、明朝李时珍的《本草纲目》等书中都包含或涉及许多商品知识，内容相当丰富。国外第一本包含有商品学内容的商学书籍是阿拉伯人编著的《商业之美》。以后，在意大利人编著的《商品贸易指南》中详细论述了从意大利输入中国的商品及其性质、质量、品种规格等。1675年，法国人编著出版的《商业大全》中详细论述了纤维制品、染料等商品的产地、性能、包装、储存保管、销路方面的知识。这一时期为商品学的诞生积累了大量商品知识。

（2）商品学的诞生阶段　1774年，德国的约翰·贝克曼教授在哥延根大学首次开设了"商品学"课程。1793～1800年，在教学和科学研究的基础上，他编著出版了《商品学导论》，创立了商品学的科学体系，使商品学成为一门独立学科，至今已有200多年的历史。约翰·贝克曼教授被誉为商品学的创始人。

自19世纪以后，德国的古典商品学相继传入意大利、中国等国家，使商品学得到迅速发展，商品学教育和研究也不断深入广泛。19世纪末20世纪初，我国开始进行学校式商业教育，1902年把商品学列为一门必修课程，并相继出版了商品学教科书。

（3）现代商品学阶段　1945年以后，为适应商品经济发展的需要，商品学进入到综合学科、集合学科、边缘学科或交叉学科的现代商品学时代，即开始从自然科学和技术学以及经济学、社会科学方面综合研究商品使用价值和全面评价商品质量。

1949年新中国成立后，我国商品学的研究和教育得到了迅速发展。自1950年开始，先后在高等院校中建立了商品学教研室，开设了商品学课程和研究生班，创立了商品学系，设立了一批商品学专业，培养了商品学专门人才和教师。

2. 纺织商品学的发展

纺织商品学作为商品学的一个重要分支，是在纺织商品的生产、采购、销售、调动、储存等长期实践及科学研究的基础上，逐步总结、积累、发展而成的。随着现代纺织科学技术的发展及消费者对纺织商品要求的提高，纺织商品学还将进一步发展，更加充实和完善。

四、纺织商品学课程

纺织商品学是纺织品检验与贸易等专业的专业必修课，其任务是阐述纱线、织物、服装和纤维等纺织商品的品种类别、生产形成、品质特征、质量检验、用途性能、编码代号、标志包装、仓储运输、保养使用等。

教学过程中注重教学内容的整合，使课程内容更加紧凑，重点更加突出，教学内容要与卓越工程师、经济师人才培养目标、方案计划及实际工作要求相吻合，实时体现纺织商品学的最新理论和研究成果，以及新的技术标准，使学生能够掌握学科发展的前沿。合理安排各章节课时，重点讲述纺织商品的品种类别、品质特征、质量检验、用途性能和编码代号，其余的部分内容可以安排学生自学或者以习题课的方式进行讨论，创新教学方法，保证在有限的课时内得到最好的教学效果，提高教学质量。

通过本课程的教学，使学生较好掌握纤维纱线、织物面料、服装家纺、纤维类产业用品等纺织商品的品种类别、品质特征、质量检验、用途性能和编码代号；了解纺织商品生产形成的基本工艺过程；了解纺织商品的标志包装、仓储运输、保养使用等方面的知识，并为从事商贸专业工作打下坚实的基础，应注意培养学生的观察能力和形象思维能力，同时注意发挥教师的主导和学生的主体作用，注重启发式教育；注重学生创新能力的可持续培养；注意教学观念的转变，教学方式和方法改革，提倡使用教师导学（启发、诱导和讨论）、学生自学、共同讨论、共同分析、学生归纳、教师总结的教学方法。在课堂上应尽可能地发挥学生的主观能动性，采用课堂讨论与让学生出外调查纺织商品市场、校外现场见习等形式多样的教学手段，以激发学生的学习兴趣和学习主动性，使学生了解学习本课程的重要性、地位和作用，提高教学效果。

思考与实训题

1. 纺织商品在国计民生中的地位如何？
2. 谈谈纺织商品学的内容？
3. 什么叫纺织商品？
4. 纺织商品的三个特征是什么？
5. 纺织商品学的中心内容是什么？
6. 纺织商品学的研究任务有哪几项？
7. 商品学发展的三个阶段是什么？
8. 纺织商品的分类方法有几种？分类情况如何？
9. 名词解释：吸湿性、回潮率、标准回潮率、公定回潮率、强力、断裂比强度、断裂伸长率、弹性。
10. 混合纤维材料的公定回潮率如何计算？
11. 公定重量如何计算？

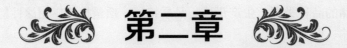

第二章

纺织商品的构成、品种与质量

【本章知识点】

- 现代纺织商品组合体构成的三个部分；
- 商品品种和质量、经济效益三者之间的关系；
- 商品品种发展规律与商品品种结构优化的关系；
- 商品质量的概念、构成、指标、基本要求、形成过程与影响因素。

第一节　纺织商品的构成

纺织商品能给人们带来的是实际利益和心理利益两部分，其构成如图2-1所示。纺织商品是有形物质属性和无形利益属性的组合体，并且是最佳的统一整体。纺织商品的整体构成包含三个层次的内容，即核心部分、形式部分和延伸部分。

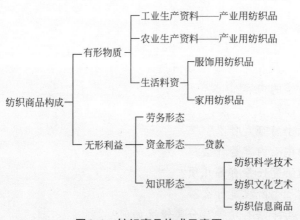

图2-1　纺织商品构成示意图

一、核心部分

纺织商品核心部分，即纺织商品能够给消费者带来的实际利益，或者说是指纺织商品的功能和效用，是消费者购买纺织商品的目的所在。例如，羽绒服主要功能是防寒保暖，顾客冬季购买羽绒服其核心部分是保暖功能。消费者购买纺织商品，都是为了购买纺织商品所具有的功能和效用，希望从中获得消费利益。例如顾客购买奢侈时装纺织商品，核心是在购买时尚、奢侈的心理需求；顾客购买防辐射的孕妇装，核心是在购买服装防护安全的需要。雾霾天气顾客争相购买防雾霾口罩同样是购买安全防护、保持健康的希望与需求。

纺织商品功能是纺织商品达到用途要求所必备的能力，这种能力是由纺织商品性质所决定的，例如产业用纺织商品——遮阳布，其核心功能是防红外线、防紫外线照射，即要求一定时间内透过红外线、紫外线率越低越好。

纺织商品对人类的有用性是以纺织商品功能为基础的，实质是商品的质量。例如，优质羽绒服应含绒量＞80％。因此纺织商品核心部分表达的实质是商品质量，这是纺织商品整体概念中最基本和最主要的部分。

二、形式部分

纺织商品的形式部分，即纺织商品的具体形态，是消费者通过自己的眼、耳、鼻、舌、身等感觉器官可以接触到、感觉到的有形部分，主要包括纺织商品的色泽、成分、结构、外观、款式、质量、商标、品牌、标识、包装等。

形式部分是纺织商品的外在形式，是纺织商品价值形成的客观物质基础。纺织商品可以通过手感目测法观察到纺织商品的具体形态，如颜色、光泽、纤维形态、纱线捻度、织物组织、面料幅宽、厚度、服装款式等，还可以感受到手感硬挺与柔软、光滑与粗糙、爽与糯、温暖与冰冷的织物风格。以针织衫为例，顾客通过商标、标识很容易区分出针织毛衫、针织棉衫，进一步穿着更可以感受到针织毛衫具有与皮肤亲和力更好、更蓬松保暖的优势。

有形部分是纺织商品的外在形式，例如机织物与针织物由于织造加工方法不同，其外观效果不同。线圈编织形成的针织物比经纬纱线交织形成的机织物弹性更好、延伸性更好。所以针织面料的服装悬垂性好，更能体现形体曲线美。

三、延伸部分

纺织商品的延伸部分包括有形附加物、无形附加物两部分。

纺织商品的有形附加物包括纺织商品名称、商标及其标记或品牌、纺织商品条码、专利标记、纺织商品产地标志或证明、商品包装及包装标志、安全卫生标志、环境标志、生产许可证、检验合格证、使用说明书、保修单、发票等。主要是为满足纺织商品流通需要、消费需要以及安全和环境需要所不可缺少的。其中纺织商品包装、商标本身也是一种商品，是使用价值与价值的统一体。纺织商品包装的价值是通过纺织商品的价值得以实现的，商标还会随着生产技术进步和经营管理水平的提高而增值。

纺织商品的无形附加物是指人们购买有形商品进而所获得的附加利益和服务。例如，提供送货上门和信贷、免费安装调试、售后技术服务、质量保证措施、信息咨询、附加财产保险等。例如购进全自动单纱强力仪，生产厂需要派技术人员安装调试，介绍使用操作规范，定期维修保养，出现问题及时修理。纺织企业应该善于开发和利用适当的无形附加物，一方面可以获得竞争优势；另一方面可以最大限度地满足消费需求。例如菲尼克斯专卖店出售的服装，可以免费修理、半价清洗，实现了纺织商品的延伸服务。

第二节　纺织商品的品种

一、商品品种的定义

商品品种是指按某种相同特征划分的商品群体，或者是指具有某种（某些）共同属性和特征的商品群体。例如，凡是以羊毛为原料，经过纺织加工而成的机织面料品种为毛纺面料，品种大类属于毛纺织品。凡是以羊绒为原料，经过纺织加工的针织衫品种为羊绒衫，品种大类属于毛纺织品。

商品品种是从整体上研究商品的使用价值，各大类商品均拥有大量的商品品种，中、小类商品也同样拥有一定数目的商品品种。例如，机织面料包含了棉、毛、丝、麻、化纤大类品种，其中毛纺面料又包含了精纺、粗纺、半精纺品种，精纺毛织品有哔叽、华达呢、凡立丁、派力司、中厚花呢、贡呢、薄花呢等商品品种之分。

商品品种反映一定商品群体的整体使用价值。例如防寒服品种整体使用价值是保暖性强、美观时尚、安全卫生，其中最主要的使用价值是防寒保暖。不同消费结构要求有不同的使用价值及不同的品种规格。以服装为例，白领从业人员选择服装品种喜好西装、职业装款式，规格以合体为准；蓝领从业人员选择服装品种为休闲装、工装款式，喜好宽大舒适。从社会角度看，大类商品的品种及其结构应与整个社会的消费需求、消费结构相符合。随着社会科学技术的发展，人们的生活水平不断提高，近几年大类商品品种不断扩大，奢侈品品种也在迅速增加，2012年中国奢侈品销售额居世界第一。各类商品中的品种应适应社会不同阶层、不同社会集团的消费水平。例如羊绒衫品种整体使用价值是保暖性强、柔软轻薄、舒适，属于高档商品品种，满足中高收入人群消费需求。

二、品种、质量、效益的关系

商品品种、质量、经济效益三者的关系是一个有机整体，相互依赖、相互制约，其中商品质量是基础，商品品种是适应市场和消费需求的基本条件，经济效益是最终目标。

商品质量差，商品品种再繁多，经济效益也不好，甚至是负值；商品质量再好品种不适销对路，造成货物积压，也只能是浪费社会财富。追求经济效益，必须优化商品品种、提高商品质量。

商品质量反映了商品性能满足用户和消费者需求的程度，说明商品满足人们需求的深度，反映商品个体的使用价值。

商品品种反映了用户和消费者对商品性能的要求，说明商品满足人们需求的广度，反映商品群体的使用价值。

三、商品品种的类别

1. 按商品品种形成领域划分

商品品种按照其形成领域分为生产品种、经营品种两大类。生产品种是由工业、农业提供给批发商企业的商品品种，通过生产规划、计划和商品目录体现出来。经营品种是指批发商企业和零售企业销售的商品品种，通过经营规划、计划和商品目录体现出来。

2. 按商品品种的重要程度划分

分为日常用商品品种、美化丰富生活用商品品种。日常用商品品种是指日常生活必备的商品品种，如粮食、食盐、服装等。美化丰富生活用商品品种是指美化丰富生活的非日常必备的商品品种，如高档品、名贵奢侈品等。

3. 按消费者的消费水平划分

分为高档、中档、低档，主要反映在商品质量、价格方面。

4. 按经销商品品种的行业划分

有纺织品、皮革制品等。

5. 按消费者某方面需求划分

有卧室用品、儿童用品、装饰品、办公用品、厨房用品、汽车用品等。

6. 按消费者活动范围的需求划分

有户外用品、旅行用品、休闲用品等。

四、商品品种结构

（一）零售商品结构

1. 零售商品结构概念

零售商品结构是指零售企业在一定的经营范围内，按一定的标准将经营的商品划分成若干类别和项目，并确定各类别和项目在商品中构成的比重。

商品结构是由类别和项目构成的，商品经营范围只是规定经营商品的种类界限，在经营范围内，还应确定各类商品的比例关系。例如主力商品、辅助商品、一般商品各自所占比例。

商品结构是否合理对零售企业的发展具有重要意义。一方面是实现零售经营目标、满足消费需要的基础；另一方面是确定商品结构，加强商品经营计划的基础；再者是研究、确定商品结构，有效利用经营条件，提高经济效益的基础。

2. 零售商品结构的分类与内容

零售店经营的商品结构，按不同标准可分为不同类型。

（1）按商品自然属性划分　分成商品类别、商品品种、商品花色、商品规格、商品质量、商品等级、商品品牌等。例如，类别—服装，品种—夹克，花色—咖啡色，规格—175A型，质量—合格，等级——一等，品牌—力键牌。

（2）按销售程度划分　分成畅销、平销、滞销商品。

（3）按商品使用构成划分　分成主机、配件商品。

（4）按商品价格、质量划分　分成高档、中档、低档商品。

（5）按经营商品的构成划分　分成主力商品、辅助商品、关联商品。

零售商品结构框架是按金字塔形排列的。为了促进优化商品品种结构，应该重视加强商品品种结构的研究，以满足社会需要为出发点，以适应人们实际需要和消费结构的变化为目的。

（二）纺织商品品种结构

纺织商品品种结构由纺织纤维原料、纱线、织物、服装等组成。

1. 纺织纤维品种结构

纺织纤维种类划分如图2-2所示。

2. 纱线品种结构

纱线品种结构按纤维种类、纱线粗细、纺纱系统、纺纱方法、纱线结构、用途划分，如图2-3所示。

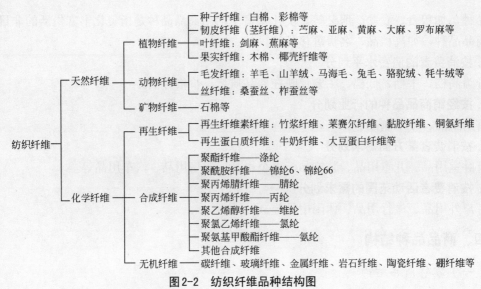

图2-2　纺织纤维品种结构图

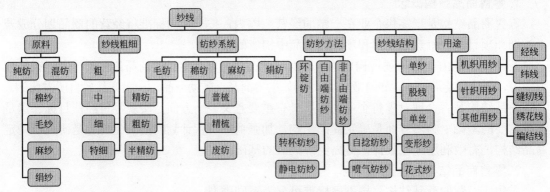

图2-3　纺织纱线品种结构图

3. 织物品种结构

织物品种结构按用途、加工方法、原料种类划分，如图2-4所示。

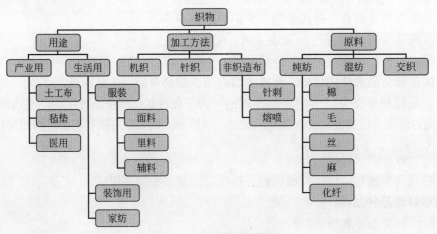

图2-4　织物品种结构图

4. 服装品种结构

服装品种结构按用途、加工方法、原料种类划分，如图2-5所示。

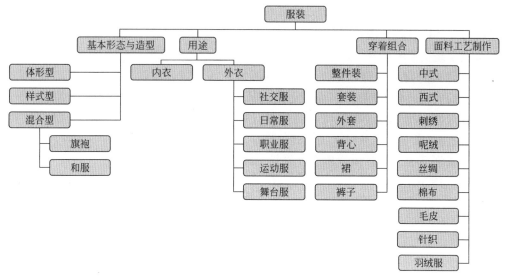

图2-5 纺织服装品种结构图

第三节 纺织商品的质量

一、商品质量的概念

GB/T 6583—1994《质量管理和质量保证 术语》（等同采用ISO8402：1994《质量—术语》）对质量的定义是反映实体满足明确和隐含需要的能力的特性总和。根据质量定义确定商品质量的定义，即商品质量是满足明确和隐含需要的商品能力的特性总和。其含义如下。

（1）商品质量的主体是产品 从商品生产形成过程中清晰看到，只有当产品进入流通领域实现销售，产品才成为商品。从商品质量形成过程看，商品质量实质上是指将要进入市场的产品品质，所以商品质量的主体是产品。

（2）商品质量的内容或基础是商品特性的总和 商品"特性"是指不同商品特有的性质，如保温杯的保温性能、空调的制冷制热性能。由于商品的使用价值必须通过商品的各种性能来体现，所以商品特性的总和是商品质量的根本内容，商品特性由若干因素构成。商品必须具备能满足人们某种需要的特性，否则就不具备应有的使用价值，进而失去商品的意义。

（3）商品质量的基本要求是商品特性的总和必须满足需要 "需要"是指用户、社会、第三方的需要。"用户需要"是指在合同环境中，特定用户按质量保证要求，对产品或服务提出的明确要求，这种需要一般应通过合同契约予以明文规定，而供给方必须保证满足。"社会需要"包括标准化要求、法令法规要求及社会要求。

"隐含需要"一方面是指顾客或社会对商品的期望；另一方面是指那些人们公认的、不言而喻的、不必做出或难以做出规定的需要。例如纺织面料风格特征、服装的流行色必须由供货方通过市场调研、流行趋势发布会进行预测和识别。

二、商品质量的构成

1. 在表现形式上，商品质量由外观质量、内在质量和附加质量构成

商品的外观质量主要是指商品的外部形态以及通过感觉器官能直接感受到的特性，如纺

织服装的款式、面料色泽、织纹、规格、织物风格等。商品的内在质量指通过仪器、实验手段能反映出来的商品特性或性质,如纺织材料的化学性质、物理性质、机械性能等。商品的附加质量主要是指商品信誉、经济性、销售服务等。商品质量的外观质量、内在质量和附加质量对不同种类的商品各有侧重,商品外观质量往往可以反映内在质量,并通过附加质量得到更充分的实现。例如精纺毛/涤花呢由于其中羊毛纤维特性使得其面料外观具有毛感质量;再通过价格对比发现较同类纯毛面料便宜;毛/涤面料具有挺括、强力更好并可水洗的特点,反映出毛/涤面料更具经济实用的特性。

2. 在形成环节上,商品质量由设计质量、制造质量和市场质量构成

设计质量指在生产过程以前,设计部门对商品品种、规格、造型、花色、质地、手感、装潢、包装等方面进行设计的过程中形成的质量因素;制造质量指在生产过程中形成的符合设计要求的质量因素;市场质量指在整个流通过程中,对已经在生产中形成的质量的维护、保证和附加质量因素。设计质量是商品质量形成的前提条件;制造质量是商品质量的主要方面,制造质量对商品质量的各方面的性能起着决定性作用;市场质量是商品质量实现的保证。

3. 在有机组成上,商品质量由自然质量、社会质量和经济质量构成

自然质量是商品自然属性给商品带来的质量因素;社会质量是商品社会属性所要求的质量因素;经济质量是商品消费时投入方面所要考虑的经济因素。自然质量是构成商品质量的基础,社会质量是商品质量满足社会需要的具体体现,经济质量则反映了人们对商品质量经济方面的要求。

三、商品质量指标

商品质量指标是购置成本和商品质量的综合,并不是片面强调性能优。商品质量指标是表示商品特性需要的各种数量指标。由于商品品种繁多、性能复杂,为了准确全面地衡量商品质量的高低,制订商品质量指标也很多,如适用性指标、经济性指标、卫生安全指标等。

商品质量特性值可以反映商品质量指标的高低,它是通过测量获得的数值反映商品质量指标的高低。商品质量特性值可以用计量特性值、计数特性值表示。

计量特性值是指能用连续的商品质量特性值表示。例如商品尺寸、体积、重量等特性值,纺织面料的幅宽、匹长等。

计数特性值指凡是不能用连续的商品质量特性值表示的。只简单分为合格、不合格或分成若干等级,或用某些缺陷的个数衡量商品特性值。例如坯布等级、疵点个数。

为了使商品质量的评定有科学客观的依据,常把商品质量指标及其特性值以文件的形式制成商品标准。

四、商品质量的基本要求

纺织商品质量的基本要求主要有适用性、舒适性、卫生安全性、审美性。

1. 适用性

(1)适应生产环境 适应生产环境表现为纺织商品设计生产的可行性,主要包括方法科学、可以适应机械化流水线生产、工艺流程合理,便于计算机管理。

(2)适应流通环境 适应流通环境表现为纺织商品的包装方法适合现代运输储存、陈列展销的需要。

(3)适应消费环境 适应消费环境即包括服用性及方便保养、适应生态环境。服用性是指纺织品适合穿着的各种性能，主要包括外观疵点、几何形状（密度、厚度、幅宽）、机械物理性能（断裂强度、回弹率、缩水率、起毛起球、折皱弹性等）、染色牢度等指标。

2. 舒适性

（1）触觉舒适性　服装的触觉舒适性主要反映在服装与皮肤接触时的细腻光滑感、粗糙感、温暖感或阴凉感等触觉感受上。

（2）温湿度舒适性　服装温湿度舒适性表现在纺织商品与人体接触时，纺织品所具有的优良的透气性、透湿导湿性能，才能使人体感觉舒适。否则人体会产生闷热不适感。

（3）运动舒适性　由于人体运动的多方向性、多角度和大弯曲性，要求纺织服装商品具有一定的延展性，以保证人体运动的舒适性。

3. 卫生安全性

（1）卫生无害性　纺织商品卫生无害性是指纺织品无有害物质损伤人体。例如，纺织服装的甲醛残留物超标对人体会有致癌因素。强制性国家标准GB 18401《国家纺织产品基本安全技术规范》，对纺织品残留有害物质限量控制的基本安全技术要求项目，包括甲醛含量、pH值、色牢度、异味、可分解芳香胺染料五大类，对不符合技术规范的产品禁止生产、销售、进口。

（2）阻燃性　纺织商品阻燃性高低通常用氧指数来评价。氧指数是指纺织商品点燃后在氧氮大气中维持燃烧所需要的最低含氧的体积百分数。如窗帘布为防火安全需要经过阻燃处理。

（3）防静电性　纺织商品特别是化纤原料应尽量减少静电，以防止对人体的干扰，防止服饰外观因静电变形。目前可以采用改性纤维原料、加入导电纤维、后整理处理等方法减少静电现象。

（4）防污性　提高纺织商品防污性，除了正确选择面料外，还可以通过后整理进行防污处理。例如使纤维表面具有抗油性、抗水性，还可进行防静电处理防止静电吸尘。

4. 审美性

（1）内在美　纺织商品内在美是指纺织品蕴含的文化内涵。

（2）外在美　纺织商品外在美是指纺织品的客观化美感，主要通过色彩、图案、织纹、风格、款式、工艺等手段来表现。

（3）流行美　流行时尚是纺织品审美性的重要方面。流行是一种客观存在的社会现象，是指在一定时间、一定空间，为一定人群所接受认同，并互相模仿的新兴事物。包括有流行色、流行款。纺织商品处于流行期具有时尚美。

五、商品质量的形成

从管理角度可将商品质量概括为设计质量、制造质量、检验质量、使用质量几方面。

（1）设计质量　设计质量是设计阶段所体现的质量，是从市场调研开始，经过产品构思，到产品设计完成为止的质量。设计质量最终通过图纸和技术文件来体现。

（2）制造质量　制造质量是通过生产程序生产制造出来的产品质量，是通过制造所得的产品实体，即按照设计要求生产、制造产品时实际达到的产品质量。制造质量是生产环境、技术设备、生产工艺、生产人员、操作方法、原料等要素的质量，是这些要素的综合产物。

（3）检验质量　检验质量是指通过标准检验手段对制造出来的产品进行实际检测的质量。

（4）使用质量　使用质量是指在使用过程中所体现的商品质量。使用质量不仅取决于使用的环境、使用者的水平，而且取决于服务的质量。服务质量是保证固有质量的重要环节。

六、商品质量的影响因素

影响商品质量的因素有许多，贯穿于商品设计、生产、包装、销售、使用的全过程。其中人的因素是最基本、最重要的，其他因素都是通过人的因素才起作用的。

1. 人的因素

（1）生产与经营人员质量意识　生产与经营人员要具有高度的"质量第一"的思想意识，通过加强员工培训，从企业生存发展的战略高度认识质量第一，全员在实际工作中自觉执行；通过严格质量责任制、奖罚分明增强质量意识；建立合理的机制激发员工爱企业、干事业的激情。

（2）员工的技术和质量管理水平　员工的技术和质量管理水平是保证提高商品质量的前提，员工的技术和质量管理水平低往往是造成产品缺陷的关键因素。

（3）消费者的使用水平　商品的正确使用是保证其使用质量和寿命的重要因素。提供良好的服务质量是快速提高消费者使用水平的有效方法。例如，羊绒衫穿着指导：可以直接接触皮肤穿着，这样更能体现羊绒纤维舒适性的特点；采用酸性洗剂，温水轻柔洗涤，防止缩绒现象，清洗时采用柔软剂处理手感、色泽更好。

2. 生产过程

（1）市场调研　市场调研是商品开发的基础。研究市场需求，分析、收集已有同类商品质量、品种信息，通过市场预测确定商品的质量等级、品种规格、数量价格，以确保适应目标市场的需要。

（2）开发设计　开发设计是形成商品质量的前提。开发设计包括使用原料配方、商品的结构原理、性能、型号、外观结构、包装装潢设计等。

（3）原材料质量　原材料质量是构成商品的物质基础，对商品质量起决定性作用。主要表现在对商品成分、结构、性能方面引起差别。例如长绒棉能生产高支纱、轻薄织物；短、粗棉纤维只能生产较低支纱，较厚重织物。

（4）生产工艺　生产工艺是商品使用价值和质量形成的过程。主要指商品在加工过程中采用的加工系统、原料配比、操作规程、设备条件、技术水平等。例如棉纺加工中的精梳、普梳系统，由于精梳系统增加了精梳工序，能够除去短纤维、棉结、杂质，使成纱光洁、条干更均匀，强力增强，纺纱质量比普梳更好。

（5）成品检验与包装　成品检验是根据商品标准和其他技术文件的规定判断成品及其包装质量是否合格的重要工序。成品检验是保证商品质量的重要手段。

商品包装是商品的重要组成部分，是商品生产的最后一道工序，可防止、减少外界因素对商品质量的破坏，可以装饰、美化商品，利于商品储运和使用，还可以推销宣传商品，在一定程度上增加了商品附加值。科学合理的包装应该是包装功能、美化功能、推销功能、方便功能、包装成本的统一。

3. 流通过程

（1）商品运输　商品运输是商品进入流通领域的必要环节。商品运输对商品质量的影响与运输路程远近、时间长短、运输的气候条件、运输路线、运输方式、运输工具、装卸工具有关。商品在运输过程中会受到冲击、挤压、颠簸、震动等物理机械作用的影响；也会受到温度、湿度、风吹、日晒、雨淋等气候条件的影响；商品还会在装卸过程中发生碰撞、跌落破碎、散失等现象，这不仅会增加商品损耗，也会降低商品质量。

（2）商品储存与养护　商品储存期间的质量变化与商品的自然属性、仓库内外环境条件、储存场所的适宜性、养护技术与措施、储存期的长短等因素有关。商品本身的性质是商品质量发生变化的内因，仓储环境条件是商品储存期间发生质量变化的外因。通过采取一系列保养和维护仓储商品质量的技术与措施，有效地控制储存商品环境因素，可以减少或延缓外界因素对仓储商品质量的不良影响。例如纺织厂半成品和成品库应保持通风，控制温湿度，避免湿热造成坏布霉变。

（3）销售服务　商品在销售服务中必然要涉及进货验收、短期存放、商品陈列、包装、搬运、装配、送货服务、技术咨询、维修等环节，每个环节工作质量都会存在维护、损害商品质量问题。

4. 消费过程

（1）消费心理与消费习惯　要充分了解市场消费心理与消费习惯，使设计商品质量满足消费需求，否则消费心理预期对商品质量要求过高以及不良的消费习惯都会导致商品质量下降。例如将真丝软缎被面当棉被套被罩使用，会导致真丝被面加速磨损，被面损坏严重。

（2）商品使用　商品使用过程对商品质量有直接影响。不当使用会严重影响商品质量。例如纺织仪器单纱强力机，超量程测试试样会造成传感器损伤，精确度下降。正确使用商品是维护商品质量的方法之一。

总之，影响商品质量的因素有很多，只有全员重视、全过程加强管理，才能保证质量。

思考与实训题 ▶▶

1. 调研纺织品市场，充分理解现代纺织商品的概念含义并举例说明。

2. 在考察调研基础上，归纳总结纺织商品构成的三个层次内容。

3. 根据标准设计检测衬衣质量，评价衬衣是否合格、经济？如果有质量问题，分析问题出现在质量形成的哪一环节？如何加强质量管理？

4. 试用USTER条干仪检测毛条、粗纱、细纱条干，根据检测结果分析其质量状况，找出影响质量的主要原因，制订解决方案。

5. 针对实习纺织企业调研质量管理情况，分析采用的管理方法，找出漏洞与不足，提出改进建议。

6. 阅读下列材料，分析影响纺织商品质量的因素。

某大型毛纺厂织造车间，随着吃饭哨音响过，老张师傅又开始"帮车"上岗了。织机出现断头，她熟练地接头，刚启动织机又立即停车，纯毛纱强力怎么这么大？立即查看所管4台车都有类似情况，4台织机关车，火速报告带班长。判断是同特数涤/毛混纺纱与纯毛纱"混批"了，管理出现问题！车间主任果断处理事故。问题布匹染色出现色花证实了"混批"的判断。厂部迅速行动处理事故，加强质量管理，同时开展青年工人技术培训，班后练习接头实践，体验不同原料、不同纱特强力值大小。党团组织开会树立爱厂爱岗典型，加强责任心教育，请老师傅传授经验带好徒弟，培训技术标兵、操作能手。该厂将事故变成动力，加强全面质量管理，在市场竞争中企业的产品质优畅销。

7. 调研校园经济中的超市商品品种与百货商场商品品种的差别，并分析各自商品品种的使用价值。

8. 实地考察纺织商品大类、中类、小类商品品种，研究各类商品的使用价值。

9. 以纺织品为例试论述品种、质量、经济效益三者之间的关系。

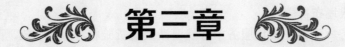

第三章

纺织商品的生产形成

【本章知识点】

- 化学纤维的生产形成过程；
- 纺纱的基本加工作用，棉毛纱线、生丝及绢纺纱线品质的形成；
- 机织物形成的准备、织造、整理过程；
- 织物染整的主要工序及前处理、染色、印花、整理工艺方法特点；
- 服装的设计生产加工形成要点；
- 纺织商品的品种质量是在设计生产中形成的，本章主要介绍化学纤维、纱线、机织物、服装的加工形成过程。

第一节　化学纤维的生产形成过程

化学纤维的制造必须经过纺丝液制备、纺丝成形和纺丝后加工三大过程。

一、纺丝液制备

将成纤高聚物加工成纤维，首先要制备纺丝液。纺丝液的制备目前主要有熔体纺丝法和溶液纺丝法两种方法。对于高聚物熔点低于其分解温度的，多采用将高聚物熔融成流动的熔体进行纺丝；对于熔点高于分解温度的，借用适当的化学溶剂将高聚物溶解成具有一定黏度的纺丝液。

一般化学纤维的光泽较强，为使纤维光泽柔和，在纺丝液中加入二氧化钛消光剂，控制消光剂的含量，可制成消光（无光）纤维、半消光（半光）纤维和有光纤维。

二、纺丝成形

纺丝液经熔体纺丝和溶液纺丝两种方法而成形。

（1）熔体纺丝　是将熔融的成纤高聚物熔体从喷丝头的喷丝孔中压出，在周围空气（或水）中冷却凝固成丝的方法。

（2）溶液纺丝　根据纺丝液凝固方法不同，分为干法纺丝和湿法纺丝。湿法纺丝是将高聚物溶解所制得的纺丝液从喷丝孔中压出，在凝固浴中固化成丝的方法。由于液体凝固剂的固化作用，截面大多不呈圆形，且有较明显的皮芯结构。干法纺丝是将用溶液法所制得的纺丝液从喷丝孔中压出，形成细流，在空气中溶剂迅速挥发而凝固成丝的方法。

三、纺丝后加工

将纺丝液从喷丝孔中喷出所纺的丝称为初生纤维。虽已成丝状，但其内部结构还不完善，质量差，强度低，延伸性很大，纤维硬而脆，并含有较多的杂质和低分子化合物，不能直接用于纺织加工，为了完善纤维的结构和性能，得到性能优良的纺织用纤维，还必须经过一系列的后加工。为了使化学纤维能与天然纤维混纺，还需将化学纤维加工成与棉、毛、麻、丝相近的长度、线密度和卷曲等。因此，为适应纺织加工和使用的要求必须对初生纤维进行一系列的后加工。

1. 短纤维的后加工

短纤维的后加工一般经集束→拉伸→水洗→上油→卷曲→干燥→热定形→切断→打包等过程。

将几个喷丝头喷出的丝束以均匀的张力集合成规定粗细的大股丝束，便于后加工。集束后的大股丝束被引入拉伸机进行拉伸，经过拉伸使纤维中的大分子沿纤维轴向取向排列，并使大分子间的作用力加强。所以，拉伸的主要作用是提高纤维的强度，控制纤维的延伸性。改变拉伸倍数可使纤维大分子排列状态不同，从而制得不同强度、伸度的纤维。如涤纶采用拉伸倍数小，制得的纤维强度较低，伸长率较大，属低强高伸型；拉伸倍数大，制得的纤维强度较高而伸长率较小，属高强低伸型。不同的拉伸倍数，可以制成高强低伸型、低强高伸型、中强中伸型等不同强度、伸度的纤维。水洗是为了除去纤维在制造过程中被玷污或积聚的杂质及低分子化合物，以改善纤维的外观及服用性能。上油是为了使纤维柔软平滑，减小纤维的摩擦系数，增强纤维间的抗静电和纤维间的抱合性能。测定化学纤维的含油率，对产品加工性能及正确计算纤维的公量具有重要的意义。卷曲是用机械的方法或化学的方法加工而成的，它可以增强纤维的抱合力以改善纺纱性能，同时使纤维的外观与毛、棉等天然纤维相似，以利于混纺。热定形是合成纤维生产中特有的工序，其目的是消除丝条在纺丝或拉伸时产生的内应力，重建结构，提高结晶度。经过定形保持了卷曲效果，降低了纤维的沸水收缩率，提高了尺寸的稳定性，改善了纤维的使用性能。热定形可以分为松弛热定形和紧张热定形两类。

2. 长丝的后加工

长丝的后加工比短纤维复杂。黏胶长丝的后加工包括水洗→脱硫→漂白→酸洗→上油→脱水→烘干→络筒（络绞）等工序。涤纶和锦纶6长丝的后加工包括拉伸加捻→后加捻→压洗（涤纶不经过压洗）→干燥→热定形→平衡→倒筒→检验分等→包装等工序。长丝的加捻是由于长丝一般为复丝，加有一定的捻度可以增强丝的抱合力，减少使用时的抽丝等。

第二节　纱线的加工形成

纱线品质是在纺纱过程中形成的。纺纱就是将杂乱无章、长度有限且含有杂质、疵点的纤维原料通过一系列机械作用制成均匀、洁净、具有一定物理机械性能的纱线的过程，主要有棉纺、毛纺、麻纺、绢纺和化纤纺。

一、纺纱的基本加工作用

（1）开松、除杂、混和与梳理作用　压紧后的原料首先必须经过开松处理，使其成为细

小的纤维束，清除其中的杂质和疵点，并均匀混和。开松、除杂和混和是相互关连的，开松是实现除杂和混和的先决条件，只有将纤维进一步开松成单根纤维，才能清除杂质，然后使纤维之间实现充分混和。要将纤维束分解成单根纤维，仅仅经过开松作用是不够的，还必须经过梳理作用，才能较多地清除杂质、短绒和疵点。

（2）均匀、并合与牵伸作用　纱线和各半制品都要求有一定的均匀度。经过前纺工序制成的半制品纤维条，其粗细均匀程度，仍不能满足要求，因此还要经过并合，将多根纤维条并合在一起，使粗细不匀的片段有机会得以相互补偿而使均匀度得到改善。并合后的纤维条很粗，要纺成一定细度且符合标准的纱线，还要经过多次逐步的抽长拉细才能获得，这个抽长拉细的作用称为牵伸作用。

（3）加捻和卷绕作用　随着纱条的抽长拉细，纱条内的纤维根数减少，纤维变得更加伸直平行，纱条强力下降，容易断裂并产生意外伸长，因此需要加上适当的捻度，使其具有一定强力。细纱是纺纱厂的成品，为了保证成品达到一定的物理机械性能，更需要有较多的捻度，这个作用称为加捻作用。为了便于半制品和成品的储存、运输和后道工序的加工，必须将各半制品和成纱卷绕成一定的卷状形式，这就需要经过卷绕作用。

二、棉纺纱线品质的形成

棉纱线一般分普梳纺纱和精梳纺纱两种，前者一般用于中、细特纱，供织造普通织物用，其工艺流程包括开清棉、梳棉、并条、粗纱、细纱、后加工等生产过程；后者用于纺制高档棉纱、特种工业用纱或与涤混纺，由于对产品品质要求较高，要求纱线结构均匀、洁净、强力高、光泽好，则要采用精梳纺纱系统，所以在梳棉之后、并条之前，增加了一个精梳工序。棉纺精梳工艺流程为开清棉→梳棉→预并条→条卷→精梳机→后并条→粗纱→细纱→后加工。

1. 开清棉和梳棉

进入开清棉工序的原棉或化纤，不但大多数被压缩成很紧密的棉包，而且在棉包中还存在各种的杂质和疵点等。采用清梳联合机，对其进行开松、除杂、混和与梳理作用，制成梳棉生条。

2. 精梳

由于梳棉生条质量差，其中含有较多的短纤维、杂质和疵点等，而且纤维的伸直度和平行度较差。梳棉生条的这些缺陷不但影响纺纱的质量，而且也很难纺成较细的纱线，因此，对质量要求较高的纱线一般均采用精梳纺纱系统。精梳工序的主要任务是继续排除生条中的短绒和结杂，进一步提高纤维的伸直度和平行度，以使纺出的纱线均匀、光洁及提高纱线的强度。精梳工序由精梳准备机械和精梳机组成。

3. 并条

由于生条或精梳条的长片段不匀率及轻重差异较大，它的重量不匀率较高，而且在普梳纺纱系统中生条的纤维排列较紊乱，它的伸直平行度很差，大部分纤维呈现弯钩或卷曲状态，生条中还有部分纤维束或细小棉束存在。为了获得优质的细纱，还需要继续加以分离，必须经过并条工序，以提高棉条的质量，以适应成纱加工的需要。

4. 粗纱和细纱

粗纱工序是纺制细纱前的准备工序。目前除了转杯纺纱机等新型纺纱可用熟条直接喂入外，因一般的环锭纺细纱机的牵伸能力只有30～50倍，而由熟条到细纱约需要150倍上的牵伸，并且熟条直接喂入细纱机时的卷装形式还存在一定的困难，所以在并条与细纱之间还必须经过粗纱工序，使须条拉细到一定的程度，以承担纺纱中的一部分牵伸负担。

细纱工序是成纱的最后一道工序，它是将粗纱纺制成具有一定线密度、加捻卷绕成一定卷装、符合质量标准的细纱，它具有一定的物理机械性能。

5. 后加工

成纱后需根据产品销售方式和包装方式的不同，而有不同的后加工工序，包括络筒、并纱、捻线、摇纱、成包等工序。络筒是将细纱工序加工的管纱，在络筒机上退绕并连接起来，经过清纱张力装置，清除纱线表面上的杂质和棉结等疵点，使纱在一定的张力下，卷绕成符合规格要求的筒子，便于后道工序高速退绕。股线工艺流程如下。

三、毛纺纱线品质的形成

毛纺纱线的品质取决于毛纺工程中所采用的纺纱系统是精梳毛纺或粗梳毛纺。

（一）精梳毛纺

精梳毛纺产品质量高，精梳毛纱的纱支较高，对纱的质量要求较高，因而对原料的要求也较高，纺纱经过的工序较多，流程长。其工艺过程为初步加工→毛条制造→前纺工程→后纺工程。对做精纺毛织品用的高支纱，尤其是混色纱，在毛条制造和前纺工程之间还要增加条染及复精梳工序。精梳毛纺系统的后纺工程，一般包括细纱、并线、捻线、络纱和蒸纱。精梳毛纺产品较多，主要包括精梳毛制品（如哔叽、华达呢、啥味呢、派力司、凡立丁等）、绒线和长毛绒三大类。其工艺流程是细纱→并线→捻线→络纱→蒸纱。

（二）粗梳毛纺

粗梳毛纱的线密度较大，因而粗梳毛纺的加工过程较短，其工艺流程为初步加工→混毛→和毛加油→梳毛→纺纱（粗梳毛纱）。

毛织物品种较多，用途各异，无论是精梳毛织物，还是粗梳毛织物，极少是用单一的原料制成，而是用多种原料搭配使用。由于原料种类多，纤维的性质不完全一样，比较复杂，根据生产的实际情况以及毛纱用途、产品风格等方面的要求，为了保证产品质量稳定，必须把多种性质不尽相同的原料混和成一种性质均匀的原料，这一加工过程称为混料。通过原料的混合搭配，可以取长补短，均匀混和，充分发挥混料中各种纤维的优良性能，尽量避免纤维的缺点，提高产品质量，扩大原料资源，降低生产成本。

为了使各种原料得到充分的混和，需要在混和之前先经过和毛机，将原料扯松成小块，然后再进行混和。由于羊毛纤维本身具有卷曲和鳞片，所以，毛纤维之间具有较大的抱合力和摩擦力，对梳理十分不利。按工艺要求，在混毛的过程中加入一定的和毛油，可以改善羊毛纤维的柔软性和润滑性，由于加大了羊毛纤维的回潮，因而能够降低摩擦系数，减少了羊毛因摩擦而产生的静电现象，显著提高梳理效果。

四、麻纺纱线品质的形成

麻纤维种类众多，主要有苎麻、亚麻、黄麻、红麻、剑麻等。大多数麻纤维强力高，吸湿性能好，挺括粗硬，柔软性、可纺性能差，纱线的条干不匀率大，毛羽数量多。由于各种麻的工艺性能、成纱要求不同，因而纺纱系统及工艺过程略有差异。现以苎麻纺纱系统和亚麻纺纱系统为例，简要介绍麻纺纱线品质的形成。

（一）苎麻纺纱

苎麻纺纱所使用的原料为精干麻，一般采用精梳毛纺加工工艺。其工艺流程为原麻→初加工→纺纱前准备→梳麻→精梳准备→精梳→并条→粗纱→细纱→并捻→苎麻纱，可分为初加工（脱胶）、纺纱前准备和纺纱三个阶段。

1. 初加工（脱胶）

苎麻韧皮层是由许多苎麻单纤维及果胶杂质等组成，而苎麻纺纱一般是采用单纤维（精干麻）进行的。因此，要进行全脱胶工艺，一般采用机械和化学相结合的方法进行脱胶。脱胶的过程是，原麻经碱煮练、敲麻、冲洗、开纤、酸洗、漂白精炼、给油、烘干，而制得精干麻。

2. 纺纱前准备

纺纱前准备的目的是改善精干麻的柔软度和松散度，增加纤维的回潮率，减少静电现象，提高可纺性。纺纱前准备包括机械软麻、给湿加油、分磅、堆仓和开松等流程。

3. 纺纱

纺纱过程包括开松、梳麻、精梳准备、精梳、并条、粗纱、细纱、并捻等过程。

（二）亚麻纺纱

亚麻纱的原料是亚麻打成麻。打成麻是亚麻韧皮层经初加工得到，以束纤维状态存在，其长度很长、线密度很高，中间还含有麻屑等杂质。其初加工过程为亚麻原茎→选茎与束捆→浸渍（沤麻脱胶）→干燥→入库养生→碎茎→打麻→打成麻和落麻。

打成麻还需经过带有针帘的栉梳机的梳理，将束纤维劈细，并使纤维伸直平行，同时清除麻屑、杂质和疵点，获得由束状平行长纤维构成的梳成麻（亚麻工艺纤维）和一部分短麻。由于梳成麻和短麻的长度与状态差异较大，必须采用不同的纺纱系统分别纺纱。加工梳成麻的叫长麻纺纱系统，加工短麻的叫短麻纺纱系统。

1. 长麻纺纱系统

用于纺制低、中特纱及高级工业织物用纱。长麻纺纱系统的工艺流程是亚麻打成麻→手工初梳→梳麻（栉梳）→梳成麻→成条→并条→粗纱→细纱→后加工。

2. 短麻纺纱系统

短麻纺所用的原料比较低档，有栉梳落麻、打成麻落麻、低级打成麻及各工序的回麻等。短麻纺纱系统的工艺流程是亚麻打成麻→手工初梳→梳麻（栉梳）→短麻→开清混合→给乳堆放→梳麻→并条→粗纱→细纱→后加工。

五、生丝及绢纺纱线品质的形成

制丝是指由蚕茧通过缫丝等制丝工程被加工成生丝。绢纺工程是将养蚕、制丝和丝织过程产生的疵茧、废丝，经过精细加工后纺成绢丝和䌷丝的过程。

（一）制丝

制丝工程包括缫丝前准备、缫丝和缫丝后整理三个阶段。缫丝前要经过前处理，包括混茧、剥茧、选茧和煮茧；缫丝是制丝工艺过程中的一个重要环节，一般包括索绪、理绪、添绪、集绪、捻鞘、卷绕和干燥；缫丝后整理包括复摇和整理。桑蚕丝工艺流程是混茧→剥茧→选茧→煮茧→缫丝→复摇→整理。

（二）绢纺

绢纺产品包括绢丝和紬丝，其原料和成品的品质不同。绢纺原料的蚕丝品种包括桑蚕茧丝、柞蚕茧丝和蓖麻茧丝三种。

1. 绢丝纺系统

绢丝纺系统分精练、制绵和纺丝三部分。精练是将绢纺原料用化学方法去除纤维上的油质、丝胶及其他不利于纺纱加工的杂质的加工过程。制绵的目的是对精练后的原料进行开松、分梳和混和，使纤维被分解成单根纤维状态，清除杂质和疵点等，使单根纤维进行充分混和，提高伸直平行度，制成符合一定规格和质量要求的绵条。制绵工程中采用精梳制绵工艺时，其工艺流程为精干绵→开松→罗拉梳绵→一道理条→二道理条→精梳→并条工程。纺纱是将粗纱在精纺机上经过牵伸，并加捻使纱条具有一定强力的细纱，再将双股细纱合并加捻，经烧毛后即成绢丝。

2. 紬丝纺系统

在绢丝纺系统中，由于落绵数量较多，落绵的纤维长度仅25～45mm，整齐度较差，含杂率较大，所以这些落绵要作为紬丝纺的原料，适合紬丝纺系统加工。紬丝纺系统的工艺流程短，适宜于加工粗特纱。

第三节　机织物的加工形成

机织物是由经纱和纬纱在织机上按一定规律交织而成的。经纬纱在交织前，应根据不同的产品特征和织造要求对纱线进行准备加工，织造后还要进行必要的整理，所以织物的形成通常要经过织前准备、织造、整理三个过程。织物的原料不同，产品性能要求不同，工艺流程也有一定的差异。下面以本色棉织物为主，说明其主要生产过程。

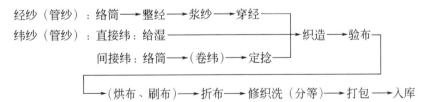

如果经纱采用股线，可以在络筒前增加并捻工序，上浆工序可以根据纱线情况确定，如果纱线（股线）线密度较大，强力、耐磨性好，可以不经过上浆工序。纬纱准备的工艺流程主要和产品要求有关。在有梭织机上，如果生产较低档的纯棉织物，可采用直接纬；目前中高档产品一般采用新型织机的无梭引纬方式，纬纱的卷装必须为筒子，因此纬纱采用间接纬，要经过络筒工序，该工序还可以提高纬纱质量；在有梭织机上生产较高档产品，纬纱络筒后需卷纬，将纬纱做成管纱形式。

（一）织前准备

在织机上，经纱是以片纱的形式供给，纬纱是以单纱的形式供给。从纺厂得到的纱线各种杂质、疵点较多，一般不能直接用于织造，特别是经纱。任何在织造中要反复承受各种摩擦、拉伸、屈曲，对纱线的要求较高。通过织前准备，可以改变卷装的形式，增加卷装的容量，去除部分纱疵杂质，提高纱线的强力和耐磨性，使纱线能够满足织造生产的要求。

（1）整经　根据整经工艺设计的要求，将一定根数、长度的经纱，在适当的张力下，平行地卷绕成成形良好的经轴或织轴。常用的整经方法有分批整经（轴经整经）、分条整经（带式整经）、球经整经等。分批整经是将织物经纱所需的总根数分成若干批，分别做成长度相同、宽度相同、根数相近的几个经轴，然后再在浆纱机或并轴机上并合成织轴。分条整经是将织物经纱所需的总根数分成若干条，依次卷绕在一个大滚筒上，每条的长度相同、宽度相近、根数相近，条带的总宽度等于经轴的宽度，然后再把所有条带同时退绕到经轴上。

（2）浆纱　通过对纱线上浆，使一部分浆液渗透到纱线内部，增加纤维间的抱合力，从而增加纱线的强力，另一部分浆液附着在纱线表面，烘干后形成光滑的浆膜，平伏纱线毛羽，使纱线表面平滑，减少织造时的摩擦损伤。浆纱是在浆纱机上进行的。

（3）穿经　根据织物的设计要求，将织轴上的经纱，按一定的规律依次穿过停经片、综丝和钢箍。

（4）卷纬　目的是将各种卷装形式的纱线，重新卷绕到纱管上，做成形状、大小、密度适当的纡子，同时，可除去部分杂质和细节等疵点。

（二）织造

经纬纱相互交织，形成织物。织机上经纬纱相互交织形成机织物的过程如图3-1所示。经纱从机后的织轴上引出，绕过后梁，逐根按一定规律分别穿过综框和综丝眼，再按要求穿过钢箍的箍齿，在织口处与纬纱交织形成织物。所形成的织物在织机卷取机构的作用下，绕过胸梁、刺毛辊和导布辊，最后卷绕在卷布辊上。

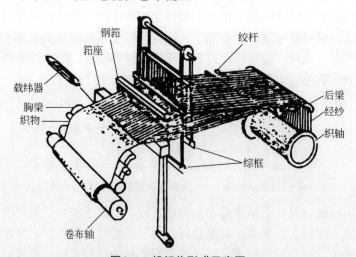

图3-1　机织物形成示意图

当织机运转时，综框作垂直方向的上下运动，把经纱分成上下两层，形成梭口。当梭子穿过梭口时，纬纱从装在梭子内的纡子上退绕下来。在梭口中留下1根纬纱，当综框作相反方向运动时，上下两层经纱交换位置，而把纬纱包住，与此同时，钢箍向机前摆动，把纬纱推向织口，打紧纬纱，经纱和纬纱在织口处交织形成织物。织机主轴每转一转，便形成一个新的梭口，引入1根新的纬纱，完成一次打纬动作。这样不断地反复循环，就构成了连续的织造生产过程。由于织造过程是连续不断进行的，每打一纬形成的织物必须有卷取机构及时地引离织口，并将已织成的织物卷绕到卷布辊上，同时，还必须从织轴上送出一定长度的经纱，以保持织口位置不变，维持织造的连续进行。

综上所述，经过开口、引纬、打纬、卷取、送经这五个主要机构的运动，就可在织机上连续生产出织物。

随着纺织技术的发展，新型织机在国内外的应用比例越来越高。新型织机和传统有梭织机的最大差异是引纬方式及引纬机构的不同。常用的新型引纬方式有喷气引纬、喷水引纬、剑杆引纬、片梭引纬等。

第四节　纺织品的染整加工

大多数织物在织造后需要进行染整加工。染整的目的主要是为了美化织物外观，调整织物结构，提高织物质量，改善织物服用性能，更好地满足消费者的需求。染整加工包括前处理、染色、印花、整理四个部分。不同种类的织物染整工艺和加工方法各不相同。

一、前处理

前处理是纺织品染整的第一道工序，主要目的是清除纤维中的天然杂质以及在纺织加工过程中加入的浆料和沾上的油污等，从而提高织物的白度和渗透能力，有利于后续加工的进行，同时还可部分改善织物的手感和外观。

不同原料构成的织物，对前处理的要求和加工方法有较大的差别，下面以棉及涤/棉混纺织物的练漂为例进行简介。

1.原布准备

坯布在进行练漂前必须做的准备工作，一般包括检验、翻布（分批、分箱、打印）、缝头。主要作用是检查坯布质量、翻布、分批、分箱、打印、缝接。

2.烧毛

烧去布面上的绒毛，使表面光洁美观，同时可防止在染色、印花时，由于绒毛的存在而产生染色不匀及印花疵病。涤/棉织物还可减少使用时的起毛起球现象。

3.退浆

清除原布上的大部分浆料、油污及部分天然杂质，提高织物渗透能力，利于后面的煮练和漂白加工。

4.煮练

在不损伤纤维的前提下，用化学的方法来破坏和清除残留在织物上的大部分天然杂质（如蜡状物质、果胶物质、含氮物质等）和部分残留的浆料、油剂等物质，从而提高原布的白度和渗透性，利于染色、印花加工。

5.漂白

在尽量不损伤纤维的条件下，去除棉和涤/棉混纺织物中的天然色素，使原布得到稳定而必要的白度，从而保证染色和印花的鲜艳度。

6. 开、轧、烘

织物是在松弛状态下煮练，所以要先开幅，将织物平展，然后轧水和烘干。

7. 丝光

使棉织物在经、纬向都受到一定张力的作用下，用浓烧碱液处理，从而获得稳定的尺寸、耐久的光泽，同时改善织物的强度、弹性和染色性能。

8. 热定形

涤/棉混纺织物需进行热定形。利用合纤的热塑性，通过加热消除织物中的内应力，使织物热收缩性变小，提高尺寸稳定性、平挺性、弹性和手感，减少起毛起球，消除表面皱痕。

二、染色

染色是把纺织纤维及其制品染上颜色的加工过程，是借助于浆料与纤维发生物理或化学的结合，使纤维或织物染上颜色，或者用化学的方法在纤维上合成颜色从而达到染色的目的。染色是在一定的温度、时间、pH值和染色助剂等条件下进行的。各种不同纤维产品的染色，选用的浆料及工艺条件也各不相同。

1. 染色方法

主要分浸染和轧染两种。浸染是将染品反复浸渍在染液中，使织物和染液不断相互接触，经过一段时间后使染品着色。此种方法多用于散纤维、纱线和小批量织物的染色。

轧染是先把染品浸渍在染液中，然后使织物通过轧辊的挤压，将染液均匀渗透到染品内部，再经过汽蒸或热溶等处理，得到稳定、牢固的颜色。此种方法产量高，适用于大批量织物的染色。

2. 常见染料及适用情况

常见纤维所对应的染料见表3-1。

表3-1　常见纤维所对应的染料

纤维种类	染　料
棉、黏纤、富纤	直接染料、活性染料、硫化染料、还原染料、氧化染料等
羊毛	酸性染料、酸性媒染染料、酸性含媒染料
蚕丝	酸性染料、中性燃料、直接染料、活性染料等
涤纶	分散染料
锦纶	酸性染料、中性燃料、分散染料
腈纶	阳离子染料
维纶	中性染料

三、印花

印花是把各种不同的染料或涂料印在织物上，从而得到彩色花纹图案的加工过程。印花和染色一样，都是使织物着色，但染色是使织物整个均匀着色，印花则是在织物上印上一种或多种颜色图案，是局部染色。

在印花时，为得到清晰的花纹，防止染液渗化，须用糊料（浆料）作介质，将染料配成印花色浆，然后再印到织物上去，一般还需经过烘燥—蒸化—平洗—烘燥等一系列处理，上染过程复杂。

常用的印花方法主要有滚筒印花、筛网印花、转移印花、淋染印花和手工印花，其中滚筒印花和筛网印花应用最广泛。

主要的印花工艺有直接印花、防染印花和拔染印花，其中直接印花应用最广泛。

四、整理

整理的目的是通过物理的或化学的方法，对织物进行处理，以改善织物的外观与手感，提高服用性能，或赋予织物某些特殊的功能。

1. 织物整理的主要内容

（1）改善织物的外观 通过整理，提高织物的白度、光泽，或使织物表面轧上凹凸花纹等，如增白、轧光、电光、轧纹、起毛、剪毛、缩呢等整理。

（2）改善织物的手感 通过整理使织物的手感得到改进或加强，如柔软、硬挺、丰满、光滑、轻薄、粗糙等整理。

（3）定形整理 通过整理改善织物的尺寸、结构稳定性，如拉幅、防缩、防皱、热定形等整理。

（4）提高织物的耐用性能 通过整理，提高织物的耐用性能，延长使用寿命，如防霉、防蛀等整理。

（5）赋予织物某些特殊功能 通过整理，赋予织物某些特殊功能，以适应织物的特殊用途，如阻燃、抗静电、防油污、拒水、防毒等整理。

2. 织物整理的主要方法

（1）物理机械法 在湿、热条件下，利用压力、拉力等机械作用来达到目的，如拉幅、轧光、轧纹、电光、起毛、剪毛等。

（2）化学方法 采用一定的化学药品或高分子合成树脂，在纤维上发生物理的或化学的作用，从而达到整理的目的，如柔软整理、硬挺整理、防皱树脂整理、阻燃整理、防霉蛀整理、抗静电整理等。

（3）机械与化学联合方法 综合采用了机械与化学的整理方法，如缩呢、永久性轧光、轧纹等。

第五节 服装的设计生产加工形成

工业化生产的服装称为"成衣化"服装生产，它是解决人们穿衣的主要手段，成衣化服装生产产量大，品种较多，适应不同的市场需求。产品的生产规模和组织形式可以不同，但其生产过程和工序基本是一致的。服装产品的生产过程大致由以下环节构成。

一、服装设计

一般中型和大型的服装企业都聘用服装设计师创作自己服装系列，以满足市场需求。服装设计工作包括创作设计和技术设计两个方面。目前，电脑化服装设计为设计师提供了广阔的设计空间，也带来了极大的方便。

二、生产准备

成衣生产前要对生产某一产品所需的面料、辅料、缝纫线等材料进行选择配用，并作预

算，同时还要对各种材料进行必要的物理、化学检验及测试，包括材料的预缩和整理、样品的试制等工作，保证其投产的可行性和生产的连续性。

三、裁剪

裁剪是服装投入正式生产的第一道工序。裁剪的任务是把整匹服装材料按所要投产的服装样板切割成不同形状的裁片，以供缝制工序缝制成服装。裁剪主要包括裁剪方案的制订、排料划样、铺料、裁剪、验片、打号、捆扎等工艺过程。

裁剪在整个加工过程中具有承上启下的作用，因此裁剪工序不论对工艺还是对加工设备都有很高的要求。

为了保证服装加工质量，便于缝纫工按一定工序进行操作和搬运，有必要将裁片进行分类捆扎，捆扎时需将一种工作票（简称工票）扎在一捆裁片中，便于操作和掌握工作进度。工票上一般印有款式、裁剪床次、裁片尺码、裁片数量、工序编号、捆扎号、操作工编号等内容。同件服装的裁片必须来自同一层布，同扎裁片必须同一尺码，每扎裁片数量准确。将一叠叠的裁片按序排在裁床上，并将裁片分成数量适中的一扎扎；每一扎裁片中每一裁片按顺序进行编号；将工票附于每扎裁片上；分类后的裁片用绳线或布条捆扎，以便搬运。

每片裁片上附有对色标签，对色标签的作用是防止在捆扎时将各类裁片混杂起来，便于裁片缝纫时配对。为保证成衣质量，缝在一起的两部分必须是从同一层上裁出，因为面料生产厂不可能保证一匹面料的颜色从头到尾完全一样。

四、缝制

缝制是服装产品加工过程中技术较为复杂的工序，它是按服装的材料、款式要求，通过合理的缝合，把各衣片组成服装产品的一个工艺过程，所以，科学地组织缝制工序，选择缝迹、缝型及缝纫设备是十分重要的。缝制主要包括缝制工序分析与制订，零部件缝制，衬料、里料的缝制，组装缝制等。

1. 缝制工序分析与制订

缝制不是单纯的衣片缝合，而是要经过对缝制工序的分析、工序的制定等程订，然后再根据不同的衣料性能和服装样式，采用不同的缝制工序。缝制工序制订得合理与否，将直接影响到工作效率和产品的质量。合理的缝制工序能使各个具体工序在时间上安排合理，使产品在全部生产过程中处于运动状态，达到时间省、行程短、耗费小、效率高的目的。

2. 零部件缝制

服装一般是由各类衣片和部件组合而成。常见的零部件有衣领、衣袖、口袋、腰袋等。服装款式的变化常取决于这些零部件的变化，零部件造型的变化又往往产生不同的缝制要求和方法。要缝制好整件服装，必须先缝制好零部件。

3. 衬料、里料的缝制

为了使服装在穿着过程中能保持挺括、美观、耐穿，并增加其保暖性，常在腰、领、袖口、挂面、驳头、后背、侧缝等部位垫进衬料并缝制里料。

4. 组装缝制

一件服装各部件分别缝制好之后，进行组装缝制。在上衣组装缝制中，装缝领、袖是较关键的工序，其工序要求比较高，装缝方法也有多种。

服装的种类很多，除了上述的机织服装缝制外，还有针织服装、皮革服装、羽绒服装等的缝制，对于这些服装的缝制，其缝制方法也因其材料的性能特点不同而有所不同。

随着服装工业日益发展，缝制新工艺、新技术和小工具也不断出现，从而加速了服装工业发展的进程。

比如，服装吊挂传输缝制，是由一系列专门输送系统、作业点和吊架组合而成的。吊挂缝制工艺的作业是将服装的裁片、部件挂在一个独立的吊架上，然后放进系统的进口处。通过传动，每个吊架便会自动顺着作业工序抵达作业人员手中。一个缝制工序完成后，吊架和缝制完成的服装便会传送到系统的出口处。服装吊挂传输缝制工艺比传统的平板加工缝制加工方法生产效率高。

五、熨烫定形

熨烫定形是将成品或者半成品，通过施加一定的温度、湿度、压力、时间等条件的操作，使织物按照要求改变其经、纬密及衣片形态，进一步改善服装立体外形，以表现人体曲线。比如裤子的后片，没有经过熨烫时，沿挺缝线折叠后，臀部与裤口成为一条直线，这样穿在人身上后显然是不会合乎人体的。熨烫后臀部突出，穿在身上不仅美观，而且舒适。

熨烫定形按其在工艺流程中的作用可分为产前熨烫、黏合熨烫、中间熨烫、成品熨烫。熨烫定形按其定形效果所维持的时间长短可分为暂时性定形、半永久性定形和永久性定形。熨烫定形按其所采用的作业方式可分为手工熨烫和机械熨烫。

产前熨烫是在裁剪之前对服装的面料或里料进行的预处理，以使服装面料或里料获得一定的热缩并去掉皱褶，以保证裁剪衣片的质量。黏合熨烫是对需用黏合衬的衣片进行黏合处理，一般在裁片编号之后进行。使用黏合衬既简化了做衬、敷衬工序，又使缝制的服装挺括、不变形。中间熨烫包括零部件熨烫、分缝熨烫和归拔熨烫，一般在缝纫工序之间进行。成品熨烫又称整烫，它是对缝制完成的服装作最后的定形和保形处理，并兼有成品检验和整理的功能。整烫时将缝好的衣服放在依据人体各部位的形状合理设计的各个烫模或平台上，然后对其施加合适的温度、水分、压力，待去湿冷却后，服装的形状就固定下来了。成品熨烫质量的好坏，会直接反映到成品上，它的技术要求是使服装线条流畅，外形丰满，平服合体，不易变形，有较好的服用效果。

六、成衣后整理

成衣后整理包括成品检验、包装、储运等内容，是整个生产工程中的最后一道工序，也称后处理工程。它是根据不同的服装要求，而采取不同的折叠形式，选用适当的包装、储运方法，还要考虑如何防止储藏和运输对产品造成的损坏和生产的质量影响，确保产品的外观效果及内在质量。

成品检验是使服装质量在整个加工过程中得到保证的一项十分必要的措施和手段。成品检验包括成品规格检验、外观检验和理化性能检验三大方面。

通过检验，依据规格符合程度和外观质量的符合程度，确定服装有没有缺陷，再依据缺陷程度和理化性能指标确定服装的品等。服装一般分为优等品、一等品和合格品。此外，后整理还必须根据成品服装的不同材料、款式和特定的要求采取不同的折叠和整理形式；同时研究不同产品所选用的包装、储运方法，还需要考虑在储藏和运输过程中可能发生的对产品造成的损坏和质量影响，以保证产品的外观效果及内在质量。

服装加工制作的进步是人类文明进程的缩影，从最早的骨针到目前大量广泛使用各种先

进的缝纫机器设备，服装加工制作已发生了质的飞跃。但服装加工制作从整个生产过程以及与其他行业的制作加工来看，仍是劳动力密集的制作加工产业，随着电子计算机技术和自动化技术逐步运用于服装工业中，服装加工制作业必将从劳动力密集转化为技术密集的产业，服装行业必将进入一个从设计到成衣的加工制作高速化、自动化、高效率的新时代。

思考与实训题

1. 叙述短纤维和长丝的加工特点和工艺流程。
2. 叙述棉纺纺纱生产的工艺流程和任务。
3. 简述毛纺纺纱生产的工艺流程和任务。
4. 简述毛纺纺纱有哪几种纺纱系统。
5. 简述绢丝纺和䌷丝纺生产的工艺流程和任务。
6. 常用的经纱准备工序有哪些？分别有何作用？
7. 简述织造工艺过程。
8. 常用的新型引纬方式有哪些？
9. 染整加工一般包括哪些过程？分别有何作用？
10. 简述服装加工的主要工序、作用。
11. 简述服装裁剪后验片、打号的目的。
12. 服装成品从哪几个方面检验？又分为几等品？
13. 思考服装包装、标识的主要内容是什么？

品种篇

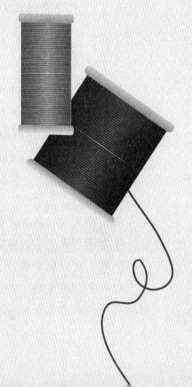

第四章

纤维商品

【本章知识点】
- 棉、麻、丝、毛纤维的品种特点和基本性能；
- 常用化学纤维的品种特点和主要性能；
- 新型化学纤维的类型、性能和应用。

第一节　天然纤维的主要品种

天然纤维是最早使用的纺织原料，包括植物纤维、动物纤维和矿物纤维三大类。本部分重点介绍棉纤维、动物毛、蚕丝和麻纤维。

一、棉纤维

棉纤维是纺织工业的主要原料，主要成分是纤维素，正常成熟的棉纤维中纤维素含量约为94%。此外还含有蜡质、糖分、蛋白质、脂肪、灰分等伴生物，伴生物的存在对棉纤维的加工使用性能有较大影响。棉纤维长度短，约30mm。棉及其混纺织物主要用作服用面料。

（一）分类

原棉可分为细绒棉和长绒棉。细绒棉又称陆地棉，纤维的长度和细度中等，细绒棉纤维的线密度范围为1.54～2.00dtex（5000～6500公支），长度为25～32mm。通常用于纺制10tex以上的棉纱，也可以与棉型化纤混纺。我国种植的棉花大多属于这一类，约占全国棉产量的98%。长绒棉又称海岛棉，纤维特别长，长绒棉纤维的线密度范围为1.25～1.54dtex（6500～8000公支），长度为33～45mm。它的品质优良，多用于纺制10tex以下的优等棉纱和特种用纱。

根据使用轧棉机的不同，轧出的原棉分锯齿棉和皮辊棉两种。

正常成熟和正常吐絮的棉花，其颜色呈洁白或乳白色，棉纺厂使用的多数为白棉。

随着人类环保和健康意识的不断提高，在纺织纤维及其制品中所残留的有害物质越来越引起世界各国的关注。在此种背景下，具有绿、棕等天然色彩的棉花应运而生。天然彩色棉纤维具有色泽柔和、质地柔软典雅、富有弹性、无毒性等特点。

（二）性质

棉纤维截面呈不规则的腰圆形，有中腔；纵向具有天然转曲（图4-1）。棉纤维的光泽一般较弱，随着成熟度的不同而有差异。棉纤维经过丝光处理后，光泽明显增加。

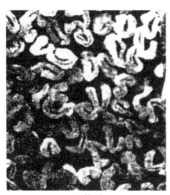 

(a) 截面　　　　　　　　　　　　　　(b) 纵向

图4-1　棉纤维的截面和纵向形态

棉纤维公定回潮率为8.5％，标准含杂率规定为锯齿棉2.5％、皮辊棉3.0％，实际不足或超过标准时实行扣补。

由于织物结构及在加工过程中承受能力的缘故，棉织物具有一定的收缩性，所以棉织物需要防缩整理。

棉纤维的耐碱性好，故可以用于纤维的整理加工，大多数洗涤剂是碱性的，棉纤维可以在这些溶液中洗涤而不被损坏。棉纤维不耐酸，强酸能破坏棉纤维，热的稀酸能使纤维分解，冷稀酸可以使纤维逐渐分解。在潮湿的条件下，棉纤维容易被霉菌和细菌等破坏。

二、动物毛

天然动物毛的种类较多，纺织常用天然动物毛以绵羊毛为主。

（一）羊毛

世界上以澳大利亚的羊毛产量占世界首位，我国的羊毛产地以内蒙古、甘肃、新疆、东北三省及西藏等地为主。

国产羊毛按羊种的品系可分为改良毛和土种毛两大类。根据羊毛纤维中髓质层的存在情况，可以分为绒毛、两型毛、粗毛和死毛四类。根据羊毛毛被上的纤维类型，可以分为同质毛和异质毛两种。根据剪毛季节和时间，可分为春毛、秋毛和伏毛三类。根据取毛后原毛的形状，可分为套毛、散毛和抓毛三种。

羊毛纤维属于蛋白质纤维，其主要组成物质是一种不溶性蛋白质，称为角朊。它由多种氨基酸缩合而成，组成元素包括碳、氢、氧、氮和硫等。纵向有天然卷曲，横截面为圆形或椭圆形，表面有鳞片，细羊毛鳞片排列紧密，呈环状覆盖，伸出端突出；粗羊毛的鳞片排列较疏，呈瓦片状或龟裂状覆盖。羊毛纤维的截面由鳞片层、皮质层构成，有时还存在有髓质层。羊毛纤维的细度与各项物理性能关系很大，是决定羊毛品质和使用价值的最重要的指标。常用的羊毛细度指标有平均直径和品质支数。

羊毛纤维具有缩绒性，当毛纱和毛织物在湿热条件下经受机械作用，如滑动或摩擦，则纤维彼此纠缠，使纱线长度缩短，紧度和厚度增加，这一加工过程叫缩绒，缩绒的结果使织

物比原来更紧密和丰满。

（二）纺织用特种动物毛

1. 羊绒

山羊毛是从绒山羊身上抓下的毛的统称，去除粗毛和死毛后的绒毛称为山羊绒，现在以开司米山羊所产的绒毛质量最好，这种山羊原产于我国的西藏一带，后来逐渐向四周传播和繁殖，目前山羊绒的主要生产国家包括中国、伊朗、蒙古和阿富汗等，我国产量占首位，其中以内蒙古产量最高。

山羊绒根据颜色分类有白绒、青绒、紫绒，其中以白绒最为名贵。分别以 W、G、B 表示，紫绒产量较多，白绒质量最好。

山羊绒由鳞片层和皮质层组成，没有髓质层。山羊绒纤维截面为圆形，细度细，强度、伸长性及弹性等均好于绵羊毛，但对酸、碱、热等的反应较羊毛敏感；具有轻、柔、细、滑、保暖等性能。一般用作羊绒衫、围巾及高档精纺面料的原料。

2. 马海毛

马海毛亦称安哥拉山羊毛，原产于土耳其的安哥拉省。马海毛为安哥拉山羊毛的商业名，属珍稀原料。马海毛属光长毛类，纤维品质优良，是主要的特色毛纤维；毛丛呈螺旋状或波浪卷曲，纤维细长光滑，平均长度为 120～150mm，直径为 10～90μm，马海毛属异质毛，夹杂有一定数量的有髓毛和死毛；光泽明亮，洁白柔软，具有良好的弹性和伸缩性。马海毛回复率与羊毛接近，而卷曲弹性远大于羊毛，羊毛卷曲弹性仅为 60%，而马海毛高达 72%～92%，是生产抗皱织物的好原料。

3. 兔毛

有普通兔毛和安哥拉兔毛之分。安哥拉兔毛毛白、长度长、光泽好、质量好。具体分级方法为优级、一级、二级、三级。兔毛由绒毛和粗毛两类纤维组成。绒毛直径为 5～30μm，平均直径 10～15μm，粗毛直径为 30～100μm。兔毛长度 10～115mm，平均长度为 25～45mm。绒毛截面呈非正圆形或多角形，粗毛呈腰圆形或椭圆形，绒毛和粗毛都有髓质层。其特点是纤维轻、细、柔软、光滑、蓬松、保暖性好、吸湿能力强；长度短、强度低、抱合差、单独纺纱困难，一般采用与羊毛或其他纤维混纺。

4. 骆驼毛

骆驼毛被中含有绒毛和粗毛两类纤维。骆驼绒的平均直径为 14～23μm，平均长度为 40～135mm，色泽有乳白、杏黄、黄褐、棕褐色等，品质优良的骆驼绒多为浅色。骆驼绒主要由鳞片层和皮质层组成的，无髓质层，横截面近似圆形或椭圆形，髓腔较少；骆驼绒纤维的鳞片边缘圆纯光滑，色泽有乳白、杏黄、浅黄、黄褐色、棕褐色等，乳白色骆驼绒强度大、光泽好、手感柔软、质地轻盈、保暖性好，卷曲性能不如羊毛，因此抱合力小。

骆驼毛鳞片很少，而且边缘光滑，所以没有像羊毛一样的缩绒性，不易毡并，可作填充材料，保暖性优良。

5. 牦牛毛

牦牛被毛由绒毛和粗毛组成，颜色以黑褐色为多。牦牛绒是一种带有天然颜色的特种动物纤维，牦牛绒品质接近山羊绒，纤维光泽柔和自然，细度均匀，手感丰满，柔软滑爽，强度大，光泽柔和，弹性好，牦牛绒纤维很细，常与羊毛混纺织制绒衫和大衣呢等。

牦牛毛略有髓，平均直径约为 70μm，平均长度约为 110mm，外形平直，表面光滑，坚韧而有光泽，可织制衬垫织物、帐篷及毛毡等。

三、蚕丝

由蚕直接吐丝、由两根丝素和包覆的丝胶组成的称为蚕丝。经过缫丝直接制成的丝束称为生丝（可直接织造使用）；不能缫成连续长丝的（茧衣、缫丝废丝、下脚茧丝），只能作为绢纺原料纺成短纤维纱称为绢丝；生丝脱胶精炼后称为熟丝。蚕丝属于蛋白质纤维，生产蚕丝的国家主要有中国、日本、印度、朝鲜及越南等。我国的丝绸产品闻名世界。

生丝手感硬、光泽差；熟丝光泽悦目、柔软平滑。桑蚕丝呈白色，脱胶后光泽雅致悦目；柞蚕丝具有天然淡褐色，光泽较桑蚕丝差。蚕丝主要由丝素和丝胶组成，它们都是蛋白质。丝素蛋白质呈纤维状，不溶于水；丝胶蛋白质呈球型，能溶于水中。丝素含量约占70%～80%，丝胶约占20%～30%。此外，还有少量色素、灰分、蜡质、碳水化合物，它们主要分布在丝胶中。

干燥的蚕丝相互摩擦或揉搓时会发出特有的清晰微弱的声响，称为丝鸣。耐光性差。

蚕丝分为家蚕丝和野蚕丝两大类。家蚕丝即桑蚕丝，我国的江苏、浙江、四川、安徽等地产量较多。野蚕丝有柞蚕丝、木薯蚕丝、蓖麻蚕丝等数十种，其中主要的品种是柞蚕丝，柞蚕丝的主要产地有辽宁、河南、山东、黑龙江、吉林、山西、湖北等。家蚕丝即桑蚕丝，是高级纺织原料，纤维细柔平滑，富有弹性，光泽好，吸湿性好，轻、滑、亮和暖是桑蚕丝的突出优点。

桑蚕丝的纵面平直光滑，单根蚕丝的截面呈半椭圆形或略成三角形，由两根丝素外覆丝胶组成；而除去丝胶后的单根丝素的截面呈角圆的三角形，其纵向表面光滑，粗细均匀，少数地方有粗细变化，见图4-2。生丝的横截面没有特定的形状，因为它是由若干根茧丝在缫丝过程中随机组合而成的。蚕丝直径的大小主要和蚕儿吐丝口的大小以及吐丝时的牵伸倍数有关，一般速度越大蚕丝越细。

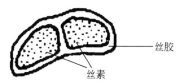

丝胶

丝素

图4-2 桑蚕茧丝的截面形态

四、麻纤维

麻纤维主要有茎纤维（苎麻、亚麻、大麻）和叶纤维（剑麻、蕉麻）。麻纤维的主要组成物质是纤维素，此外还有木质素、果胶、脂肪及蜡质、灰分和糖类物质等，纤维素一般约占60%～80%，其中苎麻、亚麻的纤维素含量略高。麻纤维的长度、细度整齐度差，故纱线条干均匀度差，产品呢面具有独特的麻节（粗节）；吸湿性好于棉，但弹性差，织物易起皱。

（一）亚麻

亚麻单纤维纵向细长，中间粗，两段细，具有较小的中腔，两端封闭呈尖状，横截面呈五角形或六角形（图4-3）。亚麻单纤维平均直径为15～18μm，单纤维长度为6～63mm，平均长度为16～26mm。麻纤维的纵向大都较平直，有横节竖纹，亚麻的横节呈"×"形。

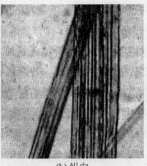

(a) 截面　　　　　　　　　　　(b) 纵向

图4-3　亚麻纤维的截面和纵向形态

亚麻纤维纺织品属于高档纺织品，亚麻纤维不仅用于服装衣着和装饰织物、桌布、床上用品、沙发套等外，而且还用于产业用纺织品，如绝缘布、滤布、航空用和汽车用产品等领域。亚麻纤维耐皱，伸缩性小，可用做家具饰品和夏季衣料，也可与棉或涤纶混纺，织成衣料布。亚麻纤维吸水后强度增加，膨胀力大，防漏效果好，适宜于制造军用帐篷、炮衣、雨衣和水龙带等。亚麻纤维细而坚韧，耐摩擦，导电性小，使用于飞机翼布、传动布和电线包皮等。

（二）苎麻

苎麻分为白叶苎麻和绿叶苎麻两种，苎麻产量以我国最多，主要产于湖北、湖南、江西、广东和安徽等省，其产量占世界总产量的90％左右。

苎麻纤维是由一个细胞组成的单纤维，横截面呈腰圆形或扁平形，有椭圆或不规则形的中腔，两端封闭呈尖状，整根纤维呈扁管形，无捻曲，表面光滑略有小结节，胞壁上有裂纹，纵向比较平直，有横节和竖纹（图4-4）。单根纤维长度为20～250mm，平均长度30～40μm，其长度是植物纤维中最长的。

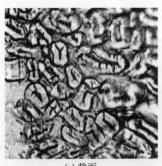
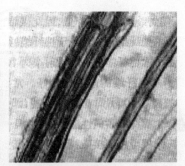

(a) 截面　　　　　　　　　　　(b) 纵向

图4-4　苎麻纤维的截面和纵向形态

苎麻纤维可以用于服用和家用领域，如夏布和家用纺织品等；苎麻纤维可以纯纺、混纺、交织、针织各类纺织品，如夏季面料、针织面料、手工夏布、保健被、被单、毛巾、枕套、靠垫等，这些产品具有良好的透气性、吸湿性、凉爽性和抗菌抑菌、消臭、保健等功能。

苎麻纤维的品质是麻类作物中最优良的，纤维细而长，拉力很强，容易吸水，干燥也快，苎麻不仅具有凉爽、吸湿、透气的特性，而且刚度大、硬挺、不粘身，适宜做夏天衣着等，并可以与涤纶混纺，做成的衣服质轻而挺括。苎麻纤维强韧，在水中不易腐烂，抗霉性强，可用做帆布、绳索、渔网、水龙带、滤布、帐幕和其他军用品的原料等。苎麻纤维抗张强度高，质地轻，可以做飞机翼布和降落伞的原料。苎麻纤维富有绝缘性，可以制造各种橡胶工业的衬布、车胎内衬和传动皮带等。苎麻的短纤维可做纸张，用于印制钞票等，又可加工地毯、人造丝和火药等。

（三）大麻（火麻、汉麻）

大麻单纤维表面粗糙，有纵向缝隙、孔洞和横向枝节，呈淡灰带黄色，大麻截面呈现三角形、长圆形和腰圆形等多种形态，且形状不规则。大麻纤维中有细长的空腔，表面分布有较多的裂纹和小孔，毛细效应好，吸附性较高，吸湿性好，散湿速度快，吸湿散热性好，在标准大气条件下的回潮率为12.7％左右，用大麻制成的服饰凉爽透气，不贴身。大麻单纤维的长度和细度与亚麻相似，生产中要采用工艺纤维纺纱。

第二节　化学纤维的主要品种

化学纤维是指用天然的或合成的高聚物为原料，主要经过化学方法加工制造成的纺织纤维。按原料、加工方法和组成成分的不同，化学纤维又可分为再生纤维、合成纤维和无机纤维。

一、再生纤维

目前使用的再生纤维包括再生纤维素纤维和再生蛋白质纤维两大类。再生纤维素纤维主要有黏胶纤维、天丝（Tencel）、莫代尔（Modal）等；再生蛋白质纤维主要有大豆纤维、牛奶纤维、酪素纤维、蚕蛹蛋白丝等。

（一）黏胶纤维

黏胶纤维的特点是，吸湿性良好，但收缩率大、尺寸稳定性差；染色性与棉相似，染色性能良好。黏胶纤维是再生纤维中产量最大和应用最广的一个品种，可分为普通黏胶纤维、高湿模量黏胶纤维和高强力黏胶纤维。普通黏胶纤维又分棉型、毛型和长丝型，俗称人造棉、人造毛和人造丝。高湿模量黏胶纤维具有较高的强力和湿模量，主要有富强纤维。另外，黏胶纤维还可制成有光、无光和半无光纤维。

黏胶纤维是最早投入工业化生产的化学纤维之一。由于吸湿性好、穿着舒适、可纺性优良，常与棉、毛或各种合成纤维混纺、交织，用于各类服装及装饰用纺织品。高强力黏胶纤维还可用于轮胎帘子线、运输带等工业用品。

（二）天丝

天丝是一种人造纤维素纤维，取材于人工管理树林里生长的树木中所提炼的木浆。此种纤维的学名为lyocell，天丝（Tencel）是其品牌名称。天丝采用一种先进的"闭合式"溶液纺丝方法进行生产，将对环境的影响减至最低，又可节约能源与用水。生产过程中所采用的无毒溶剂可不断循环使用。

天丝不但透气，而且吸水性佳，并能进行生物降解。开发的天丝花呢具有丰富新颖的色泽、花型、风格，呢面细洁、光泽好，实物质量优良，并具有良好的外观形态保持性，手感柔软，光亮度和颜色鲜艳度高，抗毛起球性能好。经功能整理，可贴身穿着，无刺痒感。

（三）大豆纤维

大豆纤维是采用化学、生物化学等方法从脱脂的大豆豆渣中提取球状蛋白质，通过添加功能性助剂，改变蛋白质空间结构，经湿法纺丝而成的。纤维本身主要由大豆蛋白质组成，是一种易生物降解纤维。该纤维具有单丝细度细、比重轻、弹力伸长高、耐酸耐碱性能好、富有光泽、吸湿导湿性优良等特点，具有羊绒般柔软的手感和蚕丝般柔和的光泽，集棉纤维的吸湿导湿性和羊毛的保暖性于一体。

二、合成纤维

合成纤维是以石油、煤、天然气及一些农副产品为原料制成单体，经化学合成为高聚物而纺制的纤维。一般来说，合成纤维都有短纤维和长丝两种。毛纺常用短纤维的规格为0.22tex（2旦）×75mm，0.27tex（2.5旦）×75mm；或0.22tex（2旦）×88mm，0.27tex（2.5旦）×88mm，棉纺常用短纤维的规格为0.16tex（1.5旦）×38mm。合成纤维中的短纤维与其它纤维混纺加工成纱，长丝可直接用于织造，通常在11.1tex（100旦）以上。

（一）涤纶

涤纶是聚酯纤维的中国商品名。涤纶由对苯二甲酸或对苯二甲酸二甲酯与乙二醇进行缩聚生成的聚对苯二甲酸乙二酯制得，是合成纤维的最大类属，其产量居所有化学纤维之首。

涤纶采用熔体纺丝，具有一系列优良性能，如断裂强度和弹性模量高，回弹性适中，热定形性能优异，耐热性高，耐光性尚可。涤纶和羊毛混纺，织物强力随涤纶含量的提高而增大，抗皱性也随涤纶含量提高而增高，一般精纺毛/涤织物具有挺括不皱、结实耐穿、易洗快干的特点。

涤纶包括短纤维和长丝，以短纤维居多。涤纶短纤维可以分为棉型、毛型和中长型三种；涤纶短纤维按用途分为高强低伸型、低强高伸型、中强中伸型三种，与棉纤维混纺时采用高强低伸型为主，与毛混纺时采用低强高伸型较多。

涤纶长丝可以分为初生丝、拉伸丝和变形丝，其规格包括丝束的细度和丝束中纤维的根数两项内容。普通涤纶长丝在丝织与经编针织物上用得较多，变形丝在纬编针织物和机织物上用得较广。近年来由于低弹涤纶丝针织物和机织物的发展，涤纶长丝比例增加很快。涤纶长丝还用于工业，如制造轮胎帘子线等。

（二）锦纶

锦纶是我国聚酰胺纤维的商品名，俗称尼龙，是以酰胺键（—CONH—）与若干亚甲基连接而成的线型结构高聚物。

羊毛中混用10%～30%锦纶，可大大提高织物强力和耐磨性。由于锦纶没有缩绒性，在精毛纺中用量较少，一般不超过20%，以10%为最佳。锦纶具有一系列优良性能，其耐磨性居纺织纤维之冠，断裂强度高，伸展大，回弹性和耐疲劳性优良，吸湿性在合成纤维中仅次于维纶，染色性在合成纤维中属较好的。锦纶在形态上分长丝和短纤维，锦纶以长丝为主，包括民用和工业用两种，除部分用于民用外，国产锦纶丝分为织物用丝、加弹用丝、工业用丝等。工业上主要用于加工绳索、渔网和帘子线，要求高强度和低伸长；民用上锦纶弹力丝是针织物的主要原料，锦纶单丝和复丝是袜子的主要原料；针织用锦纶丝一般为有捻丝，复丝中单丝根数较少；织物用锦纶丝一般加工丝织物，复丝中单丝根数较多；加弹用锦纶丝一般要经过加弹热变形加工。锦纶耐磨性特别好,在常见纤维中居首位,耐疲劳性好,故其长丝适宜作袜子、绳索等;混纺产品加入少量锦纶,织物的耐磨牢度会明显增加。

(三)腈纶

腈纶即聚丙烯腈纤维(PAN)。腈纶强度高,耐日光及耐气候性好;尺寸稳定性差。腈纶的许多性能如膨松、柔软与羊毛相似,有"人造羊毛"之称,可与羊毛混纺制成毛型织物。腈纶含量过高,织物抗皱性差、耐磨性差,手感粗糙、板硬。

腈纶具有许多优良性能,如手感柔软、弹性好。耐日光和耐气候性特别好,染色性较好,故较多地用于针织面料和毛衫。

腈纶以民用为主,在合成纤维中仅次于涤纶。腈纶以短纤为主,可以纯纺,也可以与羊毛或其他化纤混纺制成毛织品和毛毯等毛型织物;在棉纺工艺上可以与棉、毛混纺。腈纶长丝束经牵切加工后制成的膨体混合条是纺制针织纱的主要原料。腈纶长丝具有蚕丝般的光泽和手感,可以加工礼服。腈纶质轻,染色鲜艳,由于耐日晒性、耐气候性较好,适宜加工运动衫裤、帐幕、炮衣和窗帘等经常受阳光照射的织物。

(四)维纶

维纶又称维尼纶,是聚乙烯醇纤维的中国商品名。未经处理的聚乙烯醇纤维溶于水,用甲醛或硫酸钛缩醛化处理后可提高其耐热水性。狭义的维纶专指经缩甲醛处理后的聚乙烯醇缩甲醛纤维。维纶1940年投入工业化生产。

维纶吸湿性相对较好,曾有"合成棉花"之称。维纶的化学稳定性好,耐腐蚀和耐光性好,耐碱性能强。维纶长期放在海水或土壤中均难以降解,但维纶的耐热水性能较差,弹性较差,染色性能也较差,颜色暗淡,易于起毛、起球。

(五)丙纶

丙纶是等规聚丙烯纤维的中国商品名。1955年研制成功,1957年由意大利开始工业化生产。丙纶的品种较多,有长丝、短纤维、膜裂纤维、鬃丝和扁丝等。

丙纶的质地特别轻,密度仅为 $0.91g/cm^3$,是目前所有合成纤维中最轻的纤维。丙纶的强度较高,具有较好的耐化学腐蚀性,但丙纶的耐热性、耐光性、染色性较差。丙纶的截面和纵向形态与涤纶相似。

丙纶品种包括长丝、膨体长丝、短纤维、薄膜丝和单丝五种,长丝少量用于衣着,多数用于工业用织物;膨体长丝用于毛毯、地毯和室内装饰物;短纤维包括棉型和毛型,主要用于加工混纺纱和毛线等,生产中以短纤维为主,用以加工低档服用织物;薄膜丝主要用于栽绒地毯底布和包装材料;单丝主要用于加工绳索、筛网和工业用滤材等。丙纶耐污性好,容易洗涤,丙纶做成的纱布具有不粘伤口、无毒性的优点,故它很适合于生产医疗卫生材料;丙纶不仅用于织制地毯和一些特殊的工业用途,而且还可以加工土建用布和人工草坪等。丙纶短纤维价格较低,可以与棉、黏胶纤维等混纺织制衣料,也可以做滤布和地毯等的原料。

(六)氯纶

氯纶是聚氯乙烯纤维的中国商品名。聚氯乙烯于1931年研究成功,1946年在德国投入工业化生产。

氯纶主要加工针织内衣、毛线、毯子等民用织物，还可以编织窗纱、筛网和绳子等，此外，氯纶还可以加工工业滤布、工作服、绝缘布和安全帐幕等。

（七）氨纶

氨纶是聚氨基甲酸酯纤维的简称，商品名称有莱克拉（Lycra）、尼奥纶（Neolon）、多拉斯坦（Dorlastan）、Spandex 弹性纤维等。首先由德国拜尔（Bayer）公司于1937年研究成功，美国杜邦公司于1959年开始工业化生产。氨纶是一种合成纤维，组成物质含有85％以上组分的聚氨基甲酸酯。

氨纶的主要特性是，吸湿性差；高伸长、高弹性，伸长率可达450％～800％；耐酸、耐碱、耐光、耐磨性好。一般用于纺制弹性织物。很少使用裸丝，一般将氨纶丝与毛纱作包芯纱使用。常用规格有3.3tex（30旦）、4.4tex（40旦）。

三、无机纤维

（一）碳纤维

根据制造碳纤维的原料，可以分为聚丙烯腈系、纤维素纤维系（如黏胶长丝等和沥青系等）；按照特性，可以分为普通碳纤维和高强度高弹性碳纤维；又可分为滞焰纤维、碳纤维和石墨性纤维。原料经过高温处理得到的碳纤维具有密度小、弹性模量高、抗拉强度高、高强度、高模量、耐高温、导电性优、耐热性好、热膨胀系数小、热冲击性强、热传导性好、耐化学药品腐蚀性好等特性，但碳纤维也存在一些缺点，如轴向剪切模量低、抗氧化性差、耐冲击性差等。适宜于航天航空方面，如飞机、人造卫星、导弹、火箭、宇宙飞船、太空舱等；交通运输方面，如汽车骨架、车轮、缓冲器、弹簧片等的骨架材料；运动休闲器材方面，如球杆、钓鱼竿、球拍、独木舟、自行车、游艇、滑雪板和快艇等。

（二）玻璃纤维

根据化学成分玻璃纤维可以分为低碱玻璃纤维和有碱玻璃纤维；根据外观可分为长纤维、短纤维、空芯纤维和卷曲纤维；根据特性又可分为高强高模量纤维、耐碱纤维、耐高温纤维等。玻璃纤维的主要成分是硅、铝、钙、钠、钾、镁、硼等的氧化物。玻璃纤维外观为光滑圆柱体，横截面为圆形，直径5～20μm；密度大，一般为2.3～2.78g/cm³；强度大，断裂伸长率小，一般为2％～5％；化学稳定性好，吸湿性较小，扭转强度小，电绝缘性优良，介电性好，耐热性好，耐高温性好，剪切强度低，抗弯性能差，不吸湿，不燃烧。玻璃纤维在工业中可用作电绝缘、耐热以及高温过滤等材料，在民用中可用以织制贴墙布、宇航服、防护服、篷布、沙发套、地毯和窗纱等，还可以作为透明复合材料制品中的骨架材料，用于当代民用建筑业和蔬菜大棚等生产中使用。

（三）金属纤维

金属纤维是一种极细的金属丝，具有细微化和柔软化的特征，它采用金属丝材料复合组装多次多股拉拔和热处理等一套特殊工艺制成，金属纤维具有柔软性、导热、导电、耐腐蚀和耐高温的特性，金属纤维密度大，不吸湿，质硬且易生锈，不适宜作衣着材料，主要作为装饰材料，增加织物光泽。金属纤维可与棉、毛、涤纶等纤维混纺，加工防静电工作服、防静电地毯、防护罩等。

第三节　新型化纤的主要品种

随着科学技术的不断不发展，化学纤维的品种发展很快，除了常规品种以外，新型化学纤维的品种很多，主要有新型再生纤维素纤维、新型再生蛋白质纤维、差别化纤维、功能性和高性能纤维等。

一、新型再生纤维素纤维

目前生产的主要品种有丽赛（Richcel）、维劳夫特（Viloft）、竹浆纤维、珍珠纤维、麻浆纤维、Formotex 纤维、白竹炭纤维等。

Richcel纤维形态结构与羊毛很相似，其吸湿性、初始模量、伸长率、断裂强度接近羊毛；具有高弹性、高强力、柔软滑爽等特性；亲肤性好，弹性好，回弹性好；加工的产品蓬松度好，手感丰满，色泽鲜艳，悬垂性好，尺寸稳定性好；具有良好的耐碱性、耐洗性和耐穿性。

Viloft纤维截面呈扁平形，扁平度大于5：1，吸湿性好，保暖性好，表面光滑，柔软舒适，透气性好；不仅具有丝绸般的质感，而且具有毛纤维的丰满性；其外观光泽华丽，手感接近天然纤维；加工的产品导湿透气，穿着轻盈舒适，且易洗涤打理；可以与天丝、羊绒、棉等混纺，适合制作高档内衣、运动衣和服饰等。

竹浆纤维自身具有绿色及抗菌的功能，与其他纤维相比，它具有很高的绿色环保性、良好的透气性、独特的回弹性、瞬间吸水性及较强的纵横向强度，因此广泛用于纺织等行业，用竹纤维与棉开发的缎格面料质地柔软、吸湿性好、透气性佳，富有弹性，穿着舒适凉爽，手感滑而细腻，丰满而挺阔，对皮肤无刺激感，具有天然抗菌的作用，是春夏季节理想的高档面料。

珍珠纤维就是采用高科技手段将纳米级珍珠粉在黏胶纤维纺丝时加入纺丝液内，使纤维体内和外表均匀分布着纳米珍珠微粒，它是一种通过共混纺丝制成的功能性再生纤维素纤维。这种新型纤维材料不仅保留有黏胶纤维吸湿透气、柔软舒适等特性，还有一定的保健功能。

二、新型再生蛋白质纤维

新型再生蛋白质纤维主要有蛹蛋白丝纤维、牛奶再生蛋白质纤维、聚乳酸纤维等。

蛹蛋白丝纤维属于皮芯层结构的复合纤维，呈金黄色，纤维表面含有18种氨基酸，它集真丝和黏胶丝优点于一身，具有良好的织造性能和服用性能。开发的产品透气导湿性好、吸放湿性好、光泽柔和、亲肤性好、手感滑爽、悬垂性好、染色性好、色泽鲜艳、穿着舒适、光泽亮丽。

牛奶再生蛋白质纤维是一种含有乳酪蛋白质成分的接枝聚丙烯腈纤维，这是一种含有蛋白质的新型环保纤维，细度细，长度长，单纤强度大，纤维手感柔软光润，蓬松性大，纤维表面光滑，抱合力小，易产生静电，手感滑糯、柔软、蓬松。

三、差别化纤维

差别化纤维是指经过化学或物理变化，使其不同于常规纤维的化学纤维，其主要目的是改进常规纤维的服用性能，它主要用于加工高档服装和服饰。主要表现在对织物手感、服用

性能、舒适性和外观保持性等。如中空纤维、复合纤维、超细纤维、异形纤维、高收缩性纤维、水溶性维纶、抗静电纤维、抗起球纤维等。

（一）中空纤维

高卷曲中空纤维是指轴向有管状空腔的化学纤维，中空纤维种类很多，按卷曲分为二维卷曲和三维卷曲两种；按组分多少可分为单一型中空纤维（如涤纶中空纤维、丙纶中空纤维）、双组分复合型中空纤维（如涤纶丙纶中空纤维等）；按孔数多少可分为单孔纤维和多孔纤维，如4孔、6孔、7孔、8孔、12孔中空纤维等。

生产方法有两种，一是采用不对称冷却纺丝工艺法和卷曲管定形方法生产；二是采用不同缩率的两种原料通过并列复合纺丝工艺和技术。常见的涤纶高卷曲中空纤维，如涤纶三维立体卷曲中空纤维，一般可用于加工服装材料、喷胶棉、仿丝绵和仿羽绒产品等，产品的特点是弹性好、蓬松性好、保暖性好和透气性佳。

（二）复合纤维

复合纤维是指用两种或两种以上高聚物，或具有不同性质的同一类聚合物，通过同一个喷丝孔，经过复合纺丝加工而成。复合纤维的性能和功能比较众多，一般常见的两种组分的复合纤维包括并列型、皮芯型、海岛型等不同结构的复合纤维（图4-5）。复合纤维不仅可解决纤维的永久卷曲和弹性，而且还可以赋予纤维易染色、抗静电和高吸湿等性能，加工的织物柔软、光滑平整、悬垂性佳、吸湿透气性好，具有毛型感。

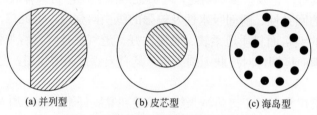

(a) 并列型　　　(b) 皮芯型　　　(c) 海岛型

图4-5　典型复合纤维的结构示意图

（三）超细纤维

超细纤维一般是指纤维线密度小于0.44dtex的纤维，它比常规纤维的线密度小得多。目前还没有一个准确的定义，超细纤维广泛用于纺织工业中，具有比表面积小、覆盖性好、光泽柔和、抗弯刚度小、手感柔软、质地柔软、比表面积大、吸附性和除污垢能力强等特点，加工的织物手感柔软细腻、丰满性好、悬垂性好、吸湿性好、保暖性佳。生产方法有，采用复合纺丝技术生产双组分纤维，然后采用溶解法或剥离法处理加工而成超细纤维；采用复合纤维加工成布，然后再经过处理加工而成超细纤维；采用分裂剥离方法，剥离后的两个组分纤维为超细纤维；采用非织造布技术中的熔喷法生产超细纤维。其用途十分广泛，可加工仿桃皮绒、过滤材料、人造皮革和保暖材料等。

（四）异形纤维

异形纤维是指用特殊形状喷丝孔纺制的非圆形截面或空心的化学纤维。异形纤维种类繁多，按其截面形态可分为三角形、星形、多角形、扁平带状、中空纤维等几种类型，这些异形纤维的截面形态不仅取决于纺丝时喷丝孔的形态，而且还与纺丝方法等有关。仿制异形纤维最简单的方法是使用非圆形截面的喷丝孔，另外还有黏着法、挤压法和复合法等。异形纤维可使织物的光泽、耐污性、耐磨性、硬挺度、弹性、手感、蓬松性、导湿性、抗起毛起球性和耐污性及服用性能等得到不同程度的改善。不同截面形状的纤维可以获得不同外观、性能和手感，如三角形截面的纤维具有蚕丝般特殊的光泽，多角形截面的纤维具有较硬的手感，中空纤维具有较好的蓬松性和保暖性；十字形异形纤维的截面有沟槽，其织物具有良好的导湿排汗性。中空截面异形纤维质轻蓬松，保暖性好，透气透湿性好。不同的截面形态能赋予纤维的不同性能和风格。异形纤维因具有许多优良的特性，故其用途十分广泛，在服装、地毯、非织造布、工业卫生等领域有着广泛的应用。

（五）高收缩性纤维

高收缩性纤维是指沸水收缩率在35%～50%的化学纤维，它是经过物理化学改性生产的，这种纤维在热或热湿作用下，纤维长度能够有规律弯曲收缩或复合收缩。常见高收缩纤维，如高收缩涤纶、高收缩丙纶。一般可用于加工合成革基布、人造鹿皮、毛纺产品的改性、高密织物等的制作。

高收缩性纤维过去常用于膨体纱、针织绒线上，现在开发仿毛、仿羊绒产品等，具有蓬松和柔软的特点。

（六）水溶性维纶（PVA）

水溶性维纶（PVA）是以聚乙烯醇为原料纺制而成的合成纤维，由于PVA大分子链上有许多羟基，因此具有水溶性，溶于水后无毒、无味，水溶液呈无色透明。主要用于伴纺，采用与羊毛、羊绒、兔绒等纤维伴纺和交织的方法，开发轻薄、松软、透孔风格的粗花呢、女性时装、围巾、披肩等产品。与普通维纶有很大的区别，其特点是强度高、尺寸稳定性好，目前我国已生产出溶解温度30～100℃的多种水溶性维纶。一般可用于加工医用床单、手术服、包扎伤口材料等。

（七）抗静电纤维

抗静电纤维是指通过提高纤维表面的吸湿性能来改善其导电性的纤维，一般比电阻为10^8～$10^{10}\Omega \cdot cm$，不容易产生静电。抗静电机理是通过吸湿使产生的大部分静电泄漏，以消除布上的静电，属于利用漏电效应。抗静电纤维的制造方法分为两类：一是使用外部抗静电剂附着在纤维表面的方法；二是使用内部抗静电剂掺入到纤维内部的方法。目前用于在仿真丝纤维、仿毛纤维、地毯、防爆工作服和防尘工作服等方面。

四、功能性和高性能纤维

1. 吸湿排汗纤维

吸湿排汗纤维的原理是利用纤维表面的细微沟槽和孔洞所产生的毛细现象，使汗水经过芯吸、扩散、传输等作用，迅速迁移到织物的表面，并快速挥发，从而保持人体皮肤的干爽感。常见的有两种：一种是纤维带有较深且较窄沟槽的异形纤维，如W形、十字形、四叶子形、四管形等；另一种是在大分子结构内引入亲水基团，从而增加纤维吸湿排汗性能。吸湿排汗纤维应用广泛，可以纯纺、混纺和交织，用于运动服装、衬衣、内衣、袜子、女式服饰和休闲服等。Cooldry纤维、Coolplus纤维、Topocool纤维均是吸湿排汗快干纤维。

2. 抗菌防臭纤维

抗菌防臭纤维是指在纤维本身添加抗菌剂，使其具有除菌、杀菌和抑菌作用，保护皮肤不被空气中的细菌侵袭的纤维。抗菌防臭纤维是将抗菌防臭剂与纤维结合而形成的，它具有特殊异形断面，能将皮肤表层的湿气和和汗水快速吸湿，并传输扩散到服装表面。目前主要有抗菌长丝、抗菌聚酯纤维、抗菌锦纶，这些产品可应用于运动服饰、休闲服饰、家纺、袜子、鞋类、衬衫和内衣等。

作为纤维制品的抗菌防臭剂主要有芳香族卤化物、有机硅季胺盐和无机类等，可以把上述试剂混入成纤原液或熔体中，也可以结合纤维的后加工，它们的抗微生物效果优良，具有持久稳定性，安全性高。一般可用于袜子、内衣裤、运动服装、毛毯、被褥、卫生间用品、汽车内装饰用品、床上用品、病房纺织品、室内装饰物和地毯等。抗菌涤纶、永久性负离子黏胶纤维、Amicor抗菌纤维、海藻纤维具抗菌除臭性能。

3. 防紫外线纤维

防紫外线纤维是指通过表面涂层、接枝，或在纤维中掺入防紫外或紫外高吸收性的物质，制得具有防紫外线效果的纤维。防紫外线的纤维有两种类型：一类是自身就具有抗紫外线纤维破坏能力的纤维；另外一类是含有防紫外线添加剂的纤维。防紫外线纤维具有优良的紫外线屏蔽性、耐光性和安全性。选择合适的防紫外线添加剂十分重要，这类助剂应该具备无毒、低挥发性、良好的热稳定性和化学稳定性，这种纤维加工的面料能够抗紫外线、保护皮肤，主要用于室外用品、衬衫、运动服、外套、工作服、帽子、窗帘和遮阳伞等。

4. 远红外纤维

远红外纤维是将添加剂加入到聚合物中，使纤维具有远红外辐射功能的纤维，加工的面料具有保暖性、手感柔软、保健等作用。远红外纺织品能激活人体表面细胞，促进人体皮下组织血液的微循环，达到保健、保暖、促进新陈代谢、提高人体免疫力的功效。

5. 光导纤维

光导纤维是指用两种或两种以上不同折射率的透明材料通过特殊复合技术加工的复合纤维，它是一种把光能闭合在纤维中，产生导光作用的光学复合材料，其基本类型是由实际起导光作用的芯层和折射率低于芯材而能将光能闭合于芯材之中的皮构成。按材料组成分为玻璃纤维、石英纤维和塑料光导纤维；按形状和柔性分为可挠性和不可挠性光导纤维；按传递性能分为传光和传像纤维；按传送光的波长性能分为可见光、红外线、紫外线和激光光导纤维。目前广泛用于工业、国防、交通、通讯、医学和宇航等。

6. 拒油拒水纤维

将纳米材料引入聚合物中赋予纤维新的功能，如拒油拒水纳米纤维具有防水和防油的功能；抗菌除臭纳米纤维能有效阻碍病毒等侵害人体，产品可以广泛用于服饰、家纺、袜类等。

7. 阻燃纤维

阻燃纤维有阻燃黏胶纤维、阻燃聚丙烯腈纤维、阻燃聚酯纤维、阻燃聚丙烯纤维、阻燃聚乙烯醇纤维等。阻燃纤维是指能够阻止燃烧的纤维，用极限氧指数表示。阻燃纤维要有明显的阻燃性，一般要大于27%，目前采用原丝改性生产，方法有共聚法和共混法。共聚法是由高聚物和阻燃基组成的阻燃纤维；共混法是将阻燃剂加入到纺丝熔体之中，改变其热学性能生产出的阻燃纤维。一般可用于儿童服装、老年人用品、军用产品、内衣、家用装饰品等。

8. 导电纤维

导电纤维是指在标准状态下，质量比电阻为$10^8\Omega \cdot g/cm^2$以下的纤维，导电纤维消除和防止静电的性能远高于抗静电纤维，其原因在于纤维内部含有自由电子，无湿度依赖性，即使在低温度条件下也不会改变导电性能。导电纤维不仅有良好的导电性能，而且具有柔软性和耐化学稳定性。

思考与实训题 ▶▶

1. 什么叫纺织纤维？纺织纤维根据其来源可分为几类？试列出纺织纤维的分类表。

2. 叙述纺织纤维应具备哪些基本条件。纺织纤维有哪些基本性能指标？

3. 简述棉纤维的种类、性能和特点。 主要组成物质是什么？它对酸、碱的抵抗力如何？

4. 叙述细绒棉和长绒棉、锯齿棉和皮辊棉、彩色棉、转基因棉、有机棉的特点。

5. 叙述麻纤维的品种、性能和应用。

6. 简述羊毛纤维的种类、性能和应用，羊毛纤维由哪几层组成？简述羊毛纤维的截面和纵向形态特征，主要组成物质是什么？它对酸、碱的抵抗力如何？

7. 叙述桑蚕丝和柞蚕丝的性能和应用。

8. 简述常规化学纤维的种类、性能和应用。

9. 叙述差别化纤维、功能性纤维和高性能纤维的定义，三者在性能、特点及应用等方面有什么不同？

10. 目前有哪些新型纺织纤维？它们有何特性？应用前景如何？

第五章

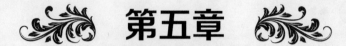

纱线商品

【本章知识点】

- 纱线的基本特征指标；
- 纱线的分类与品种代号；
- 纱线的主要品种特点、用途。

第一节 纱线的特征与分类

由纺织纤维组成的细而柔软并具有一定力学性质、细度和柔软性的连续长条统称纱线，它是构成织物的基本原料。除了少数一些织物如非织造布和毡类以外，所有织物都是由纱线构成的。纱线作为个体用商品，其品质结构特征和性能与面料服装的性能特点密切相关，即便是用相同原料加工的纱线，也会因为纱线结构的不同，使织物的性能发生变化。

一、纱线的特征

（一）细度及不匀

细度是表示纱线粗细程度的几何尺寸指标。细度指标参考第一章。

纱线的条干不匀率是指纱条沿长度方向上的短片段线密度不匀程度。是反映成纱短片段粗细均匀程度的指标，条干不匀率越小，短片段均匀程度越好。纱线的百米重量偏差是指纱线实际线密度和设计线密度的偏差百分率称为重量偏差。以百米重量偏差计算。它是反映成纱长片段粗细均匀程度的指标。

纱线的百米重量变异系数是指细纱100m长的片段之间的重量不匀率。它是细纱评等的重要物理指标，它不仅影响成纱强力不匀、品质指标以及细纱断头，而且影响织物质量。

（二）纱线的捻度、捻向

纱线捻度是指纱线中纤维加捻的程度。加捻的目的是使纤维、纤维束、纱、线捻合成为具有一定品质的纱线。

1. 捻度

由纤维来形成的纱线加捻时，在单位长度上两个截面间相对回转数（角位移）（捻回数）称为捻度。

纺织生产中，不同纱线所取单位长度并不相同，常用的有捻/英寸，捻/厘米，捻/米。用T_t表示，捻度不能衡量不同粗细纱线加捻的程度。

2. 捻回角

表示纤维的倾斜方向与纱线轴芯线间的夹角称为捻回角，捻回角可比较不同粗细纱的加捻程度。

$$\tan\beta=\frac{2\pi R T_t}{100}$$

式中　β——捻回角；

　　R——纱的半径，m；

　　T_t——捻度，捻/m。

当纱线直径相同时，β与捻度T_t成简单的函数关系。

3. 捻系数

由于捻回角测试困难，在实际生产中采用与纱线捻回角有关的指标——捻系数表示纱线的加捻程度。

$$\alpha_t=T_t\sqrt{Tt}$$

式中　α_t——捻系数；

　　T_t——捻度，捻/m；

　　Tt——线密度，tex。

4. 捻向

纱线中纤维束加捻后，纤维在纱线表面倾斜的方向，或单纱在股线表面倾斜的方向，可有S捻及Z捻两种捻向，如图5-1所示。一般单纱常采用Z捻，股线常采用S捻。

图5-1　捻向

（三）纱线的毛羽

纱线毛羽是指暴露在纱线主干外的那些纤维头端或尾端。纱线毛羽对纺纱工艺、布面外观具有不可忽视的影响，而且影响后加工、织造的质量和生产效率。毛羽造成纱线外观毛绒，降低了纱线光泽，杂乱的毛羽会对织物外观产生不良影响，因而受到普遍重视。随着新标准的执行和产品质量的不断提高，纱线毛羽作为评定纱线的一个指标会产生重要影响。

纱线毛羽的数量、长度及分布情况是评价纱布外观质量指标之一，过多毛羽特别是较长的毛羽对整经、正常上浆、织造的生产效率有显著的影响，在织造中造成开口不清而产生三跳、吊经、纬挡等织疵，影响织造效率。

纱线毛羽的指标包括毛羽指数和毛羽根数。毛羽指数是指伸出纱线表面外所有纤维的累计长度与纱线长度的比值，无单位。毛羽根数是指10m长的纱线表面上的毛羽数量。

二、纱线分类

纱线的种类很多，可以按以下方法分类。

1. 按组成纱线的纤维不同分类

（1）纯纺纱线　由一种纤维纺成的纱线，如纯棉纱线、纯毛纱线、纯麻纱线、纯涤纶纱线、纯黏纤纱线等。

（2）混纺纱线　由两种或者两种以上的纤维混合后纺成的纱线，如T/C（涤/棉）等，混纺纱线的命名要依据混纺比例大小，比例大的纤维在前，比例小的纤维在后。如果纤维的比例相同，则应以按天然纤维、合成纤维、再生纤维顺序排列，如C/T50/50。

2. 按纤维长度不同分类

（1）短纤维纱线　是短纤维纺纱经过加捻而制成的具有一定细度的纱线，根据纤维长度不同分为棉型纱线、中长型纱线和毛型纱线。棉型纱线是由原棉或棉型化纤在棉纺设备上经过纯纺或混纺加工而成的纱线；中长型纱线是由中长型纤维在棉纺设备或专用设备上经过纯纺或混纺加工而成的纱线，具有一定的毛型感；毛型纱线是由毛纤维或毛型化纤在毛纺设备上经过纯纺或混纺加工而成的纱线。

（2）长丝纱线　是由一根或者多根天然丝或化纤连续长丝组成的纱线，并经过并合、加捻或变形加工而形成的纱线，加捻回的称为有捻纱，不加捻回的称为无捻纱。

长丝纱包括普通长丝和变形丝。普通长丝有单丝、复丝、捻丝和复合捻丝。变形丝是指化纤原丝在热和机械作用下，经过变形加工使之具有卷曲、螺旋、环圈等外观特性而呈现蓬松性、伸缩性的长丝纱，称为变形丝或变形纱，包括高弹变形丝、低弹变形丝、空气变形丝、网络丝、膨体纱、弹力丝等（图5-2）。

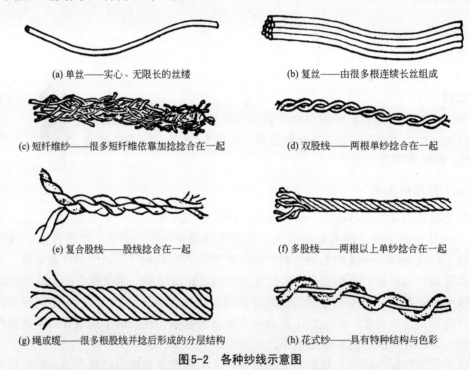

(a) 单丝——实心、无限长的丝缕

(b) 复丝——由很多根连续长丝组成

(c) 短纤维纱——很多短纤维依靠加捻捻合在一起

(d) 双股线——两根单纱捻合在一起

(e) 复合股线——股线捻合在一起

(f) 多股线——两根以上单纱捻合在一起

(g) 绳或缆——很多根股线并捻后形成的分层结构

(h) 花式纱——具有特种结构与色彩

图5-2　各种纱线示意图

3. 按纺纱方法不同分类

（1）按并合或加捻方法不同　可以分为单纱、股线，以及顺手纱（S捻）和反手纱（Z捻）。

（2）按纺纱工艺流程不同　棉纱可以分为精梳纱、半精梳纱、普梳纱。毛纱可分为精纺纱、半精纺纱、粗纺纱。

（3）按使用的纺纱设备不同　可以分为传统纺纱和新型纺纱。传统纺纱是由一般传统的环锭纺纱机上纺制而成的纱。新型纺纱是由新型纺纱机纺成的纱，主要有转杯纺（气流纺）、喷气纺、涡流纺、摩擦纺等，分别称为喷气纺纱、涡流纺纱、摩擦纺纱等。

4. 按纱线用途分类

（1）机织用纱　用于加工机织物的纱统称为机织用纱。

（2）针织用纱　供针织物织制用的纱。要求纱线条干均匀、洁净、手感柔软、毛羽少、结头少、粗节和细节少等性能和特点。

（3）工艺装饰线　是指用一定工艺方法制的线，主要以装饰功能为主的线。主要分为绣花线、编结线和镶嵌线三类。

（4）起绒用纱　是用于织造绒类织物时，形成的绒层或毛层的纱。

（5）特种工业用纱　是指供工业上用的纱，对纱有特殊的要求，如缝纫机线和轮胎帘子线等。

5. 按纱线后处理方法不同分类

（1）本色纱（原色纱）　是指未经过任何染整加工而具有纤维原来颜色的纱线。

（2）漂白纱　是指经过漂白加工，颜色较白的纱线，通常指的是棉纱线和麻纱线。

（3）染色纱　是指经过染色加工而具有各种颜色的纱线。

（4）烧毛纱　是指经过烧毛加工，使其表面较光洁的纱线。

（5）色纺纱　是指有色纤维纺成的纱线，纺纱前所用纤维原料经过染色或原液着色，用其织成的织物一般不经过染色加工，既缩短了加工工序又减少了环境污染。

（6）丝光纱　是指经过丝光加工的纱线，可使纱线的光泽和强力都有所改善。

（7）混色纱　是指用两种或两种以上带色的纤维混纺制成的纱线。

三、纱线品种的代号

纱线品种的代号见表5-1。

表5-1　纱线品种的代号

类别	品种	代号	举例
不同用途	经纱线	T	28T，14×2T
	纬纱线	W	28W，14×2W
	针织用纱线	K	10K，J7×2K
	起绒纱线	Q	96Q
不同纺纱方法	绞纱线	R	R28，R14×2
	筒子纱线	D	D20K，D14×2
	精梳纱线	J	J10W，J7×2T
	烧毛纱线	G	G10×2
	经电子清纱器纱线	E	E28
	转杯纺纱线	OE	OE60
	喷气纺纱线	MJS	
	涡流纺纱线	MVS	
	紧密纺纱线	CS	
	摩擦纺纱线	FS	

续表

类别	品种	代号	举例
	涤/棉混纺纱线	T/C	T/C13T，T/C14×2W
	涤/黏混纺纱	T/R	T/R18
	棉/维混纺纱线	C/V	C/V18.5×2
	维/黏混纺纱	V/R	V/R18
不同原料	有光黏胶纱线	RB	RB19.5
	无光黏胶纱线	RD	RD19.5W
	腈纶纱线	A	A32
	丙纶纱线	O	O18
	氯纶纱线	L	L16

第二节　纱线的主要品种

一、普通纱线

（一）棉纱线

棉纱线种类繁多，用途十分广泛，可用于机织，也可用于针织。按商业习惯，棉纱线分成粗特纱、中特纱、细特纱、特细特纱。

（1）粗特纱　32tex及以上（18英支及以下）的棉纱，均称为粗特纱（粗支纱）。主要用于织造粗厚织物和起绒起圈棉型织物，如粗布、线毯、绒布、棉毯、坚固呢、毛巾、浴巾、卫生衫裤用布、家具布、装饰布等。

（2）中特纱　22～33tex（18～27英支）的棉纱称为中特纱（中支纱）。主要用于织造中厚型织物，如平布、织带、毛巾、斜纹布、被单布、贡缎、提花家用织品等织物，棉织品中应用较广泛。

（3）细特纱　10～21tex（28～58英支）的棉纱称为细特纱（细支纱）。主要用于织造高档针织棉织品，如高档背心、针织内衣面料、高档府绸、汗衫用布等，或用于织造细薄型织物，如细布、T恤面料等。

（4）特细特纱　10tex及以下的棉纱称为特细特纱，主要用于织造高档精细面料等，如高档细纺府绸、高档针织内衣、高档手帕、巴厘纱、横贡绸、羽绒布、抽纱织物、缝纫线、绣花线、丝光线、商标、衬衫、睡衣面料、床罩、枕套、工业滤布、精密仪器擦镜布、特种橡胶底布等。

（二）毛纱线

毛纱线可分为精梳毛纺纱线、半精梳纺纱线、粗梳毛纺纱线三种。精梳毛纺纱线是经过精梳纺纱系统工程所纺成的纱线，与粗梳毛纺纱线相比，精梳毛纺纱线用料较好，纱线中纤维伸直平行，纱线品质优良，细度较细，条干均匀，强力大，弹性好，抱合紧密，性能优良，多用来织造精纺毛织品；粗梳毛纺纱线是经过一般的粗梳纺纱系统工程而成的纱线，纱内纤维排列不整齐，茸毛多，条干不匀率大，表面毛羽较多，不光滑，一般适宜于织造较厚的粗纺毛织品及驼绒，是中低档纺织品的原料。半精纺纱线是经过半精梳纺纱系统工程所纺成的纱线。废纺纱线是用较差的原料经过粗梳纱的加工工艺制成的纱线，通常纱线较粗，杂质较多。

（三）绒线

绒线是用动物纤维或化学纤维为原料，经纺纱和染整等工序加工而制成的，又称毛线。加工绒线用的动物纤维包括绵羊毛、山羊绒、马海毛、兔毛、驼毛等。目前纺制绒线用的化学纤维主要是腈纶，其次为黏纤，有些产品也可混用少量涤纶或锦纶。绒线是毛纺工业的一种主要产品，绒线捻度小，形态丰满蓬松，手感柔软，富有弹性。供手工编结或针织机编结衣物使用。

（四）麻类纤维纱线

麻类纤维纱线的种类很多，但用于制作服装的主要还是苎麻和亚麻，按纺纱方法可分湿纺麻纱和干纺麻纱两种。

苎麻纱线具有强度大、光泽好、伸长率小、吸湿散湿性好等优点，但存在刚度大、毛茸多、易折皱、耐磨性差等缺点。

（五）化纤纱线

化学纤维具有一定的共性，其长度和细度根据纺纱生产需要，可以制成棉型、毛型和中长型化纤，另外还可以用牵切的方法得到不等长化纤。对于长丝来说则可以控制单丝细度和孔数而得到各种品种。化学纤维不仅能与棉、毛、丝、麻等天然纤维或其他化纤混纺，加工成棉型纱、毛型纱和中长型纱，也可以单独纺成纯纺纱；同时还可以加工成特殊的纱线，如包芯纱、膨体纱、弹力纱、花式纱等。化纤纱的种类主要有腈纶纱、涤纶纱、锦纶纱、维纶纱、氯纶纱、化纤混纺纱等。

二、花式纱线

花式纱线是指在传统纺纱工序中，用特殊纺纱工艺制成的，或在环锭细纱机略加改造，或采用新型纺纱方法纺成的，这种纱具有特殊的外观、手感、结构和质地的纱。与条干粗细均匀一致的一般纱线相比较，具有特种外观形态、风格特殊、结构异形与色彩别致的特点，表面可以呈现结子、环圈、波浪和辫条等新颖外观。花式线可以用多种不同纤维、股线、条子或长丝在花式捻线机上加工制成。花式线一般由芯线、饰线和加固线三部分组成，也有的仅用饰线和加固线组成。花式纱线不仅用于各种服装用机织物和针织物（如编结线、围巾和帽子等），而且还用于手编、家用饰物、服饰及窗帘等方面的用纱。

花式纱线品种繁多，性能各异，下面以常见的几种花式纱线为例作介绍。

（1）竹节纱　是指通过改变细纱的引纱速度或者喂入速度，使纺出的纱沿轴向出现竹节似的节粗节细现象。竹节纱再与一股或多股其他纱并合加捻后，则形成风格各异的竹节线。目前，主要用于开发服装面料外衣、竹节纱色织物、竹节牛仔布、衬衫和睡衣等服装，也可以用作窗帘、床罩、沙发罩、台布、贴墙材料等装饰用布［图5-3（a）］。

（2）结子纱线　是指在生产过程中，只用一种颜色的点子，在纱线上呈现有间隔的纱线结子，是一种受控超喂花式纱线，一般也由芯纱、饰纱和固纱所组成［图5-3（b）］。

彩色结子纱是指在纱的表面附着有相同或不同颜色的大小结子，按一定的要求分布所形成的纱线。结子的颜色、大小、形状、节距可以相同，也可以不同，具体有大小结子、长短结子、双色结子和长短交替结子等。

（3）圈圈线　是一种间隔比较均匀的花式异形线，它由2根芯纱和1根饰纱、1根固纱所构成。圈圈线在线的表面生成圈圈，这种圈圈有小有大，大圈圈的饰线较粗，小圈圈的饰线较细。在生产大圈圈时，饰纱要选用捻度小、弹性好和条干均匀的精纺毛纱。主要用于色织女线呢、针织汗衫、花呢、运动衣、毛衣、大衣呢和手编毛线等［图5-3（c）］。

（4）螺旋线　是指饰纱较均匀地顺序卷绕在芯纱上，呈现螺旋状。它由1根芯纱、1根饰纱和1根固纱所组成；也可以由几根芯纱、几根饰纱和几根固纱所组成［图5-3（d）］。

（5）纱圈线　是指纱上连续或间断地出现环状或半环状的纱圈。

（6）螺丝线　是指在S、Z异向捻的单纱合股而成的纱线，或用不同长度的单纱合股而成，或用不同纱支的单纱合股而成，均可以使一根单纱绕在另一根单纱上形成螺丝线。

（7）雪尼尔线　是一种剪绒毛线，其特征是纤维被握持在合股的芯纱上，结构形似瓶刷，又叫绳绒线。雪尼尔线的原料可采用天然纤维和化学纤维，其毛茸状的饰纱多用腈纶，芯纱采用化纤纱或棉纱。它手感柔软，外观华丽，风格特殊，具有丝绒感，可用于绒类织物和装饰织物，还可用作为编结线用，具有丰满保暖、装饰效果好的特点［图5-3（e）］。

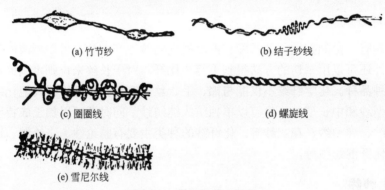

(a) 竹节纱

(b) 结子纱线

(c) 圈圈线

(d) 螺旋线

(e) 雪尼尔线

图5-3　常见的花式纱线

（8）金银丝线　是以金丝或银丝作为装饰的花式纱线。金银丝因具有金属般光泽，被广泛用于各类纺织品及某些特殊用品中，装饰效果很强。金银丝线包括圆捻线、稀捻线和绉形捻线。

（9）闪光线　混用强光纤维，从而使产品具有闪光的风格。闪光线一般用于纯毛或纯腈纶膨体毛线。闪光纤维采用马海毛或三角异形涤纶效果较好，闪光纤维用量一般占原料总量的15%～30%，应该和纱线中主体纤维的颜色相协调。对比度要强，以达到闪光效应。

三、特殊加工纱线

按用特殊加工方法制成的纱线分类，主要包括变形纱、色纺纱线、包芯纱、包覆纱、AB纱、赛络纺纱、赛络菲尔纺纱、缆形纺纱和段（缎）彩纱等。

（一）变形纱（丝）

变形纱是指化纤原丝在热和机械作用下，经过变形加工使之具有卷曲、螺旋、环圈等外观特性而呈现弹性、蓬松性、伸缩性的弹力长丝纱，也称为变形丝，如图5-4所示。加工的目的是其具有弹性、蓬松性和伸缩性。根据变形纱（丝）的性能特点，变形纱的生产加工方法与品种较多，通常包括弹力丝、膨体纱、网络丝、假捻变形丝、刀口变形纱、空气变形丝等。主要用于织造紧身衣、泳衣、丝袜、弹力滑雪服等。

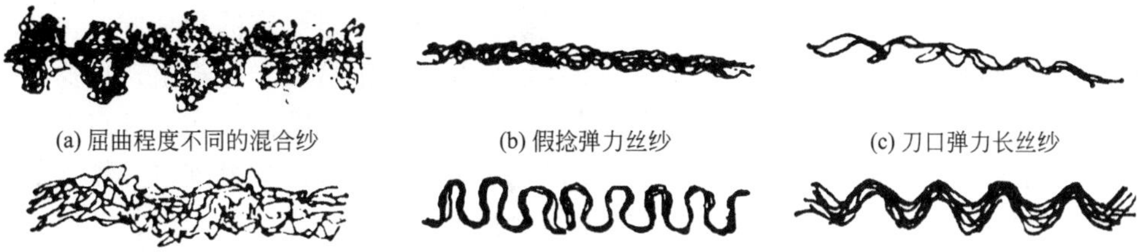

(a) 屈曲程度不同的混合纱　　　(b) 假捻弹力丝纱　　　(c) 刀口弹力长丝纱

(d) 填塞箱弹力长丝纱　　(e) 编织拆散弹力长丝纱　　(f) 齿轮卷曲弹力长丝纱

图5-4　变形纱

1. 弹力丝

弹力丝是利用合成纤维的热塑性特点，在机械和热的作用下，使伸直的纤维变为卷曲的纤维，从而使长丝或混丝纱线具有蓬松感和弹性。根据弹力丝的弹性高低又分为低弹力丝和高弹力丝两种，高弹力丝以锦纶为主，主要用于弹力织物，如弹力衫裤、紧身服、内衣、运动服、健美服和弹力袜类等；低弹力丝具有一定的弹性，蓬松性好，螺旋卷曲度大，主要用于织制织纹清晰、外观丰满的织物。低弹力丝有涤纶、丙纶、锦纶等。涤纶低弹丝多用于涤纶低弹丝机织物外衣和室内装饰布；锦纶、丙纶低弹丝多用于家具织物和地毯。

2. 膨体纱

膨体纱是利用腈纶的热收缩制成的具有高度膨松性的纱。由高收缩性和低收缩性的两种腈纶按一定比例（前者占40%～45%，后者占55%～60%）混纺成纱，经松弛热定形处理后，高收缩纤维收缩形成纱芯，低收缩纤维收缩被挤压在表面形成圈形，从而制成蓬松、柔软、保暖性好、具有一定毛型感的膨体纱。膨体纱的特点是蓬松度大、弹性好，主要用作加工毛衣、袜子和装饰织物等。

3. 网络丝

将高速气流垂直间歇地射向喂入的长丝，使单丝彼此之间互相纠缠和缠绕，从而增加丝束抱合性，这种具有周期性网络结的丝称网络丝。

4. 多重加工变形丝

具有复合变形工序形成的外观特征，将其分解后可看到复合变形前两种纱线的外观特征，称为多重加工变形丝。

（二）色纺纱线

色纺纱线是指纺纱前所用纤维原料经过染色或原液着色，用其织成的织物一般不经过染色加工，既缩短了加工工序又减少了环境污染。色纺纱线即色纱，它包括以下几种。

（1）单色纱　是指所有纤维颜色相同。

（2）混色纱　是指纤维染成不同颜色后，由散毛或毛条混合纺成混色纱，也可以用不同性质的纤维混合经过匹染而获得的混色效应。

（3）毛条印花纱　是指毛条上印有不同的色带，在以后的工序中可以产生不同的混色效果，用这种印花纱织成的织物风格别致。

（4）花粗纱　是指在末道粗纱机上用两根不同颜色的粗纱喂入，纺成一根花粗纱，细纱中有两个单色，但是分得不很清楚。

目前，色纺纱线主要生产针织内衣、高档针织服饰、袜子、毛衣和装饰织物包芯纱等。

（三）包芯纱

包芯纱是指以长丝或短纤维纱为纱芯，外包其他纤维一起加捻而形成的纱。生产时粗纱正常地从细纱机的牵伸装置通过，而长丝经过退绕机构以后经过一定的预牵伸，再从细纱机的前罗　拉钳口喂入，这样，长丝与粗纱须条在前罗拉钳口汇合后一起输出，加捻卷绕在细纱筒管上。其特点是通过外包纤维和长丝的结合，可发挥各自的特点，弥补各自的不足，扬长避短，优化成纱的结构。目前包芯纱的主要品种有弹性包芯纱，如氨棉包芯纱（以氨纶长丝为纱芯，外包棉纤维加捻纺制而成）可用来织制弹力牛仔衣裤等；无弹性包芯纱，如涤棉包芯纱（以涤纶复丝为纱芯，外包棉纤维加捻纺制而成）可用来织制烂花的确良，供窗帘、台布等使用；还有烂花包芯纱、中空包芯纱、衬衫面料用的包芯纱、缝纫线用的包芯纱等。

（四）包覆纱

包覆纱是指用两根不同纱或者长丝在包覆机上加工而成，它没有严格的芯纱或外包纱之分。其特点是强度高、条干均匀、手感柔软、蓬松性好。产品用于毯子、装饰织物和针织用纱等。包覆纱也称包缠纱，主要包括普通包覆纱、结构包覆纱和弹性包覆纱。包覆纱应用范围很广，可加工成包括服装面料在内的各种织物，外观和手感可以与天然纤维织物媲美；包覆纱最适宜于织制绒类织物，如长毛绒、半精梳西服面料、真丝包覆混纺织物、毛毯、贴墙布。

（五）AB纱

AB纱是指在细纱机上用2根不同颜色或原料制成的粗纱在同一个喇叭口中喂入纺成纱，使纱具有不同颜色或两组分的纱线。

（六）赛络纺纱

赛络纺纱是指在环锭纺纱机上生产赛络复合纱时，把2根不同原料或相同原料的粗纱平行喂入细纱牵伸区，2根粗纱间有一定的间距，且处于平衡状态下牵伸，然后在前罗拉两束纤维进行加捻，形成一个加捻三角区后两束纤维会聚，再经加捻形成纱线，使复合纱具有股线的风格和优点。由于会聚点两根纤维条的回转，有些纤维端就会被抽出，并随纱条旋转，许多纤维端就有可能卷绕到相邻的另外一根纱条上，最后进入股线之中，从而使复合纱结构紧密、表面纤维排列紧密、外观光泽好、毛羽少、条干均匀光滑。赛络纺纱可用于加工轻薄织物、装饰织物用纱和缝纫线，还可用于加工袜子和毛巾等。

（七）赛络菲尔纺纱

赛络菲尔纺纱是在赛络纺基础上发展起来的，1根化纤长丝不经过牵伸，直接从前罗拉喂入，在前罗拉输出一定长度后与须条并合，两种组分直接加捻，一步成纱。赛络菲尔纺是由1根短纤维须条和1根长丝加捻成纱的，且须条和长丝的质量、模量和转动惯量完全不同。与传统纺纱工艺相比省去了并捻工序，由于长丝的支撑作用和特殊的结构，加工的产品弹性、抗起球性和尺寸稳定性等均优于传统产品。目前，主要用于开发全毛单纱的赛络菲尔纺纱产品。

（八）缆型纺纱

缆型纺纱（Solospun，索罗纺纱）技术是在赛络纺纱技术的基础上发展起来的一种新型纺纱技术，具有不同于普通纱线的结构，目前主要用于开发全毛高支单经单纬产品。

（九）段（缎）彩纱

段彩纱是一种新型纱线，采用2根粗纱，其中1根粗纱从细纱机的中罗拉后喇叭口处连续喂入，另1根粗纱为饰纱，从后罗拉喇叭口处间歇喂入，经过牵伸、混合和加捻等过程形成的。它是一种新型的花式纱线，不仅富有层次变化与立体感，还具有丰富的色彩变化，更符合时尚潮流，可广泛用于服装面料。

四、缝纫线

缝纫线是服装的主要辅料之一，不仅具有功能性，而且还具有装饰性能。虽然它的用量和成本所占比例不大，但占用工时的比重较大，由于它直接影响着缝纫时的生产效率，影响到服装的质量、外观特征、服用性能以及生产成本等，所以，在实际生产和使用过程中要合理选择，正确使用，以确保服装质量稳定。

缝纫线的品种较多，按缝纫方式可分为机缝用线和手缝用线；按用途可分为缝衣用线、绣花刺绣用线和工业用线；按卷装形式可分为绞装线、纸芯线、纸板线、宝塔线、轴线和球线等；按所用纤维原料可分为天然纤维缝纫线、合成纤维缝纫线、天然纤维与合成纤维混合缝纫线等。

思考与实训题 ▶▶

1. 按组成纱线的纤维不同，纱线可分为哪几类？

2. 按纺纱方法不同，纱线可分为哪几类？

3. 花式纱线按其结构特征和形成方法可分为哪几类？

4. 按纱线后处理方法不同，纱线可分为哪几类？

5. 按纱线的结构外形不同，纱线可分为哪几类？

6. 试述常规长丝与变形丝之间的主要区别。

7. 毛纱和绒线可分为哪几类？各有何特点？

8. 包覆纱、变形纱、缎彩纱、赛络纱、AB纱和包芯纱各有何特征？

9. 棉型纱按线密度大小不同如何划分特细纱、细特纱、中特纱、粗特纱？

10. 简述棉纺纱线的主要质量性能指标的内容，它们的含义是什么？

11. 纱线的强度主要包括哪些指标？试述影响成纱强力的因素？

12. 表示纱线加捻程度的指标有哪些？加捻程度大小对纱线结构和有何影响？捻系数的选择主要取决于哪些因素？捻度和捻向在表示纱线加捻程度上有何优缺点？

13. 表示纱线的捻向有几种？股线的捻向如何表示？

14. 简述弹力丝的性能特征和加工方法，低弹力丝与高弹力丝有何区别？

15. 简述单纱、膨体纱和弹力丝的区别。

16. 简述包芯纱和包覆纱的性能特征和加工方法，包芯纱和包覆纱有何区别？

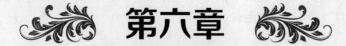

第六章

织物商品

【本章知识点】

- 织物的组织、特点与分类；
- 棉织物、毛织物、丝织物、麻织物主要品种的特征、编号、质地特点、纤维原料、纱支、组织规格和用途；
- 针织物生产形成过程、特征指标、组织结构特征、主要品种的特点；
- 非织造材料的定义与分类、结构特点、技术特点。

第一节 织物的组织

一、织物组织概念

在机织物中，与布边平行的、纵向排列的一组纱线称为经纱，与布边垂直的、横向排列的一组纱线称为纬纱；经纬纱线相互交错、彼此沉浮的规律称为织物组织，如图6-1所示。

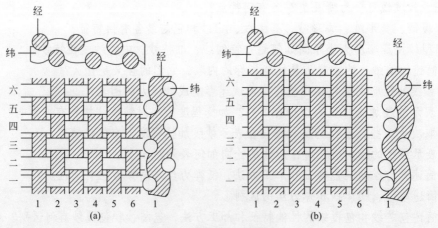

图6-1 纱线交织示意图

1. 经纬纱根数

在图6-1（a）中，组织循环经、纬纱数均等于2。在图6-1（b）中，其组织循环经、纬纱数均为3。

若经组织点数与纬组织点数相同，称为同面组织；若经组织点数多于纬组织点数，称为经面组织；若纬组织点数多于经组织点数，称为纬面组织。

2. 飞数

所谓飞数，是指同一系统相邻两根纱线上相应的组织点间相隔的组织点数。相邻两根经纱的相应组织点间相隔的组织点数称为经向飞数 S_j，相邻两根纬纱的相应组织点间相隔的组织点数称为纬向飞数 S_w。

3. 组织图

织物的组织常用组织图来表示，在方格纸（意匠纸）上绘制，如图6-2所示。每根经纱与纬纱相交的方格代表一个组织点，经组织点常在格子内填满颜色或标以其他符号，如"■""⊠""回"等，纬组织点常用空格表示。图6-2（a）中的组织，$R_j=R_w=2$，$S_j=S_w=\pm1$；图6-2（b）中的组织，$R_j=R_w=3$，$S_j=S_w=\pm1$。

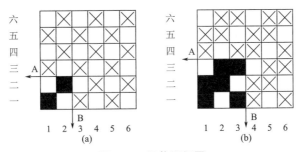

图6-2　织物组织图

二、织物组织的种类

织物组织的种类很多，一般可分为原组织、小花纹组织、复杂组织、大花纹组织四大类，如图6-3所示。

（一）原组织

原组织是最简单的组织，是一切织物组织的基础，因此又称为基础组织。原组织包括平纹、斜纹、缎纹三种组织，因而又称为三原组织。在其他条件（纱线原料、线密度、密度等）相同时，组织循环数越大，纱线的交织次数相对越少，构成的织物就越松软。

1. 平纹组织

平纹组织的经、纬纱循环数均为2，经纬向飞数均为±1，即 $R_j=R_w=2$，$R_j=S_w=\pm1$。交织规律可用分式 $\dfrac{1}{1}$ 来表示，称为"一上一下"，式中分子表示经组织点，分母表示纬组织点。

平纹组织的应用很广泛。通过采用不同的原料、线密度、捻度、捻向、经纬密度、花色纱线等，可以得到各种不同风格的织物。如棉织物中的平布、府绸、泡泡纱、帆布等，毛织物中的派力司、凡立丁、法兰绒等，丝织物中的塔夫绸、电力纺、双绉等，麻织物中的夏布等，均是采用平纹组织。

2. 斜纹组织

斜纹组织是织物表面有连续的经组织点或纬组织点构成的斜向纹路的组织。纹组织的交织规律也可用分式来表示，用分子表示组织循环内一根纱线上的经组织点数，用分母表示组织循环内一根纱线上的纬组织点数，分子与分母之和等于组织循环纱线数，箭头表示斜纹的倾斜方向。若分子大于分母，则经组织点数多于纬组织点数，称为经面斜纹；反这称为纬面斜纹。图6-4给出了几种不同的斜纹组织图。

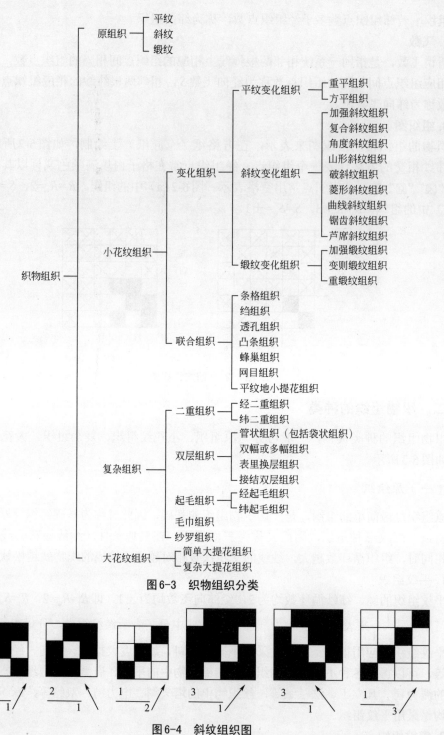

图6-3 织物组织分类

图6-4 斜纹组织图

3. 缎纹组织

缎纹组织是原组织中最复杂的一种组织，是相邻两根纱线上的单独组织点相距较远，而且所有的单独组织点分布有规律的组织。

缎纹组织的交织规律也可用分式来表示，用分子表示组织循环纱线数R，称之为"枚"，用分母表示组织点飞数S，经面缎纹用经向飞数表示，纬面缎纹用纬向飞数表示，读作"R

枚S飞经（或纬）面缎纹"。图6-5给出了两种不同的缎纹组织图。

缎纹组织由于组织循环数较大，浮长线较长，每根纱线上的单独组织点在织物中往往被相邻两侧的经浮长线或纬浮长线所遮盖，在织物表面呈现出的都是经浮长线或纬浮长线，因此织物表面平滑匀整、光泽好、质地柔软，但耐磨性差、强力较低。

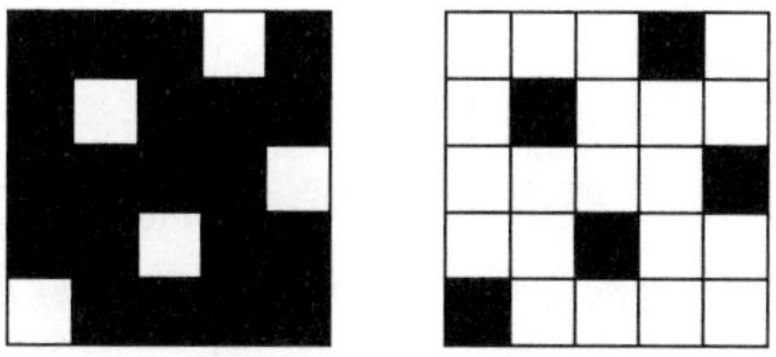

(a) $\frac{5}{3}$ 经面缎纹　　(b) $\frac{5}{2}$ 纬面缎纹

图6-5　缎纹组织图

缎纹组织的正反面有明显的不同，若正面为经面组织，纬面则为纬面组织。通常正面光滑、富有光泽，反面粗糙无光。由于缎纹组织循环数较大，经纬纱交织次数少、浮线长，所以缎纹组织与平纹、斜纹组织相比，可织密度最高，织物最柔软明亮，但强度和耐磨性最差。

缎纹组织的应用较广泛，如棉织物中的贡缎织物；毛织物中的直贡呢、驼丝锦；丝织物中应用最广泛，如软缎、素缎、各种缎地起花等。

（二）变化组织

以原组织为基础，通过改变组织点的浮长、飞数、斜纹线的方向等而获得的各种不同的组织。变化组织的应用广泛，如棉织物中的双面卡、华达呢等，毛织物中的缎背华达呢、大衣呢等，还广泛地用于布边组织。

（三）联合组织

联合组织是采用两种或两种以上的原组织、变化组织，通过各种不同的方式联合而形成的组织。

联合的方法主要有，两种组织的简单组合，两种组织的纱线交互排列；在一种组织上按另一种组织增加或减少组织点等。还可以采用组织和颜色纱线配合，构成由色纱形成的图案，称为配色模纹。

（四）复杂组织

复杂组织是利用若干系统的经纱与一个系统的纬纱，或一个系统的经纱与若干系统的纬纱，或若干系统的经纱与若干系统的纬纱相互交织而成的组织。在织物中各系统的纱线相互重叠，得到的织物厚实、致密、耐磨性好、强度大，还可根据要求，得到某些特殊的外观，如起毛、起圈、稳定的孔眼等。

第二节　棉织品

以棉纤维和棉型化学纤维为原料并经过纺织染整等工序加工所制成的产品，叫作棉织品，习惯上称为棉布。

一、棉织品的分类

1. 纯棉织物

指用原棉作原料，在棉纺设备上加工成纱线再织制成的织物。如纯棉本色平布、纯棉贡缎等。纯棉织品的特点是手感柔软，吸湿性、透气性好，穿着舒适，保暖性好，耐碱性强，但耐酸性较差，弹性较差，易皱不挺，免烫性差，强力不如合成纤维，所以一般与化纤混纺来提高其抗皱性。棉织物通常耐光性、耐热性一般，在阳光与大气中棉布会缓慢地被氧化，使其强力下降。长期高温作用会使棉布遭受破坏，但其可耐受125～150°短暂高温处理。一般稀碱在常温下对棉布不发生作用，但强碱作用后，棉布强度会下降。生活中常说的"丝光棉"就是利用20％的烧碱液处理棉布而来的。微生物对棉织物有破坏作用，表现在不耐霉菌。棉织物染色性好，色泽丰富，色谱齐全，色牢度差。纯棉织物与肌肤接触无任何刺激、无负作用，久穿对人体有益无害，卫生性能良好。

纯棉织物广泛用于服装、装饰和产业。

2. 棉型化纤织物

指用长度、线密度等性能同棉纤维相仿的化学纤维纯纺或与棉混纺作原料，在棉纺设备上加工成纱线再织制成的织物。如涤/棉卡其、黏胶纤维布等。目前常用于棉织品的化学纤维有黏胶纤维、涤纶、维纶等，有化学纤维纯纺或与棉混纺而成的织物。棉型涤纶织物手感挺滑，坚牢耐用，保形性好，易洗快干，抗皱免烫，尺寸稳定，缩水率小，吸湿性差，舒适性差。棉型维纶织物坚牢耐用，吸湿性好，穿着舒适，弹性较差，容易起皱，染色性差，色泽萎暗，不耐湿热。黏纤织物布面光洁，手感柔软，舒适性好，色泽鲜艳，吸湿性好，穿着舒适，但强力低，尤其湿强低，弹性较差，保型性差，缩水率大，不耐日晒。

二、棉织品的规格与编号

1. 棉织品的规格

棉织物的规格特征主要是指纱线线密度、密度、幅宽、重量和匹长。棉织物规格的简单表示方法通常是写明品种名称、经纬纱线密度、经纬密、匹长、幅宽等。品种名称需写明原料、经纬纱线结构、织物商品名。

2. 棉织品的编号

棉织物的编号是按GB 406—2008标准和GB 411—2008标准来规定的，从产品的编号就可大致识别该产品的组织和规格。

三、棉织品的主要品种

1. 平布

平布的特点是采用平纹组织1上1下织制，经纬纱的线密度及经纬密接近或相同，布面平整，比同规格织物坚牢耐用，但弹性较差。根据其所用经纬纱的粗细，分为粗平布、中平布、细平布三类。

2. 府绸

府绸是一种线密度值较小、密度较大的平纹组织织物，是棉布的主要品种，其质地细密、平滑而有光泽。府绸常用原料有纯棉、涤/棉等。经纬纱常用10～29tex（20～60英支）单纱或5tex×2～14tex×2（42英支/2～120英支/2）股线，经纬纱线密度大多相等或接近。经向紧度为61％～80％，纬向紧度为35％～50％，经纬向紧度比大约为5∶3；经纱屈曲较大而纬纱较平直，织物表面形成了由经纱凸起部分构成的菱形颗粒效应。府绸结构紧密、布面光洁、质地轻薄、颗粒清晰、光泽莹润、手感滑爽，具有丝绸感。府绸可以纯棉纱为原料，还可以涤/棉纱为原料。府绸主要用作衬衫、夏令服装等。

3. 斜纹布

斜纹布是采用2上1下斜纹组织织制的织物，织物正面斜纹纹路明显、反面模糊，故又称单面斜纹。常用原料有纯棉、涤/棉、黏纤等。斜纹布通常经纬向均采用单纱，经纬线密度接近，纱线线密度为18～42tex（14～32英支）。经向紧度为60%～80%，纬向紧度为40%～60%，经纬向紧度比大约为3∶2。斜纹布布身较平布紧密厚实，手感较平布柔软。根据所用纱线不同，分为细斜纹布和粗斜纹布。粗斜纹布用32tex以上（18英支以下）棉纱作经纬纱，细斜纹布用18tex以下（32英支以上）棉纱作经纬纱。斜纹布有本白、漂白和杂色等种类，常用作制服、运动服、运动鞋夹里、金刚砂布底布和衬垫料。宽幅漂白斜纹布经印花加工后可作被单、床单。元色和杂色细斜纹布经电光或轧光整理后布面光亮，可作伞面和服装夹里。

4. 哗叽

哗叽是采用2上2下斜纹组织织制的织物，是移植毛哗叽风格而制成的一种织物。哗叽常用的原料有纯棉、棉/黏、黏纤等，经纬纱常用18～42tex（14～32英支）单纱，或者14tex×2～18tex×2（32英支/2～42英支/2）股线。经向紧度为50%～70%，纬向紧度为45%～55%，经纬向紧度比大约为6∶5。哗叽手感柔软，质地较厚实，正反面斜纹方向相反，斜纹角度为45°左右，织纹宽而不突出。根据所用线不同，分为纱哗叽、半线哗叽、全线哗叽。线哗叽正面为右斜纹，经染色加工可做男女服装。纱哗叽正面为左斜纹，经印花加工，主要用作女装、童装或被面。哗叽通常采用匹染。棉哗叽以棉或棉混纺纱线为原料，组织结构与毛哗叽相似。

5. 华达呢

华达呢也是采用2上2下斜纹组织织制的，是移植毛华达呢风格而制成的棉型织物。常用原料有纯棉、涤/棉、棉/黏、棉/维等。经纬纱常用28～36tex（16～21英支）单纱，或14tex×2～28tex×2（32英支/2～42英支/2）股线。经向紧度为75%～95%。纬向紧度为45%～55%，经纬向紧度比大约等于2∶1。华达呢质地厚实而不发硬，耐磨而不易折裂，有一定的防水性，正反面斜纹方向相反，斜纹角度为63°左右，织纹突出而细致。根据经纬纱所用纱线不同，分为纱华达呢（经纬均用单纱）、半线华达呢（经向用股线，纬向用单纱）、全线华达呢（经纬均用股线）。坯布经染整加工后用作春、秋、冬季的男女服装面料。

6. 卡其

卡其是采用2上2下斜纹组织、3上1下斜纹组织、急斜纹组织织制的织物。采用2上2下斜纹组织织制的正反面纹路均清晰，故称双面卡；采用3上1下斜纹组织织制的正面纹路清晰，反面纹路模糊，故称单面卡；采用急斜纹组织，经沙的浮线较长，像缎纹一样连贯起来，故称缎纹卡。常用原料有纯棉、涤/棉、棉/维等。经纬纱常用28～58tex（10～21英支）单纱，或7.5tex×2～19.5tex×2（30英支/2～80英支/2）股线，经向紧度为83%～110%，纬向紧度为45%～58%，经纬向紧度比为（1.7～2）∶1。卡其织物结构较华达呢质地更紧密，手感厚实，挺括耐穿，但不耐磨。根据所用纱线不同分为纱卡、半线卡和线卡；根据组织结构不同，分为单面卡、双面卡、人字卡、缎纹卡等。卡其经染整加工后，用作春、秋、冬季外衣、工作服、军服、风衣、雨衣等面料。卡其布品种多、风格新、质轻软，深受城乡消费者的喜爱。

7. 直贡

直贡是采用5上3下、5上2下经面缎纹组织织制的纯棉织物。由于表面大多被经浮线覆盖，厚者具有毛织物的外观效应，故又称贡呢或直贡呢；薄者具有丝绸中缎类的风格，故称

直贡缎。直贡常用经纬纱为10～42tex（14～60英支）单纱，或7.5tex×2～18tex×2（32英支/2～80英支/2）股线。经向紧度为68%～100%，纬向紧度为45%～55%，经纬向紧度比大约为3:2。直贡质地紧密厚实、手感柔软、布面光洁、富有光泽。按所用纱线不同，分为纱直贡和半线直贡；按印染加工不同，分为色直贡和花直贡，一般经电光或轧光整理后，色直贡主要用作外衣和鞋面料；印花直贡主要用作被面、服装。直贡表面浮长较长，用力摩擦表面易起毛，所以不宜用力搓洗。

8. 横贡

横贡是采用5上3下、5上2下纬面缎纹组织织制的纯棉织物。由于织物表面主要以纬浮长覆盖，具有丝绸中缎类的风格，故又称横贡缎。横贡经纬纱常用10～29tex（20～60英支）单纱，经纬纱线密度相同或经纱线密度略大于纬纱线密度。经向紧度为52%～55%，纬向紧度为77%～80%，经纬向紧度比大约为2:3。横贡表面光洁细密、手感柔软、富有光泽、光滑如缎。为此，纱线要条干均匀、结杂少、纬向捻度小，捻向一般与缎纹的主要斜向一致，多采用精梳纱织制。横贡经印染加工，再经轧光或电光整理，外观光亮美丽。主要用作妇女、儿童服装面料和室内装饰用布。

横贡表面浮长较长，耐磨性较差，布面易起毛，洗涤时不易用力搓洗。

9. 麻纱

麻纱通常是指采用平纹变化组织中的2上1下纬重平组织或其他变化组织织制线密度值较小的织物。由于布面呈宽狭不等的细直条纹路，经纬纱捻度比一般平布高，且经纱捻度大于纬纱捻度。织物外观和手感与麻织物相仿，布身爽挺似麻，故称麻纱。常用原料纯棉、涤/棉、涤/麻等。麻纱薄爽透气、条纹清晰、穿着舒适，手感如麻。根据组织结构不同，分为普通麻纱和花式麻纱。普通麻纱采用2上1下纬重平组织织制，一般经纱用13～18tex（32～45英支），纬密比经密高10%～15%，使布面经向有明显的直条纹路。花式麻纱是利用织物组织的变化，或用不同线密度的经纱和变化的经纱排列织制而成，有变化麻纱、柳条麻纱、异经麻纱、提花麻纱等品种。

10. 绒布

绒布是将绒布坯经拉绒机拉起一部分纤维，形成一层蓬松绒毛的织物。常用原料有纯棉、涤/棉、腈纶等。绒布采用普通捻度的经纱和低捻度的纬纱，且经细纬粗，一般纬纱的粗细是经纱的1倍左右，拉绒时，主要拉出的是纬纱的绒毛，这样可减少对织物强力的损伤，并提高绒毛的丰满度。绒布手感柔软、厚实，吸湿性强，保暖舒适。

绒布按织物组织不同，分为平纹绒布、哗叽绒布和斜纹绒布；按拉绒面不同，分为单面绒（反面拉绒）和双面绒（正反面拉）；按织物厚薄不同，分为厚绒布和薄绒布；按印染加工不同，分为条绒布、格绒布、彩格绒布、芝麻绒布等。印花绒布、色织条格绒布宜做妇女、儿童春秋外衣。绒布主要用作冬季内衣裤、衬衫、睡衣裤、外衣夹里、儿童内外衣裤等面料及被套、其他衬里等。印有动物、花卉、童话形象花样的绒布又称蓓蓓绒，适合儿童用。本色绒、漂白绒、芝麻绒一般用作冬令服装、手套、鞋帽夹里等。

11. 平绒

采用起绒组织织制再经割绒整理，表面具有稠密、平齐、耸立而富有光泽的绒毛，故称平绒。平绒的经纬纱均采用优质棉（线）。平绒绒毛丰满平整、质地厚实、手感柔软、光泽柔和、耐磨耐用、保暖性好、富有弹性、不易起皱。根据起绒纱线不同，分为经平绒（割经平绒）和纬平绒（割纬平绒）。

12. 灯芯绒

灯芯绒是采用纬二重组织织制，再经割绒、整理，布面呈灯芯状绒条的织物，又称条绒。灯芯绒原料一般以棉为主，也有和涤纶、腈纶、氨纶等纤维混纺或交织的。灯芯绒绒条圆润丰满、绒毛耐磨、质地厚实、手感柔软、保暖性好，但是较易撕裂，尤其是沿着绒条方向的撕裂强力较低。灯芯绒织物在穿着过程中，其绒毛部分与外界接触，尤其是服装的肘部、领口、袖口、膝部等部位长期受到外界摩擦，绒毛容易脱落。

13. 泡泡纱

泡泡纱是以平纹组织织制，布面呈凹凸状泡泡的薄型织物。在棉织物中具有特殊外观风格特征的织物，就是指泡泡纱。泡泡纱外观别致、立体感强、质地轻薄、手感柔软、穿着不贴身、凉爽舒适、洗后不需熨烫。按形成泡泡的原理，泡泡纱主要分为织造泡泡纱、碱缩泡泡纱等。根据印染加工方法不同，分为染色泡泡纱、印花泡泡纱、色织泡泡纱。泡泡纱主要用作妇女、儿童夏令衣裙面料，以及床罩、窗帘等装饰用品。泡泡纱洗涤时，不易用热水泡，也不易用力搓洗和拧绞，洗后不需熨烫，以免影响泡泡牢度。

14. 绉布

绉布是采用普通捻度的经纱和高捻度的纬纱以平纹组织织制的织物，又称绉纱。绉布常用原料有纯棉、涤/棉等。纯棉绉布经纱为 14～21tex（28～42 英支），纬纱为 18～28tex（21～32 英支）；涤/棉绉布经纱为 9～14.5tex（40～65 英支），纬纱 13～16.5tex（35～45 英支）。纬纱略粗于经纱或经纬纱粗细相同。经向紧度为 25%～35%，纬向紧度为22%～30%，经向紧度略大于纬向紧度。纬纱的捻系数是常规的 2 倍，坯布经松式染整加工，使纬向产生收缩，从而在布面上产生纵向柳条绉纹。

绉布质地轻薄、绉纹清晰持久、富有弹性、穿着舒适，有漂白、素色、印花、色织等多种，宜作各式衬衣、裙料、睡衣裤、浴衣等，也可用作窗帘、台布等装饰品面料。

15. 羽绒布

羽绒布是线密度值较小、密度较大的薄型织物，由于常用作羽绒服装、羽绒被的面料，且能防止羽绒向外钻出，故又称防绒布、防羽布。常用原料有纯棉、涤/棉等。羽绒布一般采用平纹组织织制，经纬纱多用精梳线密度值较小的纱，范围在 10～29tex（20～60 英支）。经向紧度在 73% 以上，纬向紧度在 53% 以上，总紧度在 80% 以上，织物紧密度较一般织物高。羽绒布结构紧密、平整细洁、手感滑爽、富有光泽、透气防羽、坚牢耐磨。坯布经防羽浸轧等整理，减少织物经纬纱之间空隙，提高防止羽绒外钻效果。另外将中等紧密度的织物，经化学涂层处理，也能达到防止羽绒外钻的作用。主要用作羽绒服、滑雪衫、茄克衫、风衣、羽绒被、睡袋的面料。

羽绒布在保持清洁的前提下应尽量减少洗涤次数，洗涤后不能暴晒和熨烫，以免影响布面特性。

16. 水洗布

水洗布是经特种染整工艺处理，使织物具有轻微绉纹状水洗风格的织物。水洗布的原料有纯棉、涤/棉、涤纶长丝等。水洗布手感柔软、尺寸稳定、穿着舒适，外观有轻微绉纹。用水洗布制作的衣服具有不易变形、不褪色、免熨烫的优点。较好的水洗布表面还有一层均匀的毛绒，风格独特、自然。水洗布主要用作外衣、套装、衬衫、裤子、睡衣等面料。

17. 烂花布

烂花布是经纱采用耐酸性较好的涤纶等长丝或短纤维，纬纱采用不耐酸的棉或黏胶纤维纺成的包芯纱，以平纹组织织制的织物。根据布面花型设计要求，将含酸的印花浆印到坯布上，经焙烘，使耐酸性较差的棉或黏纤水解、焦化，再经水洗去除焦渣；而内芯的原料耐酸性较好，仍保持原来的光泽，呈半透明的网状。没受到酸液作用的地方保持原状。烂花布具有明显的、有立体感的凹凸花纹，质地轻薄，烂花处呈半透明状，手感挺括，透气性好。根据染整加工不同，分为漂白烂花布、素色烂花布、印花烂花布、色织烂花布。主要用作装饰布（如窗帘、台布等），也可用作夏令女装、童装面料。

18. 牛仔布

牛仔布是采用斜纹组织织制的较粗厚的色织棉织物，经纱颜色深，一般为靛蓝色，纬纱颜色浅，一般为浅灰白或本白色，又称靛蓝劳动布、坚固呢等。牛仔布多采用粗线密度纱，经纱一般使用36tex（16英支）、58tex（10英支）、80tex（7英支）单纱，纬纱使用48tex（12英支）、58tex（10英支）、96tex（6英支）单纱。牛仔布采用3上1下的右斜纹组织交织而成，一般可分为轻型、中型和重型三类。轻型牛仔布重量为200～340g/m²，中型牛仔布重量为400～450g/m²，重型牛仔布重量为450g/m²以上，布的宽度大多为114～152cm。经纱采用浆染联合一步法染色工艺，经密大于纬密。多采用经面斜纹，因此织物正面多呈经纱颜色，反面多呈纬纱颜色。一般均经防缩整理，缩水率较小。牛仔布质地紧密，手感厚实，坚牢耐磨，织纹清晰，色泽鲜艳，穿着粗犷奔放。适用于男、女、儿童服装（如牛仔裤、牛仔裙）、背包等面料。

19. 巴厘纱、麦尔纱

巴厘纱是采用平纹组织织制的稀薄低密织物，因其透明度高，又称玻璃纱，属于机织物。常用原料有纯棉、涤/棉等。织物中经纬纱，或均为单纱，或均为股线。涤/棉巴厘纱的弹性和免烫性优于纯棉巴厘纱。巴厘纱采用线密度值较小的纱，常用10～14.5tex（40～60英支）单纱，或5tex×2～7.5tex×2（80英支/2～120英支/2）股线，纱线多经精梳或烧毛加工，密度稀，经纬向紧度均为25%～40%，经纬向紧度比为1：1，捻度高。巴厘纱质地轻薄、手感挺爽、布孔清晰、透明透气、穿着舒适。按所用纱线不同，分为纱巴厘纱和线巴厘纱；按印染加工不同，分为漂白巴厘纱、染色巴厘纱、印花巴厘纱、色织提花巴厘纱。巴厘纱主要用作夏令衬衫、裙子、童装、民族服装面料及面纱、头巾、台布、台灯罩、窗帘、装饰用布等面料。

另外，用普梳纱做经纬纱，常用线密度为10～14.5tex（40～60英支）单纱，采用巴厘纱规格加工的稀薄平纹织物，称麦尔纱。麦尔纱档次较低，质地轻薄，结构稀疏，手感柔软，透气性好，穿着舒适，但透明度不及巴厘纱，其用途和巴厘纱相仿。

巴厘纱、麦尔纱均为稀疏薄型织物，因此洗涤时，只可轻轻揉搓，以免损伤织物。

第三节　毛织品

以羊毛为主要原料成分并经过纺织、染整等工序加工所制成的产品，叫作毛织物或毛织品。某些纯化纤织物，虽不含有羊毛成分，但系采用毛纺设备及毛纺工艺加工制成，也往往列入毛纺织产品范围。习惯上，毛纺织物又称为呢绒。

毛织品的品种很多，分类方法多种多样。按所用原料不同，可分为纯毛品、混纺品、交织品、纯化纤织品。按用途不同可分为服装用呢、装饰用呢和工业用呢等；但长期以来多按照生产工艺的不同，划分为精梳毛纺与粗梳毛纺两个系统，其产品也就有精纺呢绒、粗纺呢绒之分，其区别主要在于所用毛纱来自于不同的纺纱加工系统。

一、毛织品的品质特征与编码

1. 精纺呢绒的品质特征

精纺呢绒也称精梳呢绒，是使用较长、较细的毛型纤维，经过多道机械加工（其中一道重要的工序就是精梳），以获得粗细均匀、纤维排列平直的毛条，再进行纺、织、染、理工序而得到的织品。使用较低线密度精梳毛纱织造而成的精纺呢绒，因羊毛质量较好，织物表面平整光洁，织纹细密清晰。精纺呢绒包括全毛、混纺、纯化纤三大类，其品质特征主要有以下两方面。

① 所用羊毛较长（通常在65mm以上），梳理平直，因而毛线纱密度较小（通常选用12.5tex×2 ～ 33.3tex×2股线），呢绒比较轻薄（通常单重量为130 ～ 360g/m²）。

② 呢面平整、光洁，织纹清晰、光泽柔和，手感柔软、身骨丰满而滑爽挺括，弹性较好。用手捏紧呢面松开，折痕不明显，且能迅速恢复原状。

2. 精纺呢绒的编号

精纺呢绒编号由五位阿拉伯数字组成。自左向右，第一位数字表示纤维原料成分（2—纯毛；3—毛混纺；4—纯化纤）；第二位数字用1 ～ 9分别表示大类编号，见表6-1；第三、四、五位数字代表产品的品号，由生产企业内部编号。

第一层次代号（原料）
第二层次代号（品种）
第三层次代号（序号）

表6-1　精纺呢绒大类编号

编号	1	2	3、4	5	6	7	8	9
品种类别	哔叽类、啥味呢类	华达呢类	中厚花呢类（包括中厚凉爽呢）	凡立丁类（包括派力司）	女衣呢类	贡呢类（包括马裤呢、巧克丁）	薄花呢	其他类

3. 粗纺呢绒的品质特征

粗纺呢绒，也称粗梳呢绒，是采用较短、较粗的毛型纤维，经粗梳毛纺织工艺而制成的织品。与精梳呢绒相比，其具有以下特点。

（1）使用原料范围广泛　不仅使用原毛（级数毛、支数毛都可），还可利用精梳落下的短毛、落毛、下脚以及旧织物开松回用毛型纤维等。原毛长度较短，多在20 ～ 65mm，因而毛纱线密度较高，呢绒比较厚重。

（2）品种繁多　由于原料多样，纱支粗细差异幅度大，可运用设计上的技巧、染整加工的工艺变化，在质地、风格、花型色泽等方面织造出丰富多彩的产品。

（3）织坯疏松　外观粗糙，酷似麻袋片。但一经加工整理，就面目全非，不像精梳织物的坯布与成品形状比较接近。

（4）织物风格特殊　表现在手感柔软、蓬松丰厚，在棉、毛、丝、麻各类织物中，同厚度的织物以粗梳毛织物重量最轻。

4. 粗纺呢绒的编号

同精纺呢绒一样，为加强管理和区分起见，FZ/T 20015.2—1998对粗纺呢绒也实行了统一编号。

二、精纺毛织品的主要品种

1. 哔叽

哔叽是一种2上2下（近年也有2上1下组织，称单面哔叽）斜纹组织，纹路倾角为45°～50°。

按所用原料，有纯毛、混纺和纯化纤三类，纯毛哔叽有粗毛哔叽、细毛哔叽以及国毛哔叽之分，它主要是选用15.6～16.6tex细羊毛纱；混纺哔叽多采用黏纤或涤纶与羊毛混纺，也有毛/腈哔叽、毛/黏/涤哔叽等；纯化纤以涤/黏较多，此外还有变形涤纶长丝织制的哔叽。

按呢面分有光面哔叽与毛面哔叽。光面哔叽一般经过烧毛、煮呢、剪呢、蒸呢等工序处理，故表面光洁平整，纹路清晰；毛面哔叽除上述工艺外还需经过缩绒工艺，毛绒浮掩呢面，但由于毛绒短小，呢面的斜纹仍明显可见。

哔叽按织物重量分，有厚哔叽（单位质量约为315g/m^{2}以上）、中哔叽（单位质量为194～315g/m^2）、薄哔叽（单位质量约为193g/m^2）。色泽上以藏青为主，其次为黑、灰、米色等，主要用作制服、套装、裙装、鞋帽等面料。

2. 啥味呢

啥味呢，又名啥咪呢、精纺法兰绒。有斜纹、平纹、变化纹（如破斜纹）等组织，单面或双面起绒。它由染色毛条与原色毛条按一定比例充分混条梳理后，纺成混色毛纱织制。通常为2上2下的斜纹组织，纹路倾角约45°。

啥味呢的种类按原料有全毛和混纺之分。全毛啥味呢多采用细羊毛，又分为国毛产品和外毛产品。混纺啥味呢主要有毛/涤啥味呢、毛/黏啥味呢、毛/黏/锦啥味呢、丝/毛啥味呢等。

按组织结构分有平纹啥味呢（轻起绒，始产于英国）、斜纹啥味呢及其变化组织啥味呢（重起绒，始产于德国）。

按呢面有光面啥味呢和毛面啥味呢之分。光面啥味呢呢面光洁平整、纹路清晰；毛面啥味呢经轻微缩绒整理后，呢面有短小毛绒，且毛脚平整、手感软糯、有身骨、弹性好，光泽自然柔和，斜纹隐约可见。

啥味呢色泽雅素，以灰、米、咖啡色为主，宜做春秋季两用衫和西裤等，故又名春秋呢。

3. 华达呢

华达呢，又名轧别丁（Gabardine）。一般是2上2下斜纹组织，但与哔叽相比，由于经密大（约为纬密的两倍），角度为63°左右。质地紧密，纬线被压在经线下而不易看到，织纹倾角比哔叽大。所用原料广泛，除纯毛外，可使用羊毛与涤纶、腈纶、黏胶混纺，还可用纯化纤仿制。

华达呢的品种很多，按织品上的纹路分为双面斜纹、单面斜纹和缎背华达呢。双面斜纹华达呢正反两面外观相似，它身骨厚实，斜纹条子粗；单面华达呢正面有明显的斜纹线，反面则无，缎背华达呢是采用缎背组织织造，表组织采用2上2下斜纹，里经浮于织物反面，因而反面光滑如缎。

华达呢既有匹染又有条染，缎背华达呢通常只采用条染，色泽以藏青为主，另有米灰、咖啡和元色等。适宜做风衣、套装、西装和大衣的面料。另外，由于其发色性好，是制作色谱色样板最适宜的呢料。

4. 花呢

花呢是花式毛织物的统称，它是精纺呢绒中的主要品种，它的花色变化繁多，可以用各种不同的有色毛纱线或混色毛纱织成各种花型不同、质地不同、重量不同的织物，因此，花呢的特点是花型多、色泽多、组织变化多。

花呢按重量分为中厚花呢（重量为195～315g/m²）、薄花呢（一般重量为150～195g/m²）和超薄花呢（重量在150g/m²以下）。

按原料分为纯毛花呢、混纺花呢和纯化纤花呢。纯毛花呢包括丝毛花呢、羊绒花呢、马海花呢和驼绒花呢；混纺花呢分为毛/涤混纺花呢、毛/黏混纺花呢、毛/麻混纺花呢、毛/棉混纺花呢以及各种纤维混放花呢。

按花式来划分，可分为素花呢、条花呢、格子花呢、海力蒙、隐条花呢等。

5. 凡立丁

凡立丁（Valitin）是采用1上1下平纹组织织成的单色股线的轻薄型织物，其特点是纱线较细、捻度较大，经纬密度在精纺呢绒中最小。

凡立丁按使用原料，分为全毛、混纺及纯化纤，混纺多用黏纤、锦纶或涤纶，多用黏胶纤维、锦纶或涤纶与羊毛混纺，也有黏纤、锦纶、涤纶搭配的纯化纤凡立丁。

凡立丁除平纹外，还有隐条、隐格、条子、格子等不同品种。其呢面光洁均匀、不起毛，织纹清晰、质地轻薄透气，有身骨，不板不皱，边道平直。色泽多数匹染素净，以米黄、浅灰为多，适宜制作夏季的男女上衣和春、秋季的西裤、裙装等。

6. 派力司

派力司（Palace）是用精梳毛纱织制的轻薄品种之一，一般采用毛条染色的方法，先把部分毛条染色后，再与原色毛条混条纺纱，形成混色纱的平纹织物。这样，呢面散布有均匀的白点，并有纵横交错隐约的雨丝条纹。

派力司按其原料分为全毛和混纺派力司，混纺派力司主要有毛/涤派力司、毛/黏派力司、毛/腈派力司等。混纺比例一般为羊毛50%～60%、化学纤维40%～50%。

派力司是精纺呢绒中单位重量最轻的（成品单位质量约为127～170g/m²），它与凡立丁的主要区别在于，凡立丁是匹染的单色，而派力司是混色，经密略比凡立丁大。颜色以中灰、浅灰色为多。派力司除具有凡立丁的优点外，其质地细洁轻薄、坚牢耐脏，多用为夏令裤料和女装上衣料。

7. 女衣呢

女衣呢，过去又称女式呢、迭花呢、女士呢等，是精纺呢绒中花色变化较多的品种。经纬纱都用较高纱支的双股线，也有纬纱用单纱的。织物组织采用平纹或斜纹、绉地、提花，也有经轻微缩绒工艺加工成短细毛绒呢面，以及嵌夹金银丝等。

女衣呢的品种很多，原料范围非常广泛，有传统的天然纤维棉、毛、丝、麻，也有化纤，如涤纶、黏胶纤维、腈纶、锦纶，还有各种稀有动物毛、新型化纤和金银丝等。

女衣呢的品质特点是纱线细、结构松，身骨薄，质地细洁，花纹清晰，色彩艳丽，以匹染素色为主，色泽有橘红、大红、紫红、铁锈红、嫩黄、金黄、艳蓝等。女衣呢适做春秋两季妇女服装、上衣及童装，或做冬季女式棉袄面料。

8. 贡呢

贡呢，又称礼服呢，是精纺呢绒中经纬密度最大而又较厚重的中厚型品种（织物单位质量为235～350g/m²）。

贡呢采用各种缎纹组织，如缎纹变化组织、急斜纹组织等。其中以五枚加强缎纹为主。由于织纹浮点长，呢面显得特别光亮，表面呈现细斜纹，由左下向右上倾斜。

按呢面纹路倾斜角不同有直贡呢（倾角大于75°）、斜贡呢（倾角为45°～50°）、横贡呢（倾角为15°左右），通常所说的贡呢以直贡呢为主。

按原料分为全毛贡呢和混纺贡呢。混纺主要是羊毛和黏胶纤维或涤纶混纺。

贡呢大多为匹染素色，且以深色为主，如藏青、灰色、黑色，其中乌黑色的贡呢称为礼服呢，另也有用花线交织的花绒直贡呢。贡呢织物呢面有明显的凹特纹路，表面平滑，光泽明亮，质地厚实，穿着贴身舒适，但呢面浮线较长，耐磨性不及华达呢，主要用作鞋面料、礼服、大衣、西装上衣等。

9. 马裤呢

马裤呢是精纺呢绒较厚重的品种，因坚固耐用，最初因适用于骑士做马裤而得名。

马裤呢用较粗的（22.2tex×2～27.7tex×2特）股线，用3上1下的急斜纹组织织成，呢面有粗壮的斜纹线。斜纹由左下向右上倾斜，倾角为63°～76°，其经密大于纬密近一倍，因此，织物结构紧密，手感厚实而有弹性，保暖性好。

马裤呢有匹染素色和条染混色两种，还有各种深浅异色合股花线织成的夹色品种。马裤呢适宜做军大衣、夹大衣、西裤和马裤等。

10. 巧克丁

巧克丁，又名罗斯福呢，类似马裤呢的品种，为斜纹变化组织。纹道比华达呢粗而比马裤呢细，斜纹间的距离和凹进的深度不相同，第一根浅而窄，第二根深而宽，如此循环而形成特殊的纹形，其反面较平坦无纹。

巧克丁使用14.3～15.6tex特细羊毛为原料，经纱采用20tex以上的双股线，纬纱多用25tex单纱。除纯毛织品外，也有涤/毛混纺巧克丁。织品条纹清晰，质地厚重丰富、富有弹性。

巧克丁有匹染和条染两种，色泽以黑色、灰色、蓝色为主，宜做春秋大衣、便装等。

11. 克罗丁

克罗丁，又称驼丝锦，是呢绒的传统品种之一。一般以高级细羊毛为原料，经纱为股线，纬纱多用单纱，经纬密度较大，织物采用缎纹类组织，如四枚纬面缎、五枚经面缎等。呢面按原料有全毛和混纺之分；按染色方式可分为皮染和条染，其中条染又分为经纬异色、花并纱、混色、素色几种；按织纹不同分为一般驼丝锦、格形驼丝锦和条形驼丝锦，由宽而扁平的凸条和狭而细斜的凹条间隔排列，正面带有轻微的毛绒，反面较光洁。

克罗丁大多采用匹染，以黑色、灰色为主，也有条染混色的。主要用作大衣、上衣、运动服和礼服面料等。

三、粗纺毛织品的品种

粗纺毛织物的品种虽多，依照产品风格和染整工艺特点来划分，基本上可分为呢面、绒面和纹面三大类，其中以呢面织物占大多数。

1. 麦尔登

麦尔登是一种品质较高的粗纺毛织物，因首先在英国西部麦尔登（Melton Mowbray）地方生产而得名。按其原料可分为纯毛麦尔登、混纺麦尔登。它一般采用细支散毛混入部分短毛为原料纺成62.5～83.3tex毛纱，多用2上2下或2上1下斜纹组织，呢坯经过重缩绒整理或两次缩绒而成。使用原料有全毛（有时为增加织品强力和耐磨性混入不超过10%的锦纶短纤，仍称为全毛织品）、毛/黏或毛/锦/黏混纺纱。

纯毛麦尔登织物风格：采用纯毛细支原料，经过重缩绒不起毛处理，呢面细洁平整、身骨挺实、富有弹性，有细密的绒毛覆盖织物底纹，耐磨性好，不起球，保暖性好，并有抗水防风的特点。

混纺麦尔登呢面丰满细洁，身骨挺实富有弹性，具有良好的耐磨、抗起球性能等。

麦尔登以匹染素色为主，色泽有藏青、黑色以及红、绿色等，适宜做冬令套装、上装、裤子、大衣及鞋帽面料。

2. 大衣呢

大衣呢是粗纺呢绒中规格较多的一个品种，为厚型织品，宜做冬季穿的大衣而得名。织品多数采用斜纹或缎纹组织，也有单层、纬二重、经二重及经纬双层组织。大衣呢的原料以用分级毛为主，少数高档品也选用支数毛；根据大衣呢的不同风格还可配用一部分其他动物毛，如兔毛、驼毛、马海毛等；混纺大衣呢中的中低档产品，还掺用不同比例的再生毛、回毛、棉纤维以及小于30%的化纤。由于使用的原料不同，组织规格与染整工艺不同，大衣呢的手感、外观、服用性能差异较大，有平厚、立绒、顺毛、拷花、花式等品种。

3. 海军呢

海军呢属于重缩绒、不起毛或轻起毛的呢面织物。过去又称之为细制服呢，因用于海军制服而形成单独海军呢品种。其外观与麦尔登呢无多大区别，织纹基本被毛茸覆盖，不露底，质地紧密，但手感、身骨较麦尔登差。

海军呢的原料也是使用细支羊毛和混入部分短毛，采用2上2下斜纹组织，密度略小于麦尔登。混纺海军呢一般用二级毛和精短毛，掺入部分黏纤或黏/锦混纺纱等。

海军呢多染成蕨青色，也有墨绿、草绿等颜色，主要用作军服、制服、大衣、帽子等。

4. 制服呢

制服呢相对于海军呢来说，也称粗制服呢，是粗纺呢绒中的大路品种，也是质地厚实的起绒织物。

制服呢的组织规格、色泽、风格均与海军呢相仿。由于采用原料为三～四级改良毛，故品质略次于海军呢，表面绒毛不十分丰满，隐约可见底纹，手感略粗糙，穿久后易落毛露底。除纯毛外，混纺的品种、档次较多，毛可与黏纤、锦纶、腈纶等混纺。

制服呢色泽以藏青为主，用途与麦尔登相同。

5. 大众呢

大众呢又称学生呢，是采用细支精梳短毛或再生毛为主的重缩绒织物。外观风格近似麦尔登，只不过所用原料略差一点，除混入精梳短毛外，还混入回毛和下脚毛。一般采用斜纹组织，呢坯须经重缩绒处理。呢面较为细洁，基本不露底，手感紧密，并有弹性，质差的品种穿久易于起球，落毛而露底，但价格低廉。大众呢的纯毛品种很少，多为毛/黏或毛/黏/锦混纺品种，色泽为藏青、灰色、墨绿色等各色，适于制作男女学生制服和秋冬上装、西装等。

6. 女式呢

女式呢因主要供女式服料之用而得名，其呢面密度比较疏松，正反均有毛绒覆盖，但不浓密，手感柔软，有较好的悬垂感。女式呢多采用2上2下斜纹组织，也有平纹或变化组织。除纯毛制品外，混纺制品很多，有毛/黏、毛/涤/黏、毛/腈等混纺比例不等，也有腈纶、腈/锦等纯化纤女式呢。

女式呢的品种很多，如平素、立绒、顺毛、松结构女式呢等。其色泽鲜艳、色谱齐全，有藏青、咖啡、紫红、玖红、橘红、墨绿、米色等，宜做女式上衣、两用衫、呢身较厚的也可做大衣料。

7. 法兰绒

法兰绒（Flano，Flannel）一词系外来语，于18世纪末在英国首先制成。国内一般是指混色粗梳毛纱织制的具有夹花风格的粗纺毛织物，其呢面有一层丰满细洁的绒毛覆盖，不露织纹，手感柔软平整，身骨比麦尔登呢稍薄。

法兰绒的生产是先将部分羊毛染色，后掺入一部分原色羊毛，经混匀纺成混色毛纱，织成织品经缩绒、拉毛整理而成。大多采用斜纹组织，也有用平纹组织的。所用原料除全毛外，一般为毛/黏混纺，有的为提高耐磨性混入少量锦纶。

法兰绒的品种很多，按其生产工艺可分为精纺法兰绒、精经粗纬法兰绒（棉经毛纬）、粗仿法兰绒和弹力法兰绒。按其花型颜色可分为素色、花式条格、印花及经纬异色交织的鸳鸯法兰绒等。法兰绒色泽素净大方，有浅灰、中灰、深灰之分，适宜制作春秋男女上装和西裤。

8. 粗花呢

粗花呢是粗纺呢绒中具有独特风格的花色品种，其外观特点就是"花"。与精纺呢绒中的薄花呢相仿，是利用两种或以上的单色纱、混色纱、合股夹色线、花式线与各种花纹组织配合，织成人字、条子、格子、星点、提花、夹金银丝以及有条子的阔、狭、明、暗等几何图形的花式粗纺织物。

粗花呢采用平纹、斜纹及变化组织，采用原料有全毛、毛/黏混纺、毛/黏/涤或毛/黏/腈混纺以及黏胶纤维、腈纶等纯化纤。粗花呢按呢面外观风格分为呢面、纹面和绒面三种。呢面花呢略有短绒，微露织纹，质地较紧密、厚实，手感稍硬，配色花型不沾色；后整理一般采用缩绒或轻缩绒，不拉毛或轻拉毛。纹面花呢表面花纹清晰，织纹均匀、光泽鲜明，身骨挺而有弹性，后整理不缩绒或轻缩绒。绒面花呢表面有绒毛覆盖，绒面丰富，绒毛整齐，手感柔软。后整理采用轻缩绒、拉毛工艺。粗花呢的花式品种繁多、色泽柔和，主要用作春秋两用衫、女式风衣等。

9. 钢花呢

钢花呢是粗花呢中的一个新品种，系采用点纱以特殊工艺织造而成，不规则的彩色粒点均匀地散布在呢面，好像炼钢炉中喷射出来的钢花一样，因而得名钢花呢（有称花色火母司本）。钢花呢皆为毛/黏混纺织品，织品色彩丰富，风格独特。近年来又发展了镶嵌金银丝和异形涤纶丝的品种，使呢面显得更加美观。适用于春秋大衣、上衣、外套等。

10. 海力斯

海力斯原先是苏格兰西北部海力斯岛上居民生产的粗呢，用粗钢的契维奥特羊毛纺制，故又称契维奥特粗呢。其采用斜纹组织所用原料较粗花呢差，多为三、四级毛，呢面上常呈现不上色的白色枪毛，形成特有的粗犷风格；混纺海力斯加入黏纤。呢坯经缩绒后，双面均有绒毛，呢面粗糙，纹路清晰，色泽以中、浅色为主，有藏青、米色等，是一种大众化的品种，适宜制作春秋男女两用衫、大衣等。

第四节　丝织品

丝织品是指主要采用蚕丝、再生丝、合纤丝等长丝纤维为原料制成的一类织物，具有柔软滑爽、光泽明亮、华丽飘逸、舒适高贵的风格与特性。在棉、毛、丝、麻四大类织物中，丝织品是花色品种最多的一类，约有3300多个品种。丝织品广泛应用于衣着、装饰以及工业、国防、医疗等领域。

一、丝织品分类

丝织品品种繁多、特征各异，因此需要进行合理的类别划分。丝织品的分类依据是织物组织结构、使用原料、加工工艺、质地和外观形态、主要用途等。目前丝织品共分为14大类和36小类。

（一）14大类

丝织品14大类指绡类、纺类、绉类、缎类、锦类、绫类、绢类、纱类、罗类、绨类、葛类、绒类、呢类、绸类。

1. 绡类（Chiffon Kinds或Sheer Kinds）

采用平纹或透孔组织为地纹，经纬密度小，质地挺爽轻薄、透明，孔眼方正、清晰的丝织品。经、纬常用不加捻或加中、弱捻桑蚕丝或黏胶丝、锦纶丝、涤纶丝等制织，生织后再精练、染色或印花整理；或者是生丝先染色后熟织，织后不需整理。此外，还有桑蚕丝、再生丝、涤纶丝等原料与金银丝交织的品种。绡类丝织品从工艺上可分素绡、提花绡和修花绡等。素绡是在绡地上提出金银丝条子或缎纹条子，如建春绡、真丝绡等。提花绡是以平纹绡地为主体，提织出缎纹或斜纹、浮经组织的各式花纹图案，如伊人绡、条子花绡等。把不提花部分的浮长丝修剪掉为修花绡，如闪碧绡、迎春绡等。此外，还有经烂花加工的烂花绡，如新丽绡、太空绡等。

绡类丝织品主要作晚礼服、头巾、连衣裙、披纱，以及灯罩面料、绢花等用料。此外，硬挺、孔眼清晰的绡还可用作工业筛网。

2. 纺类（Habutai Kinds）

采用平纹组织，表面平整缜密，质地较轻薄的花、素丝织品，又称纺绸。一般采用不加捻桑蚕丝、黏纤丝、锦纶丝、涤纶丝等原料制织；也有以长丝为经，黏纤、绢纺纱为纬交织的产品。有平素生织的，如电力纺、尼丝纺、涤丝纺和富春纺等；也有色织和提花的，如绢格纺、彩格纺和麦浪纺等。

纺类丝织品用途甚广，中厚型纺绸可作衬衣、裙料、滑雪衣用料；中薄型纺绸可作伞面、扇面、绝缘绸、打字带、灯罩、绢花以及彩旗用料等。

3. 绉类（Crepe Kinds）

运用工艺手段和结构手段，以丝线加捻和采用平纹或绉组织相结合制织的，外观呈现绉效应，富有弹性的丝织品。绉类丝织品品种很多。按织造工艺分，有素绉织物，如素碧绉、偶绉；色织绉织物，如色条双绉；提花绉织物，如花绉、碧蕾绉等。按质地分，有轻薄透明似蝉翼的乔其绉；中薄型的双绉、花绉、香碧绉；中厚型的缎背绉、留香绉等。

绉类丝织品主要用作服装和装饰。中、薄型产品可制作衬衫、连衣裙、晚礼服、窗帘、头巾或复制宫灯、玩具等；厚型产品可作服装尤其是外衣面料等。

4. 绸类（Silk& Filament Kinds）

地纹采用平纹或各种变化组织，或同时混用几种基本组织和变化组织（纱、罗、绒组织除外），无其他类特征的各类花、素丝织品。绸是采用桑蚕丝、黏纤丝、合纤丝等纯织或交织而成。按织造工艺可分白织、色织和提花三大类。白织坯绸需经精练、染色、印花或其他工艺整理，如双宫绸、玉影绸、泰山绸等。色织绸织后一般不经整理，如银剑绸、辽凤绸、芳闪绸等。提花绸又有生织和熟织之分。绸类丝织品因轻重厚薄不同，后整理工艺也不同，

可参照相应的其他各类产品。

轻薄型绸类丝织品质地柔软，富有弹性，常用作衬衫、裙料等。中厚型绸类丝织品绸面层次丰富，质地平挺厚实，适宜作西服、礼服，或供室内装饰之用。

5. 缎类（Satin Kinds）

织物的全部或大部分采用缎纹组织（除经或纬用强捻线织成的绉缎外），质地紧密柔软、绸面平滑光亮的丝织品。缎类丝织品按其制造和外观可分锦缎、花缎、素缎三种。缎类丝织品的原料可用桑蚕丝、黏纤丝和其他化学纤维长丝，有采取先练染后织造的方法，如织锦缎等；也有用生织匹染的加工方法，如桑蚕丝与黏纤丝交织的花、素软缎。

缎类丝织品主要用作服装。薄型缎可作衬衣、裙料、披肩、头巾、舞台服装等；厚型缎可作外衣、旗袍、夹袄或棉袄面料等。此外，还可用作台毯、床罩、被面及领带、书籍装帧料。

6. 绢类（Yarn-dyed Silk Kinds或Taffeta Kinds）

采用平纹或重平组织，经、纬线先染色或部分染色后进行色织或半色织套染的丝织品。绸面细密挺爽，光泽柔和。绢可用桑蚕丝、黏纤丝纯织，也可用桑蚕丝与黏纤丝以及与其他化纤丝交织。经、纬线不加捻或加弱捻。

绢类丝织品一般用作服装，如外衣、礼服、滑雪衣等，还可用作床罩、毛毯镶边、领结、帽花、绢花等。

7. 纱类（Gauze Kinds）

在地纹或花纹的全部或一部分，构成具有纱孔的花素织物，亦即采用绞纱组织，每织1梭纬线，绞经绞转1次形成的纱类丝织品。质地轻薄透明，具有飘逸感，透气性好，由于经丝相互扭绞，织物结构稳定，比较耐磨。

提花纱采用提花织机制织，以绞纱组织为基础，配合其他组织使织物表面呈现大花纹的织物称为提花纱织物。其中以绞纱组织作地，用平纹、斜纹、缎纹或其他变化组织构成花纹的花纱织物称亮地纱；以其他组织作地，用绞纱组织构成花纹的称实地纱。

纱类丝织品广泛用作窗帘、蚊帐、女式晚礼服、女式宴会服、装饰用布。素纱罗在工业上用作筛网过滤等。

8. 葛类（Poplin Kinds）

采用平纹、经重平、急斜纹组织，经纬用相同或不同种类的原料制织成的花、素丝织品。一般为经细纬粗、经密纬疏，地纹表面少光泽，并具有明显横棱凸纹。

葛就其外观特点分为不起花的素葛和提花葛两类。提花葛是在横棱纹地组织上起经缎花，花纹光亮平滑，花、地层次分明。为了达到起横棱纹的外观效应，其经线一般采用再生丝，纬线采用棉纱或混纺纱，也有经纬线均用桑蚕丝或黏纤丝的。葛类丝织品的精练、染色、整理工艺流程同绨类。用于装饰性的葛织物，其外观粗犷、横棱凹凸更明显，并在织物结构中嵌有粗号蓬松的填芯纬线，或饰以闪烁的金银丝，使织纹闪光炫目。

葛类丝织品质地厚实而较坚牢，多数用作春秋季和冬季的棉袄面料等服装以及坐垫、沙发面料等装饰用绸。

9. 绒类（Velvet Kinds）

表面具有绒毛或绒圈的花、素丝织品（通常称丝绒）。采用桑蚕丝或化学纤维长丝制织而成，质地柔软，色泽鲜艳光亮，绒毛、绒圈紧密地耸立或平卧。绒的基本组织是平纹、斜纹、缎纹及其变化组织。绒经或绒纬和地组织交织的形式有W形和V形固结。

绒按原料和织物后处理加工不同，又可分真丝绒、人丝绒、交织绒和素色绒、印花绒、烂花绒、拷花绒、条格绒等。绒是一种高级丝织品，宜作服装外套、帷幕、窗帘以及装饰精美的工艺品包装盒用料。

10. 绫类（Ghatpot Kinds 或 Twill Kinds）

采用斜纹或变化斜纹为基础组织，表面具有明显的斜纹纹路，或以不同斜向组成山形、条格形以及阶梯形等花纹的花、素丝织品。素绫采用单一的斜纹或变化斜纹组织，如真丝斜纹绸、蚕维绫等；花绫的花样繁多，在斜纹地组织上常织有盘龙、对凤、环花、麒麟、孔雀、仙鹤、团寿等民族传统纹样，如桑花绫、文绮绫等。

绫类丝织品丝光柔和、质地细腻、穿着舒适。中型质地的绫宜作衬衣、头巾（长巾）、连衣裙和睡衣等用料。轻薄绫宜作服装里子，或专供装裱书画经卷以及装饰精美的工艺品包装盒用。

11. 罗类（Leno Kinds）

全部或部分采用罗组织，即绞经在每织3梭或3梭以上奇数纬绞转1次的罗类丝织品。以罗组织织成的织物，其外观具有横条或直条形孔眼的特征。罗纹呈横条的称"横罗"，罗纹呈直条的称"直罗"。织物组织紧密结实，身骨平挺爽滑，透气性好，花纹雅致。罗织物与纱织物统称为纱罗织物。二者的区别，纱织物的纱孔均匀满布绸面，而罗织物则是由几列平纹组织和绞纱组织有规律地横向或直向排列，从而使绸面呈有规律的横条或直条纱孔。原料大多采用桑蚕丝，也有少数采用锦纶丝或涤纶丝的。常见产品有用桑蚕丝织成的杭罗、帘锦罗等。罗织物的整理工艺流程基本与纱织物相同。

罗类丝织品大多作男女衬衫、两用衫等用料。

12. 呢类（Suitings Silk Kinds）

采用绉组织、平纹、斜纹组织或其他短浮纹联合组织，应用较粗的经纬丝线制织，质地丰厚，具有毛型感的丝织品。运用绉组织构成的"呢"，表面具有颗粒，凹凸明显，光泽柔和，绉纹丰满，质地松软厚实。常用的绉组织一个完全循环的经线和纬线数有12×12、66×40、120×120等数种。呢类丝织品以长丝和短纤纱交织为主，也有采用加中捻度的桑蚕丝和黏纤丝交织而成。

"呢"就其外观可分毛型呢和丝型呢两类。毛型呢是采用黏纤丝和棉纱或其他混纺纱并合加捻的纱线，以平纹或斜纹组织制织，表面具有毛茸少、织纹粗犷、手感丰满的色织素呢织物，如丰达呢、丝毛呢等。丝型呢是采用桑蚕丝、黏纤丝为主要原料，以绉组织、斜纹组织制织，具有光泽柔和、质地紧密的提花呢织物，如西湖呢、康乐呢、博士呢等。此外，还有利用长丝制织的素色呢。织后经精练、染色。

呢类丝织品主要用作棉袄面料或装饰绸，较薄型的呢还可作衬衣、连衣裙。

13. 绨类（Bengaline Kinds）

采用平纹组织，用长丝作经，棉纱或蜡纱作纬，以平纹组织交织的丝织品。西汉时代的丝织品中就有绨。绨质地粗厚、填密，织纹简洁而清晰，有线绨与蜡纱绨之分。一般采用133.2dtex（120旦）有光黏纤丝作经线与138.8dtex2（42英支/2）丝光棉纱作纬线交织的称线绨；与281.2dtex（21英支）蜡纱纬交织的称蜡纱绨。蜡纱是普通棉纱经上蜡而成，蜡纱表面茸毛少，条干光滑。用提花机或多臂机制织的有花纹线绨，通常称为花绨。

大花纹的花绨如线绨被面、装饰用绸等；小花纹的花绨与素线绨一般用作衣料或装饰绸料。

14. 锦类（Brocade Kinds）

采用斜纹、缎纹等组织，经、纬无捻或加弱捻，绸面精致绚丽的多彩色织提花丝织品。

锦类织物的特点是，外观五彩缤纷、富丽堂皇，花纹精致古朴，质地较厚实丰满；采用纹样多为龙、凤、仙鹤和梅、兰、竹、菊以及文字"福、禄、寿、喜""吉祥如意"等民族花纹图案。

锦采用精练、染色的桑蚕丝为主要原料，还常与彩色黏纤丝、金银丝交织。锦的生产工艺十分繁复，要求高。为了使织物色彩丰富，常用一纬轮换调抛颜色（俗称抛道彩抛），或采用挖梭工艺，使织物在同一纬向幅宽内具有不同的色彩图案。

锦按组织结构分，有重经组织经丝起花的经锦和重纬组织纬丝起花的纬锦，以及运用双层组织的双层锦等。中国传统名锦有宋锦、云锦、蜀锦等。

锦类丝织品品种繁多，用途很广，用于服装的如棉袄、夹袄的面料，少数民族大袍用的织锦缎、素库缎等；用于室内装饰的有织锦挂屏、织锦台毯、织锦床罩、织锦被面和古代宫殿内壁的各种装饰物等；锦还可用作领带、腰带以及各种高级礼品盒的封面和名贵书册的装帧等用料。

特别说明，提花丝织品一般以地部组织特征确定大类，但凡是有纱、罗或绒组织的提花产品均应分别归入纱、罗或绒大类。

（二）36小类

丝织品还可根据材料应用、外观特征、加工方法或用途等特征进一步细分为双绉类、碧绉类、乔其类、顺纡类、塔夫类、电力纺类、薄纺类、绢纺类、绵绸类、双宫类、疙瘩类、条子类、格子类、透凉类、色织类、双面类、花类、修花类、生类、特染类、印经类、拉绒类、立绒类、和服类、挖花类、烂花类、轧花类、高花类、圈绒类、领带类、光类、纹类、罗纹类、腰带类、打字类、绝缘类共36小类。

二、丝织品品号与品名

为了便于生产、贸易和统计的规范管理与服务工作，丝织品有较为严格的品号、品名制订规定。

（一）品号

丝织品品号是采用数字和字母按一定的规范编排，代表一个产品规格的代号。

丝织品的品号按绸缎的贸易渠道不同分为外销绸缎品号和内销绸缎品号；外销绸缎品号，按管理层次不同又分为，由全国统一编号的外销绸缎统一品号和由各省（市）编号的外销绸缎地区品号。

（二）品名

丝织品商品名称即为品名，如双绉、缎条绡、双面缎、印经塔夫绢、格子碧绉、彩锦缎、尼丝纺、鸭江绸、杭罗、绝缘纺等。

第五节　麻织品

麻织品是指用麻纤维加工而成的织物，也包括麻与其他纤维混纺或交织的织物。麻纤维是天然纤维中的一种，其特点是韧性好。麻织物的强力和耐磨性高于棉布，吸湿性良好，抗水性能优越，不容易受水侵蚀而发霉腐烂，对热的传导快，穿着具有凉爽感。麻纤维对酸碱的反应与棉相似，也是耐碱不耐酸，对染料的亲和力比棉低。由于麻纤维的特点使麻布坚牢耐穿、爽括透凉，成为夏季理想的纺织品。

一、麻织品的分类

麻织物具有干爽、利汗、自然、古朴、高强以及抗皱性差等特点。通常可根据组成麻织物的原料、加工方法和外观色泽来对麻织物进行分类。

（一）按使用原料分类

（1）苎麻织物　可分为纯苎麻织物、苎麻交织物和苎麻混纺织物。
（2）亚麻织物　纯亚麻织物，涤/麻混纺织物，棉经麻纬交织织物等。
（3）其他麻类织物　洋麻织物、黄麻织物、大麻织物、剑麻织物等。

（二）按加工方法分类

（1）手工麻织物　又名夏布，指手工绩麻成纱，再用人工木织机织成的麻织物。
（2）机制麻织物　经机器纺纱和织造加工而成的麻织物。

（三）按外观色泽分类

（1）原色麻织物　用未经漂白而带有原麻天然色素的麻纤维织成的麻织物。内销麻织物多为原色麻织物。
（2）漂白麻织物　经过漂炼加工而成的本白麻织物或漂白麻织物。外销麻织物多为本白或漂白麻织物。
（3）染色麻织物　将麻匹经漂炼后进行染色加工的麻织物。
（4）印花麻织物　经手工或机器印花加工的麻织物。

二、麻织品的主要品种

（一）苎麻织物

苎麻布的特点是凉爽，透气性好，吸湿散热快，出汗不沾身，是夏令比较理想的衣料。也可用做抽绣、窗布、台布和装饰布等。除纯苎麻织品外，在混纺品种方面，还有棉/麻混纺布、涤/麻混纺布等。在交织品方面，有用涤/棉纱和涤/麻纱交织的棉/麻/涤交织布等。这些混纺交织品，单纱织品可作夏季衣料，股线织品可做裤料或春秋季外衣等。通过混纺交织的麻织品，不仅增加了花色品种，也改善了苎麻布外观不够细洁、容易起毛的缺点。

1. 夏布

夏布生产历史悠久，以半脱胶苎麻为原料、手工纺织而成。因用作夏季服装和蚊帐而得名。以原色和漂白为主，也有染色和印花的，多为平纹组织。因系土纺土织，故幅宽不等，一般在36～315cm。质量也参差不齐，优质的可制作夏季衬衫、裤料，质差的可制作蚊帐和服装衬里等。夏布现仅在四川隆昌、江西万载和湖南浏阳还有生产。

2. 爽丽纱

爽丽纱为纯苎麻细薄型织物。因其挺爽、薄如蝉翼，并有丝般光泽，故而得名爽丽纱，它是麻织物中的名贵产品。

爽丽纱一般使用精梳苎麻长纤维为原料，成品单纱线密度为 10 ～ 16.7tex。为改善可纺性，通常用水溶性维纶混纺制成爽丽纱织物。该织物主要用作高档衬衣、裙料以及台布、茶巾、窗帘和其他装饰织品。

3. 麻的确良

一般为涤/麻65/35混纺涤/麻织物，也有用麻/涤55/45或麻/涤60/40混纺而成的织物，称为倒比例混纺布。涤/麻混纺后，两种纤维性能可取长补短，既保持了麻织物的挺爽感，又克服了其容易折皱、弹性差的缺点。成衣穿着舒适，易洗快干，是夏令衬衫、上衣及春秋季外衣等的高档衣料。

4. 涤/麻混纺花呢

用苎麻精梳落麻或中长型精干麻等苎麻纤维与涤纶短纤维混纺的纱线织成的中厚型织物。涤/麻混纺花呢大多设计成隐条、明条、色织与小提花织物，或采用经纬重平、方平、透孔组织等，可突出麻织物风格，具有仿毛型花呢风格。涤/麻混纺花呢具有苎麻织物的挺爽舒适感，又有洗可穿、免熨烫特点，比黏纤、涤纶类纯化纤织物有身骨，透气好。中长化纤混纺织物中混入一定量低比例的苎麻纤维，可具有麻织物的风格，其含麻比例以不超过20%为宜。适宜用作春秋季男女服装面料，其单纱织物也可用作衬衫面料。

除上述苎麻织物外，还有涤/麻派力司、麻交布（麻棉交织物）、鱼冻布、麻/棉混纺织品以及苎麻工业用纺织品。

（二）亚麻织物

亚麻织物分为亚麻细布、亚麻帆布和水龙带三大类。亚麻细布指细特、中特亚麻纱织制的麻织物，包括棉/麻交织布、麻/涤混纺布。亚麻帆布则为粗厚亚麻织物。

1. 亚麻细布类

（1）亚麻外衣服装布　外衣用亚麻织物用纱较粗，一般在70tex以上，或35tex×2以上股线。要求纱的条干均匀、麻粒少。另要求外观风格粗犷的，可用200tex短麻干纺纱（不经任何煮漂工艺的纱）织成，对条干要求则稍低。

（2）亚麻内衣服装布　亚麻内衣服装布为专供制内衣用的亚麻织物。一般用40tex以下的细特纱织制。要求纱的条干均匀、麻粒少。常用平纹组织，经纬向紧度均为50%左右。为增加紧度和改善尺寸稳定性，可用碱缩工艺成丝光。除用纯麻外，也可采用棉麻交织，以改善触感（尤其是刺痒感）。

亚麻细布除上述产品外，尚有抽绣工艺用布、巾类用布、装饰布、亚麻床单布以及亚麻贴墙布等。

2. 亚麻帆布

（1）亚麻苫布、帐篷布　亚麻苫布、帐篷布均为较厚重的品种，具有透气性能好、撕破强力高等特点，但稍笨重。

一般以160 ～ 180tex干纺纱作经，以300tex左右干纺短麻纱作纬，以双经单纱经重平组织织制。紧度是拒水苫布的关建，织物经向紧度约110%，纬向约60%。苫布和帐篷布因在露天使用，所以需经防腐、防霉和拒水整理。帐篷布还需经防火整理。

（2）亚麻油画布　采用120 ～ 200tex干纺纱，平纹组织。要求布面平整，只作干整理、剪毛与轻压光等。因其具有强度大、不变形、易上油色等特点，所以亚麻油画布是油画布中最好的品种。

亚麻帆布类除上述两种外，尚有地毯布、麻衬布、橡胶衬布和包装布等。

（三）其他麻类织物

1. 黄麻织物

（1）麻袋 麻袋是黄麻纺织品中最大宗的产品，近年来约占世界黄麻纺织品的5％左右，在我国约占90％以上。经纱常用两根平行的333.3tex纱，纬纱为单根666.7tex纱，织物组织为双经平纹，当用于装载小颗粒物品时，则采用双经2上1下斜纹组织。

（2）地毯底布 用作簇绒地毯的主底布和次底布，也用于其他地毯的黏合底布。经纬纱细度一般在285.7tex以下，以平纹织成。织物细薄，组织紧密、布幅宽在3m甚至5m以上。

2. 大麻类纺织品

目前，大麻尚未成为我国纺织工业的主要纤维原料。在欧洲则视大麻为亚麻的代用品，以亚麻的工艺设备生产较粗的大麻纺织品。事实上，植物大麻通过一系列物理、化学加工过程后可制成大麻精纤维，即"棉化"大麻纤维，它可与棉、毛、化纤混纺生成各种线密度不同、混纺比不同的服装面料。大麻纤维加工的服装面料具有穿着挺括、耐磨、舒适、成本低的特点。

其他还有罗布麻、蕉麻、菠萝麻、剑麻、苘麻等纺织品。

第六节 针织物

一、针织物的形成

针织是使纱线构成线圈并串套而成针织物的工艺过程。针织生产流程可分为针织准备、编织、染整、裁缝四大工序。针织主要产品有内衣、羊毛衫、外衣、袜品、手套、各种家庭用针织物以及各种产业用针织物等。针织所用的针有各式各样，编织的方法各不相同。但就其纺织方法而言，可分为纬编和经编两大类。纬编的机种主要有圆纬机（如台车、棉毛机、提花圆机等）、袜机以及横机等；经编的机种主要有经编机、缝编机、花边机等。

针织物在针织机上的形成过程可以分为三个阶段进行。

① 纱线以一定的张力输送到针织机的成圈编织区域，这阶段称为给纱。

② 纱线在编织区域，按照各种不同的成圈方法形成一定形状的针织品，这阶段称为成圈。

③ 将针织物从成圈区域引出，或卷绕成为一定形状的卷装，这阶段称为牵拉卷取阶段。

针织物是由基本的线圈以相互串套的结构形式形成的，针织物以其特有的结构而表现出柔软弹性、延伸性、透气性、抗皱性等特点，使其更适合作为服饰用产品。也由于针织物具有良好的弹性及延伸性而表现出的人体运动的紧密跟随性，使其更适合作为运动装，在运动中不仅能使人体运动更好地开展，而且对人体还有很好的防护效果。现代针织结合了更多的现代科学技术成果，使其从一门生产传统产品的行业逐步发展成为具有较高技术含量、可生产包含较复杂花型的装饰产品及技术针织品的产业。

线圈是针织物的基本结构单元，按照线圈结构形态及相互间的排列方式，又可分为基本组织、变化组织和花色组织三大类。

二、针织物的特征指标

1. 线圈长度

针织物的基本结构单元为线圈，它是一条三度空间弯曲的曲线。线圈长度是指组成一个线圈的纱线长度，单位为mm。

2. 密度

针织物的密度是指针织物在单位长度内的线圈数，通常采用横向密度和纵向密度来表示。横向密度（简称横密）是指沿线圈横列方向在规定长度（50mm）内的线圈纵向行数；纵向密度（简称纵密）是指沿线圈纵行方向在规定长度（50mm）内的线圈横列数。针织物密度是考核针织物一项重要指标。

3. 未充满系数

未充满系数为线圈长度与纱线直径的比值，它反映了在相同密度条件下，纱线线密度对织物稀密程度的影响。线圈长度越大，或纱线直径越小，未充满系数则越大，织物中未被纱线充满的空间就越大，织物越稀松。

4. 延伸度

针织物的延伸度是指针织物在受到外力拉伸时，它的尺寸伸长的特性。它一般与针织物的组织结构、线圈长度、纱线性质和线密度有关。

5. 脱散性

针织物的脱散性是指线圈断裂或失去穿套联系时，线圈在横向外力作用下依次由串套的线圈中脱出，使针织物线圈解体的现象。脱散性与它的组织结构、纱线的摩擦系数、抗弯刚度、线圈长度及未充满系数等因素有关。

6. 卷边性

针织物在自由状态下，它的边缘发生包卷的现象叫卷边性。这种现象是由于构成线圈的弯曲纱线力图伸直而造成的。卷边性与织物组织、纱线线密度、线圈长度等因素有关。

7. 勾丝与起毛起球性

针织物在使用过程中，织物中的纤维或纱线被勾出或勾断而露出于织物表面的现象叫勾丝。当织物在使用过程中，经受摩擦，纤维端伸出织物表面形成绒毛及小球状突起的现象叫起毛起球。勾丝与起毛起球主要在合纤产品中较突出。它与原料品种、纱线结构、织物组织结构、后整理加工及成品的服用条件等因素有关。

三、针织品的结构特征与主要品种

（一）纬编针织物的结构特征

纬编针织物是由一根（或几根）纱线沿针织物的纬向顺序地弯曲成圈，并由线圈依次串套而成的针织物。纬编针织物质地柔软，具有较大的延伸性、弹性以及良好的透气性。纬编针织物有单面和双面之分。单面针织物的一面显露的是圈柱覆盖圈弧的为织物正面，反之，圈弧覆盖圈柱的一面为织物反面；双面针织物则两面均有正面线圈分布。

纬编针织物的组织有纬平针、罗纹、双反面等基本组织和双罗纹、变化平针等变化组织以及提花、集圈、衬垫、毛圈、长毛绒、波纹、菠萝、纱罗、衬经衬纬等花色组织，还有用上述组织复合而成的复合组织。

1. 纬平针组织

纬平针组织（Plain Stitch）是以单一正面线圈或反面线圈所组成的，是一种最常用的针织结构，以这种结构所形成的织物属于单面针织物，是春夏季针织衫常用的结构。

2. 罗纹组织

罗纹组织（Rib Stitch）是由正面线圈和反面线圈纵行相间配置而成的，也是一种针织中普遍采用的组织结构。以这种结构所形成的针织物属双面针织物，织物的正反面外观特征基本相同。由于其良好的弹性，它常用于人体服装的下摆罗口、袖口、领口、袜口、裤口等，也常用于紧身衣、运动形体装、塑形服等。罗纹组织是以A+B或A×B来标识的，其中A代表一个最小循环内针织物的连续正面线圈纵行数，B代表连续的反面线圈纵行数，如图6-6所示为1+1罗纹组织结构，图6-7为3+2罗纹组织结构。

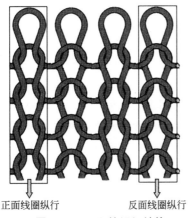

正面线圈纵行　　反面线圈纵行

图6-6　1+1罗纹组织结构　　　　图6-7　3+2罗纹组织结构

3. 双罗纹组织

双罗纹组织（Interlock Stitch）俗称棉毛组织、双正面组织，属于罗纹组织的变化组织，由两个罗纹组织复合而成。一个罗纹组织的反面线圈纵行被另一个罗纹组织的正面线圈纵行所遮盖，在织物的两面只能看到正面线圈。以这种结构所形成的针织物属双面针织物，它较平整厚实，常用于冬季较保暖的针织内衣。双罗纹组织是以A+B或A×B来标识的，其中A代表一个最小循环内其中一个罗纹组织的连续正面线圈纵行数，B代表其中一个罗纹组织的连续反面线圈纵行数，双罗纹组织结构如图6-8所示。

图6-8　2+1双罗纹组织结构

4. 毛圈组织

用一种纱线编织地组织线圈，另一种纱线编织毛圈线圈的组织。该组织有单面毛圈和双面毛圈之分。

毛圈组织织物柔软、厚实，有良好的保暖性和舒适性。经剪毛等后整理可制得绒类织物。

5. 长毛绒组织

纬编长毛绒组织有毛圈割绒式和纤维束喂入式两种。一般都是在平针组织的基础上形成的。在编织过程中，将纤维束或毛绒纱同地纱一起喂入和编织成圈，同时使纤维束或毛绒纱的头端露出于织物表面，形成绒毛状。

从组织结构上看，它同毛圈组织相似，它们都是由地组织作骨架，都是将两种纱即地纱与毛圈纱（或毛绒纱或纤维束）一起喂入针口编织成圈的。所不同的是长毛圈组织中没有拉长的沉降弧，而是将毛绒纱线圈的沉降弧剪割或将编入的纤维束拉成竖立的毛绒。

长毛绒织物的表面均附有毛绒，毛绒可以是比较整齐，也可以是长短不一的。长毛绒织物手感柔软，弹性和延伸性好，耐磨性好，单位面积重量比天然毛皮轻，特别是用腈纶束制成的人造毛皮，其重量比天然毛皮轻一半左右。

（二）几种常见的纬编针织物商品

1. 汗布

汗布是指制作内衣的纬平针织物。平方米干重一般为80～120g/cm。布面光洁、纹路清晰、质地细密、手感滑爽，纵、横向具有较好的延伸性，且横向比纵向延伸性大。吸湿性与透气性较好，但有脱散性和卷边性，有时还会产生线圈歪斜现象。

常见的汗布有漂白汗布、特白汗布、精漂汗布、烧毛丝光汗布；根据染整后处理工艺不同有素色汗布、印花汗布、海军条汗布；根据所用原料不同有混纺汗布、真丝汗布、腈纶汗布、涤纶汗布、苎麻汗布等。

2. 棉毛布

棉毛布为双罗纹针织物，因其主要用于缝制棉毛衫裤，故俗称棉毛布。包括本色棉毛布、染色棉毛布、印花棉毛布和色织棉毛布等。

该织物手感柔软、弹性好，布面匀整，纹路清晰。原料大多采用14～28tex的棉纱。也有少数棉毛布采用棉型腈纶或棉/腈、涤/棉混纺纱的，但以纯棉纱的舒适性为最好，纯腈纶纱的价格最低。

3. 绒布（起绒针织物）

织物的一面或两面覆盖着一层稠密短细绒毛的针织物。分为单面绒和双面绒两种。单面绒一般由衬垫针织物的反面经拉毛处理而成，根据使用纱线的粗细和绒面的厚度不同，单面绒可分为薄绒、厚绒和细绒三种。双面绒一般由双面针织物的两面进行起毛整理而成。绒布具有手感柔软、绒面蓬松、保暖性好等特点。其运用较广，用于缝制冬季的绒衫裤、运动衣和外衣以外，还用于装饰和工业等。

4. 丝盖棉针织物

丝盖棉针织物为丝棉交织针织物。多采用罗纹式复合组织或双罗纹复合组织。该织物一面是丝线圈（常作为正面），另一面呈棉纱线圈，中间通过集圈加以连接。该织物集丝的高雅华丽和棉纤维的柔软舒适于一身，在外销面料中占一席之地。

5. 天鹅绒针织物

该织物为长毛绒针织物的一种，可由毛圈组织经割圈而成，也可将起绒纱按衬垫纱编入地组织，并经割圈而成。后一种方法毛纱用量少，应用较多。该织物表面被一层起绒纱段两端纤维形成的直立绒毛所覆盖，纬编形成的天鹅绒针织物直立绒毛长度为1.5～5mm，经编天鹅绒绒毛长度为4～5mm。

天鹅绒织物手感柔软、厚实、色泽柔和、绒毛紧密而直立、织物坚牢耐磨，常用来制作外衣、帽子、衣领、玩具及家用装饰物等。

6. 人造毛皮针织物

人造毛皮针织物为花色针织物的一种，其外观类似动物毛皮。分纬编和经编两类，其中纬编人造毛皮应用较广。编织后必须在织物的背面（底布）涂黏合剂，使底布定型，以免掉毛。然后经过梳毛、印花、剪毛、电热烫毛、拷毛、压纹、滚球等后整理工序，可以形成各种外观效应的人造毛皮。

人造毛皮针织物的底布常用棉纱、黏胶纤维或丙纶作原料，绒毛采用腈纶或变性腈纶，外层粗刚毛纤维的线密度为 1.1～3.3tex，以异形（如三叶形）截面为好，有较好的抗起球性和光泽，里层短绒毛纤维的线密度为 0.165～0.55tex。

人造毛皮针织物手感柔软、保暖性好，适用于缝制冬季御寒服装。如果在织物的背面粘贴一层人造麂皮或尼龙纺等织物，可制成两面可用的织物，更适合缝制服装。

（三）经编针织物的结构特征

经编针织物是由一组或几组平行排列的纱线分别垫在平行排列的织针上，同时沿纵向编织而成。经编针织物的基本组织有编链组织、经平组织和经缎组织等。

1. 编链组织

编链组织（Pillar Stitch）是由一根纱线始终在同一枚织针上垫纱成圈所形成的线圈纵行。编链织物的效果图及线圈结构图如图6-9所示。由于垫纱方法不同可分为闭口编链和开口编链。在以编链组织为结构的织物中，各纵行间无联系，故不能单独使用，一般与其他组织复合成经编织物。编链织物纵向延伸性小，其延伸性主要取决于纱线的弹性。编链织物可逆编织方向脱散。利用其脱散性能在编织花边时可以作为花边间的分离纵行。

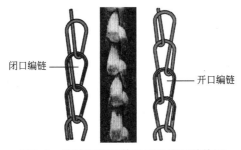

闭口编链 —— 　 —— 开口编链

图6-9　编链织物的效果图及线圈结构图

2. 经平组织

在经平组织（Tricot Stitch）中，同一根纱线所形成的线圈轮流排列在相邻两个线圈纵行。经平组织中的所有线圈都具有单向延展线，也就是说线圈的导入延展线和引出延展线都是处于该线圈的一侧。由于弯曲线段力图伸直，因此经平组织的线圈纵行呈曲折形排列在针织物中。线圈向着延展线相反的方向倾斜，线圈倾斜度随着纱线弹性针织物密度的增加而增加。图6-10为经平织物的效果图及线圈结构图。

3. 经缎组织

经缎组织（Atlas Stitch）是一种由每根纱线顺序地在三枚或三枚以上相邻的织针上形成线圈的经编组织。编织时，每根纱线先以一个方向顺序地在一定针数的针上成圈，后又反向顺序地在同样针数的针上成圈。图6-11为经缎织物的效果及线圈结构。

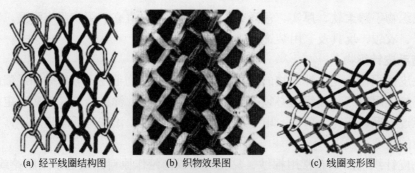

(a) 经平线圈结构图　　　(b) 织物效果图　　　(c) 线圈变形图

图6-10　经平织物的效果图及线圈结构图

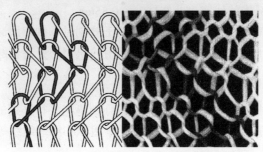

图6-11　经缎织物的效果及线圈结构

（四）经编针织物商品

1. 拉舍尔经编毛毯

拉舍尔经编毛毯是指使用双针床拉舍尔经编机生产的毛毯。与机织提花毛毯、机织长毛绒毛毯及簇绒毛毯机相比，其织制方法简单、产量高、外观好、保暖性好、绒毛固着坚牢不易脱落、松软厚实。特别是腈纶经编毛毯，印花后色泽鲜艳、真实感强，成为目前发展速度最快的一种高级毛毯。

2. 网眼织物

网眼织物是指在织物结构中产生有一定规律网孔的经编针织物。织物表面呈现大小均匀或有规律变化的网孔效应，孔眼清晰，排列整齐，布身轻薄柔软而又挺括，悬垂性好，透气性好。

经编网眼织物除用作蚊帐布以外，还用于男女内外衣、运动衣、窗帘、汽车座垫套等；也可用于工业生产，如阀门活塞中的胶布、捕鱼用的渔网等；在国防工业中的应用也很广。

3. 经编毛圈织物

经编毛圈织物，是指表面有环状纱圈覆盖的经编织物。需要用一组纱线编织地组织线圈，另一组纱线在织物的一面或两面形成毛圈线圈。毛圈织物结构稳定、外观丰满，毛圈坚牢均匀，具有良好的弹性和保暖性，布面柔软厚实，无折皱，具有良好的服用性能。

毛圈织物主要用作翻领T恤衫、睡衣裤、海滩服、童装、毛巾、毛巾被、浴巾等。

毛圈织物在后整理加工中，如果把毛圈剪开，则可制成经编天鹅绒类织物，作中高档服装和装饰用布。如果采用三醋酯丝等有光丝为绒毛纤维时，制成的天鹅绒绒毛有较好光泽。

4. 经编丝绒织物

经编丝绒织物是指用经编方法织制成丝绒效应的针织物。按绒面性状可分为平绒、横条绒、直条绒和色织绒等，且各种绒面可在同一块织物上交错使用，形成复杂美丽的绒面效应。经编丝绒常作服装和装饰面料。

5. 经编提花织物

经编提花织物是指在几个横列中不垫纱不脱圈而形成拉长线圈的经编织物。经编提花织物主要用作窗帘、桌布、床罩、沙发中。另一大类是花边、多梳经编机可以很方便地织制各种精美的花边。这些提花织物结构稳定、脱散性很小。

第七节 非织造布

一、非织造布的定义与分类

非织造布也称非织造材料、非织布、无纺布、不织布、非织造物。按照国家标准（GB/T 5709—1997）的定义，非织造布是一种由定向或随机排列的纤维通过摩擦、抱合、黏合或者这些方法的组合而相互结合制成的片状物、纤网或絮垫（不包括纸、机织物、簇绒织物、带有缝编纱线的缝编织物以及湿法缩绒的毡制品）。纤维可以是天然纤维或化学纤维；可以是短纤维、长丝或当场形成的纤维状物。为了区别湿法非织造布和纸，还规定了在其纤维成分中长径比大于300的纤维占全部质量的50％以上，或长径比大于300的纤维虽只占全部质量的30％以上但其密度小于0.4g/cm³的，属于非织造布，反之为纸。

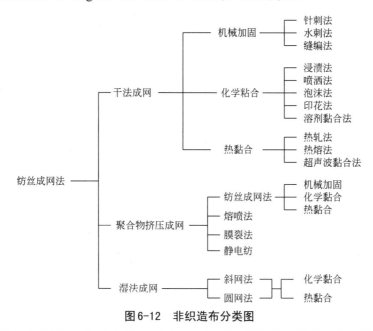

图6-12 非织造布分类图

非织造布的品种很多，分类方法也很多。可以按照纤网的成网方式、纤网的加固方式、纤网结构或纤维类型等多种方法进行，如图6-12所示。

除上述分类外，通常按使用强度可分为耐久型和用即弃非织造布。按厚薄可分为厚型和薄型非织造布。按用途可分为医用卫生非织造布、服装用非织造布、日常生活用非织造布、工业用非织造布、农业有非织造布、国防用非织造布等。

二、非织造布的结构特点

1. 介于传统纺织品、塑料、皮革和纸四大柔性材料之间的材料

不同的加工技术决定了非织造布的性能，有的非织造布像传统纺织品，如针刺非织造

布；有的像纸，如干法造纸非织造布；有的像皮革，如非织造布基PU革等。

2. 外观、结构多样性

无论从外观上还是从结构上看，非织造布与机织或针织物都有很大差异。传统纺织品结构特征为，构成主体是纱线（或长丝），纱线经交织或编织形成规则的几何结构。非织造布结构特征为，构成主体是纤维（呈单纤维状态），再由纤维组成网络结构，网络结构的纤维必须通过化学、机械、热学等加固手段使该结构稳定和完整。

从结构上看，非织造布中纤维以不同形式存在，大多数非织造布以纤维网状结构为主，有的纤维呈二维排列的单层薄网几何结构，有的纤维呈三维排列的网络几何结构。纤维间的连接又有不同的方式，有的是纤维与纤维缠绕而形成的纤维网架结构，有的是纤维与纤维之间在交接点相黏合的结构，有的是由化学黏合剂将纤维交接点予以固定的纤维网架结构。从外观上看，非织造布有布状、网状、毡状、纸状等。

3. 性能多样性

由于原料选择的多样性、加工技术的多样性，必然产生非织造布性能的多样性。有的柔性很好，有的很硬；有的强度很高，有的却很低；有的很密实，有的却很蓬松；有的纤维很粗，有的却很细。因此可根据非织造布的用途来设计材料的性能，进而选择确定相应的工艺技术和纤维原料。

三、非织造布的技术特点

（1）技术上多学科交叉　突破了传统纺织原理，结合了纺织、化工、塑料、造纸以及现代物理学、化学等学科的知识。

（2）原料使用范围广　传统的纺织工业使用的原料都可以作为非织造的原料。传统纺织工业不能使用的各种下脚原料、没有纺织价值的原料、各种再生纤维也能使用。一些在传统纺织设备上难以加工的无机纤维、金属纤维（如玻璃纤维、碳纤维、石墨纤维、不锈钢纤维等）也可通过非织造方法加工成工业用非织造材料。一些新型的化学纤维，如耐高温纤维、超细纤维、某些功能型纤维等，都可以用于非织造加工。

（3）工艺流程短，劳动生产率高　生产速度高、产量高。工艺变化多、产品用途广。资金规模大，技术要求高。

思考与实训题 ▶▶

1. 按照织物组织，机织物分哪几类？

2. 棉织物是如何分类的？棉织物的规格怎样表示？

3. 棉织物的主要品种有哪些？

4. 呢绒是如何分类的？

5. 精纺呢绒与粗纺呢绒的品质特征有哪些？

6. 平纹组织在丝织品有哪些丰富的变化应用？

7. 麻织物的外观与手感有哪些特点？

8. 针织物的结构与机织物相比，其结构形式的差异是什么？

9. 针织物常用的物理参数有哪些？

10. 简述非织造布的结构特点。

第七章

服装、家纺商品

【本章知识点】

- 服装家纺的种类；
- 服装号型与主要品种；
- 针织服装的主要品种；
- 家用纺织品的主要品种。

第一节　服装的分类

一、服装分类原则和方法

服装分类原则、分类方法应符合GB/T 7027—2002的规定，应具有科学性、系统性、可扩延性、兼容性和综合实用性。GB/T 23560—2009标准中对服装的分类、编码原则和方法及服装分类代码进行了统一的规定。采用线分类法，服装分成三个层次。

1. 按服装的专业属性或应用领域划分

按服装的专业属性或应用领域分为6个类目，即机织服装、针织及钩编服装、毛皮及皮革服装、特种服装、服装配饰、个体防护装备。

毛皮及皮革服装分皮革类服装和毛皮服装。皮革服装（图7-1）是采用动物的皮制成光洁或起绒的革为面料再缝制成的服装，有皮夹克、派克大衣、军用皮大衣等。相应的有人造革服装，是以天然纤维或化学纤维仿制成的皮革为面料制成的服装。毛皮服装（图7-2）即裘皮服装，它是指以天然毛皮为主要面料制成的服装，主要有男女大衣、外套。它由于价格贵、保养难，因此穿着少。相应的有人造毛皮服装，是以天然纤维或化学纤维仿制成的毛皮为面料制成的服装。

特种服装包括军服、制式服装、专业服装等。

服装配饰是指在服装中，装饰和保护身体的个人用品的总称，包括帽、头巾、头饰带、领带、领结、围巾、披肩、手帕、手套、袜子、腰带、鞋（靴）、雨衣、雨具、箱包、票夹等。

个体防护装备以保护劳动者安全和健康为目的，直接与人体接触的装备或用品，以往称劳动防护用品。个体防护装备包括头部防护用品、呼吸防护用品、眼面部防护用品、躯干防护用品、手部防护用品、足部防护用品、防坠落用品等。躯干防护用品包括防化学防护服、防机械损伤防护服、阻燃隔热防护服、防水防雨救生防护服、防电磁波防护服、抗油易去污

防护服、防虫防护服、防寒保暖防护服、防静电防尘防护服、防血液体液接触防护服、高可视性防护服、特种防护防护服等。

图7-1　皮革服装　　　　　　　　　　图7-2　毛皮服装

2. 按人体部位、基本用途划分

按人体部位和基本用途分为首服（冠帽类）、躯干服（上衣、下衣、一体服）、足部服（鞋、袜）、手部服（手套）。

3. 按性别、年龄、材料划分

（1）按性别划分　可分为男装、女装和男女共用服（也称"中性服装"）。

男装主要是体现男子的阳刚之气，表达刚毅、顽强、洒脱、理性、宽容、豁达、豪放等主题特点。女装款式变化极为丰富，女装根据用途、形态等可分为不同的风格，无论是哪一款，设计师与消费者所产生的共识都是建立在整体美、塑形美、款式美、色彩美、材质美、工艺美、风格美、机能美的基础上。中性服装是男女都可穿着的服装，这类服装由于穿着广泛，市场定位较宽，已成为服装中的一大类。

（2）按照年龄划分　是服装分类的常用方法，服装按照年龄阶段大致分为儿童装（婴儿装、幼儿装、学童装、少年装）和成人装（青年装、成年装、中老年装）。

婴儿装（0～1岁），造型简单，以方便舒适为主，还需要增加适当的放松量，以适应孩子较快的成长及方便更换与清洁；色彩以浅色为主，以免刺激婴儿的视觉神经，也防止染料伤害其娇嫩的皮肤。

幼儿装（1～5岁），注重整体造型，廓形以方形、长方形、A形为主，或采用连体装的方式，以防止裤子下滑和便于活动；色彩可以用鲜亮活泼的三原色、对比色和色块拼接；还可以加口袋装饰，适当加具象的图案设计。

学童装（6～12岁），造型以宽松为主，采用上下装组合搭配；配色应营造积极向上、生动活泼、健康可爱的氛围；图案也应该选用正面、积极、阳光的题材，以带动儿童向正确健康的心理方向发展。

少年装（13～17岁），因发育开始完善，服装款型与成人款式基本相同，造型可以是A形、H形、X形，局部造型以简洁为宜；应具备一定的运动机能性，不宜加过多的装饰；服装色彩的彩度和纯度要有所降低，不宜像儿童装颜色鲜亮。

青年装（18～30岁），这一年龄段的人非常注重服装的特色。青年装总的设计要求是造型轻松、明快、多变。性别特征明显。一般来说，女装造型极为丰富，以突出女性曲线为宜，局部多变，强调装饰；色彩或高雅文气、或艳丽活泼、或与流行密切相关；面料偏于新颖流行，追求品牌和个性化。男装造型挺直，结构略有夸张，讲究服装韵味和品质。

成年装（31～50岁），成年服装追求造型合体、端庄、稳重，重视个人品位，强调服装的简洁与精致。着装者希望以服装突显自己的气质、修养、身份和地位，因此，品牌在这一群体心理中占据重要位置。

中老年装（50岁以上），这一年龄段的群体因形体及心态的变化而追求服装风格上的沉稳优雅，选择服装或者为宽松舒适，或者注意修正体态；色彩上通常以明快色调和暖色调为主，平稳和谐，偶尔鲜亮活跃；并且讲究面料的柔软舒适，装饰得恰到好处。

（3）按照服用材料划分　可分为纤维类衣服和其他材料服装。

纤维类服装包括棉类服装、麻类服装、毛呢服装、丝绸服装、化纤服装等。其他特殊材料，包括树叶装、金属服、塑料和其他杂制品服饰，如图7-3所示。

(a) 纸质服装　　　　　　　　　　　(b) 树叶服装

图7-3　其他材料服装

二、服装编码原则和方法

1. 编码原则

代码编码应具有唯一性、合理性、可扩充性、简单性、适用性和规范性。

2. 编码方法

代码采用3层6位全数字型层次编码，每层级均以2位阿拉伯数字表示，6位数字表示一个类目名称。每层级代码从"01"开始，按升序排列，最多编至"99"。数字为"99"的代码均表示收容类目，即不能归入已成系列类目中的产品均收入此类目中。

3. 代码结构

代码结构如图7-4所示。

图7-4　代码结构示意图

三、服装大类代码

大类代码见表7-1。

表7-1　大类代码

大类代码 X₁ X₂	名称	大类代码 X₁ X₂	名称
01	机织服装	05	服装配饰
02	针织及钩编服装	06	个体防护装备
03	毛皮及皮革服装	99	其他服装
04	特种服装		

四、其他常用服装分类方法

服装的分类方法除了 GB/T 23560—2009 标准中对服装进行分类外，还存在一些常见的服装分类方法，它是从人们熟悉的、约定俗成的、在服装的一般流通领域容易被接受的角度对服装进行分类，这些服装名称出现的频率一般比较高，便于在现实生活中被普通人所认识和接受。

1. 按穿着形式和组合分类

（1）整件装　上、下两部分相连的服装称为整件装。日常穿着十分普遍的各种连衣裙，以及华美高贵的晚礼服即整件装的形式。

（2）套装　这是上衣与下装分开的衣着形式。有两件套（上衣、裙或裤）、三件套（外衣、背心、裙或裤）、四件套（大衣、上衣、背心、裙或裤）等。

（3）外套　这是穿在衣服最外层的服装。外套的品种繁多，有大衣、风衣、雨衣、披风、短外套等。

（4）上衣　上衣范围从衬衣到短夹克，从工作服到礼仪服装，形式变化多样，穿着普遍。

（5）背心　一般穿在衬衣外，并与套装配合穿着。如呢背心、羊毛背心、皮背心等，作为调节身体温湿度用的外穿服装。

（6）裙装　裙装是女装设计中变化甚多的品种之一。按面料分有毛呢裙、皮革裙、丝绸裙、棉布裙等；按形状分有连衣裙、旗袍裙、斜裙、喇叭裙、超短裙、褶裙、节裙、筒裙和西服裙等。

（7）裤装　裤装是服装中的大类品种之一。裤按腿的长短部位分，有短裤、中裤、长裤；按造型分，有灯笼裤、窄裤、喇叭裤；按功用分，有西裤、工装裤、田径裤等。

2. 按国际通用分类

按照国际通用分类，将服装分为高级定制女装（Hante Couture）、高级成衣（Couture Ready to Wear）和成衣（Ready to Wear）三种。

（1）高级定制女装（Hante Couture）　高级定制女装（图7-5）的精髓灵魂来自于独有的设计、精确的立体裁剪和精细的手工艺，所有工艺均由手工完成，一件衣服耗费的工时大概在1个月左右。Haute Couture 必须同时满足四个条件：第一，在巴黎设有工作室，能参加高级定制服女装协会举办的每年1月和7月的2次女装展示；第二，每次展示至少要有75件以上的设计是由首席设计师完成；第三，常年雇用3个以上的专职模特；第四，每个款式的服装件数极少并且基本由手工完成。

满足以上条件之后，还要由法国工业部审批核准，才能命名为"Haute Couture"。

（2）高级成衣（Couture Ready to Wear）　高级成衣，是指在一定程度上保留或继承了 Haute couture（高级定制服）的某些技术，以中产阶级为对象的小批量多品种的高档成衣。

图7-5　高级定制女装

是介于Haute couture和以一般大众为对象的大批量生产的廉价成衣（法语称Confection）之间的一种服装产业。

（3）成衣（Ready to Wear）　指按一定规格、号型标准批量生产的成品衣服，是相对于量体裁衣式的订做和自制的衣服而出现的一个概念。成衣作为工业产品，符合批量生产的经济原则，生产机械化，产品规模系列化，质量标准化，包装统一化，并附有品牌、面料成分、号型、洗涤保养说明等标识。

3. 按服装设计目的分类

（1）比赛服装　比赛服装是为参加各类服装设计比赛而设计的服装。我国举办的服装设计比赛大体可分为两种形式：一是创意设计；二是实用设计。创意设计比赛的服装要求主题明确、构思奇妙，因此无论从造型、色彩、工艺、面料还是设计方法上，设计者都力求创造非凡。实用设计比赛的服装旨在要求作品利于销售，成为批量化生产的品种之一。

（2）发布服装　发布服装是为各种发布会而设计的服装。主旨在于宣传产品，树立品牌形象；发布流行信息，引导消费；征求服装订单，用于服装订货。由于服装发布的目的不同，设计构思的方式也不同。

（3）表演服装　表演服装是为适应各种表演目的而设计的服装。主办者的目的多为宣传服饰文化或纯属娱乐。既然是以服装为内容的表演，就要考虑到编排的顺序、节奏、呼应和整体的协调性，以及舞台和灯光对演出效果的影响。

（4）销售服装　销售服装是为适应市场销售而设计的服装。占服装总数90％的服装是用于市场销售的，因此设计的重点是促进销售。销售服装以盈利为目的，重要的是设计定位、价格定位和渠道定位。

（5）指定服装　指定服装是为符合特殊需求而设计的服装。有些客户因市场销售的服装无法满足其特殊要求，因而要求专门设计。指定服装主要包括职业服、演出服和定制服等。

还有很多其他分类方法。如按照季节分类（冬服、夏服、春秋服），按照地域分类（寒带服、热带服、温带服），按照气象分类（防寒服、避暑服、防风服、防雨服、遮光服、防晒服、防雪服等），按照品质分类（高档服装、中档服装、低档服装），按照外型分类（字母形服装、规则几何形服装、自由几何形物象形服装），按照品种分类（大衣、风衣、套装、衬衣、裤子、裙子等），按照商业习惯分类（童装、少女装、淑女装、职业装、男装、女装、家居服、休闲服、运动服、内衣等），按材料厚薄分类（单衣类、夹衣类、羽绒服、丝棉服等），按照洗水效果分类（石磨洗、漂洗、普洗、砂洗、酵素洗、雪花洗服装等），按照制作方法分类（套头式、缠绕式、前扣式、披挂式、连体式）。

第二节　服装的号型

　　适体是服装制作最基本的要求，为达到适体的要求，历来都采取"量体裁衣"的方法。然而，对于大量成批生产的服装，量体裁衣难以实施。为达到其适体的要求，就需要依靠标准化工作。为此我国发布实施了服装号型标准。为制定这一标准，在全国对几十万人进行了身体测量。但是服装号型所提供的并不是人体测量的原始数据，而是经过科学分析按统计规律计算出的结果。因此，服装号型是量体裁衣传统方法与现代科学方法的结合。以服装号型标准为依据进行服装的规格尺寸设计，可以使产品达到适体的要求，而消费者根据服装号型不经试穿便可选到合适的服装，因此，服装号型是服装行业重要的基础标准。

　　我国于1981年制定了服装号型标准，后经多次修改，现最新版是GB/T 1335.1—2008《服装号型　男子》、GB/T 1335.2—2008《服装号型　女子》和GB/T 1335.3—2009《服装号型　儿童》标准。本节主要介绍最新的服装号型标准。

　　本标准适用的人体是，在数量上占我国人口的绝大多数，在体型特征上是人体各部位发育正常的体型。特别高大或特别矮小的、过分瘦高或过分矮胖的以及体形有缺陷的人，不包括在服装号型所指人体的范围内。本标准是服装工业化、规模化和标准化生产的理论依据，为服装流通领域和消费者提供了可靠的科学依据。

一、服装号型标准的主要内容

（一）号型定义

　　身高、胸围和腰围是人体的基本部位，也是最有代表性的部位，用这些部位的尺寸来推算其他各部位的尺寸，误差最小。增加体型分类代号，最能反映人的体型特征。用这些部位及体型分类代号作为服装成品规格的标志，消费者易接受，也方便服装生产和经营。

　　"号"指人体的身高，以厘米为单位表示，是设计和选购服装长短的依据。人体身高与颈椎点、坐姿颈椎点高、腰围高和全臂长等密切相关，它们随身高的增长而增长。"型"指人体的上体胸围或下体腰围，以厘米为单位表示，是设计和选购服装肥瘦的依据。它们与臀围、颈围和总肩宽密切相关。

（二）体型分类

　　我国人体按四种体型分类，即Y、A、B、C，它的根据是人体的胸腰差，即净胸围减去净腰围的差数。根据差数的大小，来确定体型的分类。其中，A型是人数最多的普通人的体型，Y型是腰较小的人的体型，B型与C型表示稍胖和相当胖人的体型。例如，某男子的胸腰差在17～22cm之间，那么该男子属Y体型。再如，某女子的胸腰差在4～8cm之间，那么该女子的体型就是C型，见表7-2。

　　号与型分别统辖长度和围度方面的各部位，体型代号Y、A、B、C则控制体型特征，因此必须让生产者、消费者、经营者都了解服装号型的关键要素——身高、净胸围、净腰围和体型代号。人群中，A和B体型较多，其次为Y体型，C体型较少，但具体到某个地区，其比例又有所不同。

表7-2　我国人体四种体型的分类　　　　　　　　　　　　　单位：cm

体型分类代号	男子：胸围－腰围	女子：胸围－腰围
Y	17～22	19～24
A	12～16	14～18
B	7～11	9～13
C	2～6	4～8

与成年人不同的是，儿童不划分体型，随着儿童身高逐渐增长，胸围、腰围等部位逐渐发育变化，向成年人的四种体型靠拢。

（三）号型标志

标准规定，成品服装上必须标明号、型，号、型之间用斜线分开，后接体型分类代号。例如，160/84A，其中"160"表示身高为160cm，"84"表示净体胸围为84cm，体型代号"A"表示胸腰差（女子为14～18cm）

号型标志也可以说是服装规格的代号。套装系列服装，上、下装必须分别标有号型标志。儿童因不分体型，号型标志不带体型分类代号。

（四）号型系列

把人体的号和型进行有规则的分档排列即为号型系列，号型系列以各体型中间体为中心，向两边依次递增或递减组成。在本标准中规定身高以5cm分档组成系列；胸围以4cm分档组成系列；腰围以4cm、2cm分档组成系列。上装是以身高和胸围构成"号"和"型"，所以上装组成5·4系列。下装是以身高和腰围构成"号"和"型"，所以下装组成5·4系列、5·2系列。上下装配套时，在与5·4系列配套使用时，为了满足腰围分档间距不宜过大的要求，将5·4系列按半档排列，组成5·2系列。在上下装配套时，上装可以在系列表中按需选一档胸围尺寸，下装可选用一档腰围尺寸。做裤子或裙子也可按系列表选二或三档腰围尺寸，分别做两条或三条裤子或裙子。例如，170/88A号型，它的净体胸围为88cm，由于是A体型，它的胸腰围差为12～16cm，所以腰围尺寸应在72cm（88cm-16cm）和76cm（88cm-12cm）之间，即腰围为72cm、73cm、74cm、75cm、76cm。选用腰围分档数为2，那么可以选用的腰围尺寸为72cm、74cm、76cm这3个尺寸。也就是说，如果在为上下装配套时，可以根据88型在上述三个腰围尺寸中任选，见表7-3和表7-4。

表7-3　成人号型系列分档范围和分档间距　　　　　　　　　　单位：cm

型　号		男 155～190	女 145～180	分档间距 5
胸围	Y型	76～104	72～100	4
	A型	72～104	72～100	4
	B型	72～112	68～108	4
	C型	76～116	68～112	4
腰围	Y型	56～86	50～80	2和4
	A型	56～92	54～86	2和4
	B型	62～104	56～98	2和4
	C型	70～112	60～106	2和4

表7-4　胸围和腰围的配置（A型）　　　　　　　　　　　单位：cm

胸围	腰围	臀围
72	56	75.6
	58	77.2
	60	78.8
76	60	78.8
	62	80.4
	64	82.0
80	64	82.0
	66	83.6
	68	85.2
84	68	85.2
	70	86.8
	72	88.4
88	72	88.4
	74	90.0
	76	91.6
92	76	91.6
	78	93.2
	80	94.8
96	80	94.8
	82	96.4
	84	98.0
100	84	98.0
	86	99.6
	88	101.2

　　儿童服装号型把身高划分成三段组成系列。第一段，身高52～80cm婴儿，不分性别，身高以7cm分档，胸围以4cm分档，腰围以3cm分档；分别组成上、下装号型系列，上装组成7·4号型系列，下装组成7·3号型系列。第二段，身高80～130cm儿童，不分性别，身高以10cm分档，胸围以4cm分档，腰围以3cm分档；将上装组成10·4号型系列，下装组成10·3号型系列。第三段，身高135～155cm女童，135～160cm男童，身高都以5cm分档；胸围以4cm分档，腰围以3cm分档，分别组成上装5·4系列和下装的5·3系列，见表7-5。

　　在设置号型时，各体型的覆盖率即人口比例≥0.3％时，就设置号型。当然也存在这样的情况，有些号型比例虽小（没有达到0.3％），但这些小比例号型也具有一定的代表性。所以在设置号型系列时，增设了一些比例虽小但具有一定实际意义的号型，使得系列表更加完整，更加切合实际。试验验证表明，经调整后的服装号型覆盖面，男子达到96.15％，女子达到94.72％，总群体覆盖面为95.46％。

表7-5 儿童号型系列分档范围和分档间距表

	号	型	
		上装	下装
婴幼儿	52～80cm 7cm档距	40～48cm 4cm档距 共3型	41～47cm 3cm档距 共3型
儿童	80～130cm 10cm档距 共6个号	48～64cm 4cm档距 共5个型	47～59cm 3cm档距 共5个型
男童	135～160cm 5cm档距 共6个号	60～80cm 4cm档距 共6个型	54～69cm 3cm档距 共6个型
女童	135～155cm 5cm档距 共5个号	56～76cm 4cm档距 共6个型	49～64cm 3cm档距 共6个型

（五）中间体

号型系列的设置以中间标准体为中心，按规定的分档距离，向左右推排而形成系列。中间体的设置除考虑部位的均值外，主要依据号、型出现频数的高低，使中间体尽可能位于所设置号型的中间位置。在设置中间体时也考虑了另外一些重要因素，即人们对服装的穿着习惯一般是宁可偏大而不偏小。此外当人的体型发生变化时，一般向胸围与腰围差变小型变化。根据这些原则，确定各体型的中间体，各体型中间体的设置见表7-6。

表7-6 男、女体型的中间体设置　　　　　　　　　单位：cm

体型		Y	A	B	C
男子	身高	170	170	170	170
	胸围	88	88	92	96
女子	身高	160	160	160	160
	胸围	84	84	88	88

（六）号型的应用

号型的实际应用，对于每一个人来讲，首先要了解自己是属于哪一种体型，然后看身高和净体胸围（腰围）是否和号型设置一致。如果一致则可对号入座，如有差异则采用近距靠拢法。

例如，175/88A号型的男子上装，适合于身高在173～177 cm，胸围在87～89cm范围，且胸腰差在12～16cm，属于A体型的男子。对于确定体型和胸围的人，其腰围也只能在一定范围内变化。对于胸围为88cm的A型，有3种腰围可选，即72cm、74cm、76cm。

儿童正处于长身体阶段，特点是身高的增长速度大于胸围、腰围的增长速度，选择服装时"号"可大一至二档，"型"可不动或大一档。

（七）覆盖率

现行标准中给出了全国及各地区不同体型的覆盖率，还详细给出了每一体型中不同号型

的覆盖率，供厂家选择号型和计算生产量使用。

第三节　服装的主要品种

服装是人们生活用品中的一个大类，它的品种、式样很多，对其加以区分，对生产、保管和销售都有好处，这里仅从一种分类角度对服装的品种进行介绍。

一、礼服

礼服是指在某些重大场合上参与者所穿着的庄重而正式的服装。礼服从形式上分可分为正式礼服和非正式礼服，从时间上分可分为晚礼服和日礼服，从性别上分可分为男士礼服和女士礼服。

二、日常生活服装

日常生活服装包括居家服装和外出服装，也叫便装。以日常生活为目的的服装体现了人们的文化、道德、生活的审美、情趣和个性。因此这类服装最具有流行性和装饰性，同时也体现了随意、休闲、舒适和方便。因此，日常生活服装无论在颜色、花型、材质、风格和价格上都是多种多样的。

三、休闲装

休闲装，特别是运动休闲服装，是近年来销售量增加最快的服装。这是由于消费者越来越追求自然、舒适、健康和运动等轻松活泼的生活方式的结果。

休闲服装材料要求柔软、舒适，以便于活动。近年来，人们对休闲服装的材料要求趋向讲究，一些具有光泽和各种花色的衣料很受人喜爱，比如采用金属闪光、轧染、透明、网状、拉毛等衣料制作的休闲服很流行。休闲装并向防晒、抗菌、机可洗、无污染等方向发展。正因为休闲装已经成为消费者在休闲时穿用的时服，所以休闲装的材料已经注入时装的内容。

四、职业装

职业装又称工作服，是为工作需要而特制的服装。职业装设计时需根据客户的要求，结合职业特征、团队文化、年龄结构、体型特征、穿着习惯等，从服装的色彩、面料、款式、造型、搭配等多方面考虑，提供最佳设计方案，其材料的选择应适应职业岗位的特点，便于工作，并容易洗涤与保管。例如，公司职员服装，一般采用西服套装，材料可选用毛/涤混纺、毛/涤/黏混纺素色平纹或斜纹面料，这些面料要挺括而手感活络，穿在身上平挺合身，既显示其统一性，又使人看上去精神而干练。职业装多数需要耐洗、免烫、耐磨且经济，所以涤/棉混纺的华达呢是职业装广泛采用的面料。税务、海关、银行等职业装，可选用毛/涤面料。

五、劳保服

劳保服是指在工作和生产劳动中穿着的具有防护功能的服装，所以必须根据其劳动操作环境的特点来选择具有保护功能的面料，分为高温工作服，防尘、防油、拒水工作服，防辐射服，防毒服，防静电服等。劳保服装在设计上要求便于操作，如袖口、腰和领口需紧扣，以免挂绊。同时上身不作多余无用的设计。要求服装面料质地厚实，便于护体和耐磨，并针对工作性质选择具有防护功能的材料。例如炼钢工人或消防员的劳保服，应选择热防护性能好且阻燃的织物。化工厂工人的劳保服，应选择耐相应化学品的织物。

六、运动装

运动装是适合于运动时穿着的服装，也称为运动服。运动服装既要保证身体活动自如，又要考虑到运动后人体发热出汗，所以要求运动服应具有足够的弹性，并能散热、透气而吸汗，同时要求色彩鲜艳。泳装的颜色还应具有救生功能。运动服因运动的需要不同而有多种款式，如足球服、篮球服、网球服、登山服、滑雪服等。

七、舞台装

舞台上的喜剧服装，是以装扮、拟态为目的的服装，如图7-6所示。

图7-6 舞台装

八、童装

童装要注意舒适性、安全性、趣味性及耐用耐洗性能。值得注意的是当前有些出口童装，进口国要求有一定的弹性和阻燃性能。

婴儿的皮肤细嫩，而且常常尿湿，所以婴儿服装要求柔软、吸湿并耐水洗。另外，婴幼儿常常会吮吸服装，因此，其染色牢度十分重要。婴儿装，其颜色以选淡嫩的浅黄、粉红、淡绿、天蓝等色为佳。

九、内衣

贴身穿着的服装，总称内衣。内衣包括汗背心、文胸、衬裙、内裤、尿布、保暖内衣和其他内衣，不包括婴幼儿内衣、孕妇内衣。内衣具有保护皮肤，具有吸湿保暖的功能，并能保持外衣清洁美观。内衣款式简单，以合体为宜，套穿形式居多，极少使用扣手和拉链。内衣选用的材料大多为富有弹性的全棉针织物或真丝针织物。内衣分为儿童内衣、成人男子内衣、成人女子内衣。

第四节　针织服装及其主要品种

一、针织服装的分类

按款式可分为　针织背心、开衫、套头衫、裤子、裙子、针织配件等。

按原料可分为　棉针织装、毛针织装、丝针织装、麻针织装、化纤针织装、混纺针织装等。

按工艺可分为　横机加工成型的编织服装，圆机或经编机生产的针织坯布经过裁剪、缝制加工制成的针织服装等。

按用途可分为　针织服装（针织毛衣、针织运动服、针织内衣和针织T恤等）、针织服装的配套产品（各种类型的袜子、围巾、帽子、手套等）。

二、针织服装的主要产品

（1）针织毛衣　针织毛衣一般又叫针织毛衫，针织毛衫品种繁多，花色款式绚丽多彩，目前用羊毛、羊绒、驼绒、腈纶、真丝、黏纤丝、棉纱等原料编织的各种款式新颖的开衫、套头衫、连帽衫、外套、裙装等受到人们的广泛喜爱。

（2）针织背心　通常是V领或圆领，无袖结构，多搭配衬衫穿着（图7-7）。

（3）针织开衫　通常称为开襟衫，是衣服前面有拉链或扣子等连接物的针织短衣（图7-8）。

图7-7　针织背心

图7-8　针织开衫

（4）针织套头衫　针织套头衫是仅从头部开口、便于穿套的针织服装。根据开口形状的不同，分为高领针织衫、V领针织衫、圆领针织衫或其他时尚领型衫。

（5）针织外套　针织外套也称针织大衣。

（6）针织运动服　运动服根据各种运动要求不同，应具有特殊的弹性、透气性、透湿、防水、防风及运动阻力、良好的伸缩性、肋部和膝部的柔软性、安全性等要求。

（7）针织内衣　针织内衣是由针织面料缝制的穿在最里面的贴身服装的总称，可分为贴身内衣、补整内衣和装饰内衣。内衣主要包括背心、短裤、棉毛衫裤、文胸、紧身衣、衬裙等。

（8）针织时装　针织时装属于高级的针织服装，一般展示在时装发布会上或T台秀上。

（9）针织配件　针织服装配件是针织服装的配套用品，具有不可替代的作用，在针织服装中占有重要的一席之地，常见的针织服装配件有袜子、手套、围巾、毛巾、包等。

第五节　家用纺织品及其主要品种

一、家用纺织品的概念和特点

1. 家用纺织品的概念

家用纺织品（简称家纺）有广义与狭义之分。广义的家用纺织品又称为装饰用纺织品，是指由纱线、织物等材料加工制成的，可直接使用于家居、宾馆、饭店、会议室等场所以及飞机、汽车、火车等交通工具内的所有纺织制品的总称。狭义的家用纺织品是专指家居环境中所用的装饰用纺织品。

2. 家用纺织品的特点

室内装饰主要是靠色彩、质感、光泽、形态来体现的，而家用纺织品在这几方面都具有其他装饰材料所无法比拟的特性。

（1）色彩　家用纺织品织物的色彩丰富，纹样千变万化，可以有效地调节室内的冷暖、明暗、动静等氛围，并丰富室内的视觉效果，这些是其他室内装饰材料所不能及的。

（2）质感　家用纺织品又被称作"软装饰"，相对于"硬装饰"（家具、花岗石、瓷砖、玻璃、金属、木材等硬质材料）而言，它具有自然的亲和力。

家用纺织品织物的质感是外观形象与手感质地的综合效果。不同纤维、不同组织的织物，都有着不同的质感。如蚕丝织物柔软滑爽，麻织物硬挺粗犷，缎纹织物富有光泽，绉组织织物表面有立体感等，这些丰富的质感变化让家用纺织品具有特殊的吸引力。

（3）光泽　家用纺织品织物的光泽是织物表面反射光所形成的一种视觉效果，取决于织物的颜色、光洁度、纱线性质、织物结构、后整理及使用条件等。

家用纺织品表面的光泽在与室内的自然光线、灯光的配合中可以显示出无穷魅力，透明的窗纱、帷幔更是营造朦胧意境的必备材料。

（4）形态　纺织品柔软的特性赋予它极强的可塑性，如悬垂性、飘逸感、成褶能力、线条的表现力，这些特性对家用纺织品造型有较大的影响。既可以塑造出具有飘逸感的窗帘、帷幔，又可以塑造出厚实的实物形态。

同时，纺织品还具备价格相对低廉、易安装、易更换等特点，人们可以根据不同季节、不同心情来更换。

二、家用纺织品的主要品种

（一）地面铺设类

主要有地毯和地垫两大类。

1. 地毯

地毯作为软质铺地材料，有着悠久的历史和广泛使用的国度，是一种世界性产品，在居室软装饰中应用较广。地毯可以提示和限定空间，柔化空间视感，从而提高生活品味。在宽敞的客厅中，一组沙发、一块地毯，便形成了一个会客区域；卧室床下铺块地毯，可以增加睡眠空间的安静和私密性。地毯上的空间，是一个活跃的单元，有一种象征的领域感，有时会成为空间视觉的中心。

（1）手工打结地毯　手工打结地毯是手工把纱线接扣编织而成。是地毯中的精品。但它

又分很多档次，低档的90道以下，主要是装饰和保暖作用；中高档的160道以上，其成本主要是手工费，有较高收藏增值价值。

（2）手工扎针地毯 手工扎针地毯，用带毛纱的针在印有图案的基布上往复扎织而成。形成毛圈叫平针地毯，剪开毛圈在后背涂胶叫胶背地毯。

（3）机制块毯 机制块毯有混纺、化纤、锦纶等材料，属最低档块毯。图案丰富，但保暖性工艺性较差。

（4）栽绒满铺地毯 把线栽在基布上，后背涂胶加底布制成的地毯。常说的化纤地毯多指此类地毯。

（5）机织满铺地毯 即经纬线交织毯，又分威尔顿地毯、阿克明斯特地毯、萨克森地毯等。

2. 地垫

地垫是一种能有效地在房间及卫生间入口处刮除泥尘和水分，保持室内地面整洁的产品。常用的材质有锦纶、涤纶、丙纶、腈纶、纯棉、椰纤、橡胶植绒等。

（二）挂帏遮饰类

挂帏遮饰类是指以悬挂的形式在室内起到遮挡视线、分隔空间、装饰、保暖等作用的家用纺织品，主要有窗帘、门帘、帷幔等。挂帏遮饰类织物作为室内的移动装饰，一方面要保持与室内其他装饰相协调；另一方面又要起到增强环境气氛的作用。

对挂帏遮饰类织物的功能要求一般有以下几个方面。

（1）遮蔽 即要起到遮挡外来视线、保持居室内部安静和私人的活动自由。特别是现代群体结构的住宅小区，各栋楼房之间的间距变窄，而房间的开敞部分又在增大，即门窗部分的增大，因此帘幕的遮蔽功能就显得特别重要。

（2）遮光 为获得踏实、舒适的睡眠，需要阻挡外来光线，一般的住宅卧室和旅游客房都要求如此。

（3）隔音 即阻止外部噪声、吸收内部声音。

（4）分割 现代室内设计的趋势是争取流动的具有可变性的空间，利用帘幕织物分割空间，具有很大的灵活性和可控性，提高了空间的利用率和使用质量。

（5）防火 帘幕织物在公共空间的使用相当普遍，从防火的要求出发，需要其具有一定的防火功能，这些场所的帘幕应该使用经阻燃整理的织物。

（6）防水 用于隔离浴室、湿操作场所的水蒸气，如浴帘这类帘幕织物的防水性就显得非常重要。

（7）保温、隔热 一般厚实的帘幕织物具有冬天防止室内散热、夏天阻隔外部热流的保温、隔热作用。资料表明，一个标准房间，为普通单层玻璃窗，使用厚窗帘，夏天能阻挡60%的紫外线辐射及太阳能；冬天可使热损失减少21%。而深色帘幕还可起到吸热保温节能的作用。

（三）家具覆饰类

是指覆盖在家具和家用陈设上，用于遮挡灰尘、保护家具和家用电器或增加使用舒适性的家用纺织品。主要有家具蒙面织物和陈设蒙盖织物。

1. 家具蒙面织物

凡是用钉、夹、贴或其他方法固定在框架上、覆盖于弹性或非弹性材料上的家具用布，统称为家具蒙面织物，包括沙发布、坐椅布料、床头蒙饰织物等。

家具中织物的引入，增添了与人的亲和性及人们使用家具时的舒适感。

家具蒙面织物一般要粗犷、厚实，具有丰富的织纹组织变化，材料感观好，能充分表现织物层次和立体的光泽、纹理的整齐或参差交错的变化。其图案与色彩要适应家具造型与室内整体艺术效果的需要，能充分显示出织物在装饰效果上的舒适感和高档感。家具蒙面织物要求质地松软、手感丰厚、富有弹性，具有一定的强度、耐磨性、吸水性，并要经过防污、阻燃整理。

2. 陈设蒙盖织物

凡覆盖或按照家具形状做成套罩套在家具上的织物统称为陈设蒙盖织物，包括沙发套、台布、椅套、沙发巾等。

陈设蒙盖织物主要以陪衬家具的审美效果以及保持家具整洁、防止家具磨损、防尘为目的。既拆洗方便，又能改变室内的装饰效果。

在陈设蒙盖织物的选择上应注意与室内其他软装饰间的大体配套效果，相互之间在在面料、图案、色彩上要有一定的呼应关系，形成一个协调统一的空间。选择的原则应根据所覆盖陈设的情况、室内空间的大小来决定。

陈设蒙盖织物外观美，而且要求质地厚实、手感柔软、富有弹性、坚韧、耐拉、抗皱、耐磨、触感好、抗起毛起球。

（四）墙面贴饰类

墙面贴饰类是指覆盖在墙面上，利用纺织品的肌理和图案效果起到装饰作用的家用纺织品。主要是壁织物（墙布）等。

壁织物由于材质的原因，给人以温暖感和平静感，吸音效果与隔热性能均较好，并能防止水珠凝聚，是较好的贴墙材料。而且这类织物从一般住宅使用的大众化制品到价格非常昂贵的高档产品，种类相当丰富。但其缺点是容易沾污，除污比较困难，质地较厚的材料接缝比较明显，施工难度也较大。

壁织物不仅要具有装饰性，还应满足实用性（更换方便）和以下功能性的要求。

（1）防水、防霉　使用天然纤维（棉、麻、丝等）的壁织物，需要经过防水、防霉整理。

（2）吸声、隔声　由于家庭、宾馆等普遍使用电视机、家庭影院等音响设备，要求减少其杂音、提高其音响效果。

（3）节能、保温　为了节约能源，要求在冬季提高室内温度，一般除对窗帘、地毯有一定的要求以外，对壁织物也提出了要求。据报道，窗帘、地毯和壁织物配套使用，可以取得25%～39%的节能效果。

（五）床上用品类

床上用品类是指覆盖在床体上，用于睡眠休息的家用纺织品。主要有床单、床罩、被子、被套、枕套、枕头、床帷、蚊帐、睡袋等。

床上用品类家用纺织品是以防尘、卫生，使室内显得整齐、美观、舒适为目的。因其有很强的个人限定，既要考虑主人的性别、年龄、个性、审美、修养等特点，又要考虑与周围室内环境的协调。所以，在色调、图案、布料搭配、细部工艺处理手法等方面，都必须有很独特的个性展示。

床上用品类家用纺织品因与人体皮肤直接接触，所以要求直接贴身的面料具有很好的吸湿性和透气性，使人体有舒适感。色调上在与室内环境相协调的前提下，尽量采用色牢度强的浅色，避免掉色，同时又可以促使人们勤洗勤换，达到卫生的要求。另外从健康的角度出发，还应符合抗菌、防霉的要求。建议选择纯棉、真丝等天然纤维面料。

（六）靠垫类

靠垫是沙发、椅子、床的附属品，是现代居室内必不可少的装饰品。

靠垫既可以用来调节人体的坐卧姿势，又使人体与家具的接触更为贴切舒适。而其在制作和搬动上的随意性和灵活性，又使它成为室内装饰的一个亮点。一系列不同造型的靠垫的放置，可以营造出室内的一种节奏和韵律，色彩的选择，则可以牵制室内色彩的对比或调和。

（七）卫生盥洗类

卫生盥洗类是用于清洁、梳洗的家用纺织品。主要有盥洗室内的毛巾、浴巾、马桶盖布、坐垫套、地垫、卫生纸套等。卫生盥洗类家用纺织品的采用，使卫生间、浴室显得美观、整洁、舒适。

由于卫生盥洗类家用纺织品的种类较多，要求也不尽相同。如浴巾、面巾等一般要求色彩淡雅、色牢度强、吸湿性强、富有弹性，达到柔软、舒适的目的；而地巾要求质地厚实、有弹性、吸湿性强、柔软，具有防滑、保暖、吸湿的功能。

（八）餐厨类

餐厨类家用纺织品是指用于厨房、餐厅内的纺织品。

厨房内餐厨类家用纺织品（如防烫手套、水果袋、洗涤巾、围裙等）不仅具有实用功能，还可以对厨房的空间环境起到调节和点缀的作用，有效调节人的心情，使下厨成为轻松、惬意的享受。

就餐环境中餐厨类家用纺织品（如餐桌布、餐巾、杯盘垫、器皿垫、刀叉袋等）的使用，不仅提升了生活品位，为餐室提供轻松的进餐环境，而且织物的色彩、造型、肌理与碗、碟、杯、匙相映成趣，可有效地刺激食欲。

餐厨类装饰织物只是起点缀环境、活跃气氛的作用，在选择时一定要注意与整体环境的协调，切忌喧宾夺主。餐厨类装饰织物除具有一定的装饰性外，还应具有耐用、耐洗、易洗、抗菌等性能。

（九）陈设类

陈设类家用纺织品是用于室内陈设、摆饰的家用纺织品。如织物屏风、织物灯罩、织物信插、织物工具袋、织物插花、布玩具等。

陈设类家用纺织品是室内的又一道风景。如织物屏风，具有防风及划分空间的实用性，它的装饰性完美与否，要看它与室内整体艺术风格是否相协调；织物灯罩较其他质感的灯罩显得柔和、亲切、轻便，而半透明的灯罩，在光线透射下，更能体现织物肌理的美感。

由优雅的花布和轻盈的缎带制作成的布艺花篮，以其浪漫、别致的造型，调节着家居气氛；而用布艺、钩针编织制成的其他小日用品，散发出质朴、轻松的气息，为居室添加了一抹温馨的色彩。

（十）壁饰类

壁饰类家用纺织品是指以纤维、纱线、织物为材料进行纯艺术设计的装饰类壁挂，又被称为"软雕塑"。它体现了纤维的创造性应用和材料造型的美观性。

壁饰类家用纺织品的种类很多，如编结壁挂、编织壁挂、壁毯、织绣壁挂、像景织物、蜡染扎染织物、艺术服饰等。

壁饰类家用纺织品是以装饰性为主的织物，可以作为室内墙面的重点装饰，形成室内的视觉中心。由于其质地柔软、色彩鲜艳柔和、纤维材料呈现出多层次的机理效果，增加了室内舒适、安逸、亲切的感觉，并烘托了艺术气氛。加之其在材料上有很大的自由度，并容易制作，挂上几件亲自动手制作的壁饰，会给室内增添情趣。

（十一）天棚类

天棚类家用纺织品是指悬挂于天花板上的纺织品。天棚织物略加褶纹以及其自然悬垂的曲线，都可以取得良好的装饰效果，并给人以富丽、高贵、亲切之感。

由于天棚织物不反光，又有较好的隔声、防潮效果，目前广泛应用于一些较为高档的场所。

思考与实训题

1. 简述服装按照年龄是如何分类，各有何特点？
2. 名词解释：号型、号型系列、机织服装、160/84A、裤子。
3. 中国人体型划分为几类，依据是什么？
4. 简述号型为175/88A的上装适合什么样身高和体型的人穿着。
5. 女士内衣的品种有哪些？每类的特点是什么？

第八章

产业用纺织商品

【本章知识点】

- 产业用纺织品的概念；
- 产业用纺织品的分类和功能；
- 产业用纺织品的主要品种。

发达国家的服用、家用、产业用纺织品呈现"三分天下"之势。产业用纺织品在国外被称为"技术性织物"，其大部分产品附加值较高，是纺织工业新的增长点。美国产业用纺织品计划在2020年达到整个纺织品用量的60％。随着我国工业化程度的提升，我国产业用纺织品的需要量也将越来越多。

第一节　产业用纺织品概念和分类

一、产业用纺织品的概念

产业用纺织品通常指经专门设计，广泛应用于工业、农牧渔业、基本建设、交通运输、医疗卫生、文娱体育、军工及各尖端科学领域的纺织品。也可以这样定义，只要终端用途不为一般服用和家用纺织品，其他都可以定义为产业用纺织品。传统的服用和家用纺织品设计以紧跟时尚和流行而取胜，但产业用纺织品不着重美观或装饰作用，更强调产品的内在质量及功能性，只有部分防护衣物、家具及地板覆盖物要求美观性。

产业用纺织品的加工方法与传统纺织品不同。产业用纺织品除用传统机织、针织、非织造生产加工方法，还需再1经涂层、层压或复合处理，以增加其功能性，甚至使用整体成型等特殊加工方法，如人工骨、人造血管等。

产业用纺织品的特点是加工方法多种多样，有些还使用复合加工技术；产业用纺织品的分类方法以最终用途分类法为主；产品着重内在质量，不强调外观色彩、款式及流行；为了满足工程上的需要，某些产品要进行工程设计和结构设计。

二、产业用纺织品的分类

（1）按原料分　有天然纤维、合成纤维、高性能纤维和无机纤维等。

（2）按加工方法或生产技术分　有机织、针织、非织造法、复合方法等。

（3）按主要产品品种分　有帆布、过滤布、手术服、帘子线、人造血管、人工皮肤等。

（4）按最终用途分 美国和英国的分类法是将产业用纺织品分为12个类别，日本分为11个类别。我国将产业用纺织品分为16个类别，分别为农用类、渔业和水产养殖类、土工织物类、传送及交通类、篷盖帆布类、工业用呢类、建筑及装饰类、产业用线带绳缆及革毡瓦等的基布类、过滤材料及筛网类、隔层材料及绝缘材料类、包装材料类、劳保及防护用材料类、文娱及体育用品类、医疗卫生及保健材料类、国防工业用材料类、其他类。

（5）按形态上分 有纤维状（包括通讯用光纤、过滤材料、人工血管中的中空纤维等）、线带绳状（包括缝纫线、捆扎带、手术缝合线等）、片状（包括帆布、絮片、衬垫、毡毯、合成革等）、三维立体状（包括水龙带、人工骨、人工关节、三维编织预构件等）4种。

第二节 产业用纺织品的主要品种

一、农用类

广泛应用于农业各个领域，如防寒防冻土壤保暖材料、育种基质防冰雹防雨织物、灌溉材料、遮阳织物和草、虫的防护物等。

1. 防寒防冻土壤保暖材料

由丙纶纺黏法生产，或用厚型非织造布。农用覆盖材料最好同时具备防虫、防草、施肥、播种为一体的多功能。不仅具备塑料薄膜保护土壤地表温度、提高种子发芽率的作用，更具有良好的透气性、透水性及保湿性，减少地膜下地面的湿度，防止产生因"凝露"而造成的蔬菜烂根现象。

2. 育种基质

作为育种基质，就是将种子直接洒在非织造布上，施加适当的肥料和养料，然后将非织造布平铺在地面上即可。由于非织造布的高吸水性和渗透性，种子在水、肥、气及热的包围下，可提供比土壤更优越的植物根部生长环境，既能帮助植物发芽生根，又能防止土壤流失，还可以提高肥分的利用率。如水稻育秧盘、人工草坪基质。

二、渔业和水产养殖类

包括渔网、网箱有织物、人工鱼礁、人工海草、人工藻类及海殖场的建造、池塘加固和内衬纺织品等。

1. 渔网

捕捞用渔网有拖网、张网、流刺网、围网等钓具。

古代的渔网是用麻纤维做的，现在用合成纤维加工而成。渔业用网要求高强度、高模量、耐腐蚀、耐磨及耐紫外线等，现在用的纤维材料有聚酯和锦纶的单丝或复丝，也可以用聚偏氯乙烯及超高分子量聚乙烯。超高分子量聚乙烯不但具有高强、高模，比锦纶更耐老化的性质，而且比重轻、不吸水，制作绳缆和渔网更轻，减少动力消耗。

流刺网要求耐磨性好，用加固织布结的编织方式；围网要求耐冲击，可用拉舍尔织布结编网方式；拖网要求高强度而重量轻，不吸水以免增加拉网时用力，用超高分子量聚乙烯织布结或无网结的编网方式；张网要求网的形状具有最大的包容量，采用乙纶和锦纶织布结编网方式。

2. 网箱用织物

养殖用的网箱织物有淡水围养、网箱、海水网箱、紫菜及海带养殖等。网箱用织物由于

长期浸泡在海水或淡水里面，不但要求强力高，更重要的是耐腐蚀性好，这方面聚烯烃纤维具有优势。

三、土工织物类

1. 土工织物

土工织物是指用于岩土工程和土木工程的聚合物纺织材料。土工织物是一般消费者最不常见到的纺织品，它通常隐藏在铁路、公路、堤坝和河流的下面，在施工时可以看见，一旦完工就默默地担负着水土保护等作用。土工织物主要起隔离、防护、过滤、加强及排水作用，在实际工程中应用时，往往是一种功能起主导作用，而其他功能也相应地不同程度地在起作用。

2. 土工膜

将厚型非织造布表面涂一层树脂或橡胶等防水材料，或将土工织物与塑料薄膜复合在一起形成不透水的土工膜。土工膜以针刺非织造布与薄膜复合较多，单位重量为 $200 \sim 600 g/m^2$，按工程需要可制成一布一膜、二布一膜或三布二膜等，薄膜起防水、防渗作用，而非织造布则起导水作用。目前土工膜已广泛应用于水利工程的隧道、堤坝、水库中，同时也应用于渠道、蓄水池、污水池、游泳池、房屋建筑、地下建筑物、环境工程等方面。

3. 土工格栅

稳固土壤用增强材料通常称为土工格栅。土工格栅从材料上分为塑料栅、钢塑、玻璃纤维和聚酯经编涤纶四大类。土工格栅常用作加强土结构的筋材，用于路基补强。网格埋在土内与土和石料互相咬合在一起，形成稳定的平面，防止填料下陷，并可将垂直载荷分散。

四、传送和交通类

如汽车内装饰纺织品、安全气囊、安全带、轮胎帘子线、汽车外用织物、输送带、传动带、刹车带、消防水龙带、飞机用纺织品、航海用纺织品、铁路工业用纺织品等。

1. 汽车内装饰纺织品

包括座椅面料、汽车地面及后备箱铺垫地毯、车门内饰面料、顶棚材料、隔音衬垫、安全带、安全气囊以及过滤器等。

汽车内装饰纺织品主要考虑耐光性和耐磨性好，锦纶耐磨性最优，但由于耐光性差而遭弃用；腈纶耐光性优，而耐磨性差也不适用，有些敞篷汽车的顶篷材料可选择腈纶；如果汽车内装饰纤维材料的吸水性好，环境的热舒适性就好；因此在高档汽车的内装饰材料上多选用羊毛与涤纶混纺的布料。

2. 安全气囊

安全气囊是一种补充安全器材，装在方向盘和仪表板处，起自动安全保护作用。车辆在前方受到撞击时，点燃吹胀器中的氮化钠，释放出含氮的气体进入气囊，气囊会膨胀鼓起，起到保护人体的作用。制造气囊的纤维材料要求强度高、热稳定性好、抗老化、吸收能量及涂层黏结性好。过去用锦纶长丝，现在使用涤纶制造，优点很突出。气囊用机织生产，高密织物设计，孔隙率要小，织成后再涂黑色氯丁橡胶或硅橡胶。

3. 安全带

安全带的功能是在汽车突然减速时，人体不会向前猛冲而造成伤害。安全带的要求是能承受1500kg的静负荷，最大伸长能达25%～30%；其他要求是耐磨、耐光、耐热，重量轻且柔韧性好。选用涤纶长丝，机织物生产方式，斜纹组织设计，经向强力更关键，产品染色牢度要求高，摩擦、日晒和汗渍都不能发生掉色。典型的安全带由32根的110tex长丝织成。

4. 刹车带

刹车带又称制动带，由增强纤维和树脂材料复合而成。增强纤维采用耐热材料，过去使用石棉，现在用芳纶；树脂黏合剂有环氧树脂、密胺树脂、酚醛树脂等；使用摩擦性能调节剂做填充料。

5. 传动带

传动带的作用是传送动力，要求传动件之间不产生滑移，配合精确。若用于能耗较大的电动机输出皮带，要选择耐高温的纤维，如芳纶、聚苯硫醚等，常规纤维中涤纶的耐高温效果最好。

啮合传动带（图8-1）上有齿，通过与传动带上的齿相结合，将转矩传递出去，用于更精确的传动要求。采用钢丝、玻璃纤维或芳纶制成的帘子布再涂胶制成。

图8-1　啮合传动带

五、篷盖帆布类

我国早期的篷盖布用纯棉织物，后来用维纶织物涂PVC，现在是用涤纶长丝机织物涂PVC层，或双轴向经编织物涂PVC。篷盖布、帆布过去在交通运输方面使用，现在建筑结构上也大量采用。如火车汽车用篷布、仓储用布、灯箱布、各种帐篷、建筑用布、游乐设施用篷布、各种游艇用布等。

建筑业中，基建物料、木材和湿混凝土等使用油布盖护，港口码头的货物堆放也要使用油布遮盖。防水油布又称防水布，以聚酯长丝织物为基布，涂敷聚氯乙烯（PVC）树脂，经高温塑化而成。具有防水、防霉等性能，表面也可以进行防滑处理。

三防布是指防水、防霉、防火三种作用，除了防水整理外，还进行了阻燃整理。

在高强度网格布的两面涂上聚氯乙烯树脂PVC，可采用刀刮涂层法、压延法或熔融贴合法将PVC附着到布的两面。选择涤纶长丝较好，还要进行内打光和外打光，用来做灯箱招牌面料。灯箱布广泛应用于装饰宣传工程。

六、工业用呢类

如造纸毛毯、压榨毡毯、干燥织物、密封垫片、气缸垫、吸油毡、蓄电池隔板、增强用纺织片状制品、刹车制动用毡垫等。

（1）造纸毛毯　是造纸用织物的总称，用于造纸的成形、压榨和干燥过程。

（2）压榨毡毯　压榨织物是除去纸片中的水分，承托并运送纸片，防止压破纸片。最早的压榨毡毯是羊毛毯，国内现在还有使用机织羊毛毯的。但新型的造纸机都是使用针刺毡毯，可以提高脱水性能，延长使用寿命，还可节省能源。

（3）干燥织物　干燥织物的功能是使纸片干燥。在高温高湿的环境下作业，首先应该考虑的是纤维材料的耐热性，最早采用的织物由棉/石棉材料制成，现在普遍选用聚酯、间位芳纶（Nomex）、聚苯硫醚（PPS）等，或相互混合使用。

（4）密封垫片、气缸垫　密封垫片没有耐热要求，可用天然纤维或合成纤维用非织造方法成网，然后与树脂复合制造。有耐热要求的垫片及气缸垫，可用石棉、芳纶、聚醚醚酮PEEK、聚苯硫醚PPS等耐热纤维制成纤网，再与树脂复合，树脂也要选择耐高温的。

（5）吸油毡（拦油栅）　吸油毡主要用于海面、海湾的溢油与油污水的处理。这类材料通常使用聚丙烯熔喷法超细纤维的边角余料。由于聚丙烯是疏水亲油材料，超细纤维比表面积大，非织造布的结构疏松而空隙多，吸油率可达自身质量的10倍，而且可以反复使用。将熔喷法生产的超细丙纶边角余料装入布袋，可作为漏油事故中的吸油材料。

（6）蓄电池隔板　隔板布主要用于蓄电池的正负极隔离，同时又允许离子自由通过，保证正常的充、放电化学反应。用聚丙烯熔喷超细纤维制成的电池隔板，既可制成硬质插片，也可制成轻质袋式隔板。聚丙烯电池隔板质量指标，孔隙率50%～60%；孔径≤40μm，电阻≤0.0030Ω。

七、建筑及装饰类

1. 建筑用膜结构材料

建筑用膜结构材料目前大多采用涂层织物，基布一般为机织物，它决定膜材料的力学性能，多采用高强涤纶和玻璃纤维，虽然芳纶和碳纤维的性能更好，但用在这方面价格过于昂贵。采用长丝而不用短纤，因为长丝强度和伸长特性更好，基布重量为112～198g/m²。建筑膜材料外层采用涂层或层合工艺，常用的涤纶织物涂聚氯乙烯，玻璃纤维织物涂聚四氟乙烯，在涂层织物的最外层还要涂一层惰性材料。承受拉伸力较大的篷面材料，要选用玻璃纤维或芳纶织物。

建筑用涂层织物应用于帐篷、可充气屋顶、看台、体育活动中心的顶篷、遮阳篷和雨篷、自行车篷、屋顶遮阳罩、会议中心顶篷及野营充气帐篷等，这类材料的优点是重量轻，仅相当于水泥、砖瓦、钢材等常规外壳重量的1/30，可节省支撑结构降低造价。使用该类织物能够建造大跨度建筑，还可以随意设计各种形状的外观，安装拆卸灵活。

2. 建筑用缆绳类

高强高模类高分子材料取代钢材，用于斜拉桥的承重缆绳。如聚对苯撑并二噁唑纤维PBO，用于斜拉桥缆绳，不但承力是钢丝的10倍，而且重量轻，同时兼有耐热和阻燃性能。

3. 建筑物补强加固材料

现有建筑物由于过去设计施工不当、环境腐蚀及损坏等，需要修复、补强或重建。新的补强技术是使用碳纤维、芳纶等，可以是单向纤维，也可以是平纹布，将纤维或布作为增强基，外涂环氧树脂及其他树脂黏合剂，缠绕在柱子周围，由于碳纤维的高强力使柱子得到加固。且布状材料可任意裁剪，施工方便灵活。如用芳纶布进行抗弯加固，贴一层可以提高承载30%。对于烟囱和水塔这种维修很困难的建筑，以及地铁隧道修补裂缝等工作，用纤维补强材料很方便。

4. 建筑增强混凝土材料

水泥混凝土制品在压缩强度和热性能方面有优异的性能，但耐拉伸性能差，且水泥硬化干燥过程会发生收缩而造成裂缝，混凝土基体受到拉伸应力产生脆性断裂。而纤维具有较好的延伸性可以弥补这一缺陷，可在基体中掺入少量纺织纤维，增强水泥基体的韧性，提高抗裂性和抗冲击能力。由于混凝土价格便宜，添加纤维应该考虑最廉价、最少量、最合适的原则。

用于增强混凝土的纤维分为两类，一类是模量比水泥基体高的纤维，如玻璃纤维、碳纤维和芳纶；另一类是模量比水泥基体小的纤维，如纤维素纤维、聚丙烯等。如果用这类纤维来支撑复合材料破裂的永久性高应力，随着时间的增长会产生较大的伸长或挠曲。若将纤维制成网状结构添加到混凝土基体中，可改善这种情况。

纤维以分散短纤维形态加入，长度最好为10～20mm，使纤维能在混凝土基体中均匀分布。用纤维增强的混凝土应用领域有路面、装饰覆面、耐久性模板、盛水罐、游泳池、住宅、水泥管材等。

5. 隔音和隔热材料

纺织材料如地毯、贴墙布和窗帷等，都是用来减少声音回响时间的。隔音织物需要较好的吸音效果，如使用割绒织物，增加绒的高度和密度可提高吸音效果。玻璃纤维复合材料由于其结构多孔性，隔音效果较好。

在建筑物外面围裹多孔芯层发泡结构材料，有效地阻隔紫外线，使导热系数降低。声波折射到多孔材料引起空气振动，与多孔壁产生摩擦、反射，使声能量衰退，从而产生吸音效果。

6. 织物间壁隔板

织物夹层隔板至少由三层材料组成，中间采用足够厚度的泡沫塑料，上下层用玻璃纤维、芳纶、碳纤维增强材料或铝合金构成。这种结构能满足结构强度，具有隔热、隔音作用。

八、产业用线带绳缆及革毡瓦等的基布类

包括绳缆、捆扎绳索、绳网、合成革类、增强瓦、百叶窗用纺织品等。

1. 绳缆

最早的绳缆是用于矿井中的拖拉和提升，是用麻纤维做的，效果好而迅速普及。现在绳缆主要指用来系结船舶的多股绳索，做绳缆的材料从钢索、麻等逐渐向合成纤维转化，如锦纶、丙纶、维纶、涤纶等。化纤绳缆除用于船舶系缆外，还广泛用于交通运输、工业、矿山、体育和渔业等方面。根据特种用途需要，还可在缆芯内编入金属材料，强力要求特别高的绳缆可使用芳纶或超高分子量聚乙烯纤维织造。

2. 捆扎绳索

用于晾衣绳、工地捆绑、航海捆绑、体育拔河、跳绳、野外露营、物流捆扎等方面。

3. 绳网

用于高空作业防护用的安全网，要求能承受较大的重量、耐冲击力好。还有吊货用的网、游乐园设施防护网、攀爬网等。用得最多的是安全网，在建筑、电力、电信、石油天然气行业的作业和维护及救援等方面使用。

4. 合成革类

人工皮革有两个系列，人造革和合成革。合成革在结构和性能上均模拟天然皮革，产品以经过高分子物质浸渍处理、带有连续孔隙、具有三维结构的非织造布或超细纤维布为基

材，如水刺布、桃皮绒和麂皮绒等，外表经聚氨酯（PU）发泡或覆膜处理，后面还要进行压纹和喷涂处理，可像天然皮革一样进行片切、磨削，具有皮革的某些透气、透湿性能。人造革则多以机织、针织织物为底基，以聚氯乙烯（PVC）、聚乙烯（PE）为原料浸涂，缺乏天然皮革的一些固有特性。合成革类大量应用于箱包材料、沙发面料、男妇服装面料及鞋类面料，超细纤维底布革类。

5. 增强瓦

有石棉瓦、PVC瓦、碳纤维瓦等。石棉瓦趋于淘汰，PVC瓦是在基布涂聚氯乙烯PVC树脂制得，基布材料可以选择涤纶长丝织物或玻璃纤维织物。PVC具有难燃性，硬PVC碳纤维瓦是增强瓦的新产品，中间层为碳纤维发泡层，上下两面涂UPVC。由于碳纤维的高强度以及多孔发泡层结构，能有效地阻隔紫外线，使导热系数降低，同时具有优良的隔音功能。广泛用于工矿企业的厂房、车间、仓库、车棚；公共设施及城乡批发市场大棚、风雨棚、停车场、游乐场等；农牧场的蓄棚、禽舍、温室、养殖大棚等。

九、过滤材料及筛网类

包括冶金发电行业用烟道滤布、纺织厂滤尘设备、香烟过滤嘴用纺织品、污水处理用纺织品、食品生产过程中使用的过滤用纺织品、筛网等。

过滤用纺织品可以是机织物、针织物和非织造织物。机织滤布的孔隙率是30%～40%，对机织布起绒能提高过滤效果。针织过滤布在过滤效能方面优于机织布，这是因为针织布的孔隙是弯曲迂回的，因而能阻挡比孔隙小得多的尘埃。非织造布是由纤维网形成的三维立体结构织物，孔隙更小，除尘效率高，过滤效能是机织布的2倍，所以针刺非织造布是干式过滤的主体材料。但湿式过滤则要求用机织布或机织布作基材的非织造布。

选择过滤材料时，纤维的耐热性和耐酸碱性是考虑的先行条件，现将各种纤维的耐热性和耐酸碱性比较如下。

耐干热性：玻璃纤维、聚四氟乙烯＞芳纶＞涤纶＞腈纶＞维纶＞锦纶＞棉＞聚烯烃＞羊毛＞聚偏氯乙烯。

耐湿热性：玻璃纤维、聚四氟乙烯＞芳纶＞腈纶＞锦纶＞聚烯烃＞棉＞涤纶、维纶＞羊毛＞聚偏氯乙烯。

耐碱性：聚四氟乙烯＞丙纶＞聚偏氯乙烯＞锦纶＞维纶＞腈纶。

耐酸性：聚四氟乙烯＞丙纶＞涤纶、腈纶＞维纶、锦纶。

1. 香烟过滤嘴

香烟过滤嘴用来过滤香烟烟雾中的不完全燃烧产物，目前醋酯纤维做香烟过滤嘴的用量最大，且纤维越细，过滤效率越高。Lyocell纤维可能是一种最有效的过滤纤维。

2. 高温烟道滤布

火电、冶金、化工等行业排放的烟雾要进行过滤，但烟道气温高，还含有酸性气体，与烟道中的水蒸气结合形成强酸。采用耐高温和耐腐蚀性的玻璃纤维、芳纶、聚苯硫醚（PPS）或聚四氟乙烯等纤维制成的非织造布用于高温烟气过滤，也可做成各种粉尘回收的袋式除尘器。

3. 膜分离材料

（1）中空纤维超滤膜　中空纤维膜是膜过滤的最主要形式之一，它以薄膜做分离介质，膜的内外孔壁密布微孔，孔径为50～100nm。原液在一定压力下通过膜的一侧，溶剂及小分子溶质透过膜壁为滤出液，而较大分子溶质被膜截留，被截留物质的分子量达几千至几十万，从而达到物质分离及浓缩的目的。可广泛应用于物质的分离、浓缩和提纯，如生产精制糖、果汁浓缩、啤酒生产的杀毒处理。中空纤维膜材料常见的有聚砜（PS）、聚丙烯（PP）、聚乙烯（PE）、聚氯乙烯（PVC）、聚醚砜（PES）、聚偏氟乙烯（PVDF）等。早期的超滤应用于废水和污水处理，如今超滤膜技术的应用领域已经很广，主要包括食品工业、饮料工业、乳品工业、生物发酵、生物医药、医药化工、生物制剂、中药制剂、临床医学、印染废水、食品工业废水处理、资源回收以及环境工程等。

（2）纳滤膜 纳滤是一种介于反渗透和超滤之间的压力驱动膜分离技术，纳滤膜的孔径范围在几个纳米左右，大多从反渗透膜衍化而来。但是纳滤膜本体带有电荷，这是它在很低压力下仍具有较高脱盐性能的重要原因。纳滤分离广泛地应用于电子、食品和医药等行业，诸如超纯水制备、果汁高度浓缩、多肽和氨基酸分离、抗生素浓缩与纯化、乳清蛋白浓缩等实际分离过程中。

（3）反渗透膜 反渗透膜是最精细的一种膜分离产品，反渗透制纯水成本低廉，节约能源，不造成环境污染。早期的反渗透膜材质使用醋酸纤维素，现在使用的是芳香族高交联度聚酰胺材料。反渗透膜一般为四层，涤纶非织造布为基层，其上为聚砜支撑层，实质就是一层超滤膜，再上为反渗透层，材料为芳香族聚酰胺，最上为功能层，是抗污染及抗氧化等作用的材料。

十、隔层材料及绝缘材料类

如隔冷隔热和隔音用纺织品、电气和电缆用绝缘材料、电器系统用玻璃纤维套管、耐高温绝缘纸、纺织材料防噪音系统。

1. 绝缘黑胶布

以棉或化纤为基布，涂聚氯乙烯、聚酯等树脂制成。常用于电线电缆接头的缠绕，在低温下具有较好的使用性能。

2. 电缆绝缘材料

电缆绝缘材料是非织造布与塑料薄膜、树脂结合使用，这种层压制品表现出三种组分的各自特性，形成良好的电绝缘性。这类非织造布一般采用化学浸渍法、热轧法和湿法进行生产，所用原料多采用涤纶，因为它有良好的电绝缘性、耐热性和尺寸稳定性，制成的产品既有较高的拉伸强度和延伸性，又有良好的耐热性和防水性。

3. 耐高温绝缘纸

选耐高温纤维材料如芳纶，将其打碎成几毫米的短纤维，用湿法成网的方法制成耐高温绝缘纸。如聚酯纤维纸、聚砜纤维纸、芳族聚酰胺纤维纸等，与电工薄膜复合。间位芳纶绝缘纸使用最为广泛，用于发电机和电动机的接地绝缘，可防止电动机过早损坏和设备停机。用在变压器上，可做导线包纸、层绝缘、相绝缘、芯线绝缘、线端绝缘和垫片等，可减轻变压器的重量和体积。

十一、包装材料类

包括包装用织物、增强复合材料、包装袋、柔性集装箱等。

1. 包装用织物

如箱包材料、非织造布购物带、手提袋、酒类包装袋，皮鞋外包袋等。这类材料多采用聚烯烃类纤维长丝成网或短纤维成网，热轧加固而制得。

传统的水泥包装一般使用牛皮纸，在运输过程中很容易破损，不仅水泥流失严重，同时影响水泥使用性能，污染环境。用一层非织造布织物与牛皮纸黏合的复合水泥袋，提高了牛皮纸的韧性，在运输贮存过程中减少水泥的受潮，而且为各种复合水泥袋中价格较便宜的一种。

2. 增强复合材料

（1）压力容器　以玻璃纤维、碳纤维和芳纶等纤维材料为增强基，用树酯将纤维材料黏合在一起，构成复合材料，如压力容器。过去使用的钢瓶逐渐被缠绕瓶（图8-2）所取代，缠绕瓶的生产方法就是用这三类纤维长丝涂树酯后围绕圆柱体缠绕而获得。缠绕瓶与钢瓶比较，重量轻而体积大，可做压缩天然气气瓶，也用于液化石油气及高压氧等压缩气体的贮存。

（2）软油箱、软水箱　用玻璃纤维织物涂树酯可以生产轻便贮存容器，用做软油箱、搅拌桶、溶药箱、加药箱、化工桶或软水箱（图8-3）等。

图8-2　缠绕瓶　　　　　　　　图8-3　软水箱

（3）可折叠贮存容器　化纤长丝织物，外表面涂氯丁橡胶，内涂层材料根据所装货物而定。做成可折叠贮存容器，在使用时打开，方便实用。

3. 包装袋

（1）文娱用品包装袋　如DVD光盘包装袋、文具袋和化妆品袋等，可以用机织布或非织造布制作。

（2）家用及农业用防虫剂、除臭剂等包装袋　可用聚乙烯、聚丙烯纤维为原料，非织造方式生产，定量约为 $16 \sim 80g/m^2$，由于薄而均匀，可有效地挥发气体，从而达到良好效果。

（3）果蔬、茶叶包装袋　与防虫剂、除臭剂包装袋相似，由非织造布构成。

十二、劳保及防护用材料类

1. 安全防护工作服

（1）阻燃工作服　在纤维中添加阻燃材料或对织物进行阻燃整理都可以达到阻燃的目的，但要使织物阻燃性能在长期洗涤使用后仍不衰减，纤维上必须键合了起阻燃作用的元素，如卤素中的F、Cl、Br，氮族中的N、P等元素。

（2）消防服　消防服由三层构成，外层和中层都由阻燃材料构成。外层要阻燃和耐磨损，如聚苯并咪唑PBI、芳纶等；中间层保持干爽，用涂聚四氟乙烯的机织物、针织物或非织造布；内层是起防热作用的。消防服也可以用间隔织物做，外层为阻燃材料，内层为保持干爽材料，中间由起阻燃作用的纤维或纱线连接起来。

（3）防静电服　在织物中添加0.5%～5%的导电材料就可以达到抗静电的功能，导电材料可以是高分子类导电纤维、碳纤维、金属导电材料或碳粉类导电物质。

（4）防弹衣　做防弹衣的材料要求是强度高、弹性好、断裂功高，对位芳纶、仿蜘蛛丝、聚对苯撑苯并二噁唑（PBO）纤维以及超高强度聚乙烯都是做防弹衣的纤维材料。

（5）防刺服及防割手套　使用超高分子量聚乙烯纤维Dyneema（荷兰德尼玛）或Spectra（美国Honeywell公司）可生产防刺服和防割手套。工作中接触玻璃碎片、金属丝、建筑工地砖瓦等，可用这种手套防护。

（6）宇航服　宇航服大致由5～7层构成：最里层为纯棉布；第二层为羊毛或太空棉；第三层通风散热，由很长的微细管道连接在衣服上制成；第四层是气密加压限制层，使身体有足够的压力，不能漏气；第五层叫真空隔热层，由多层涂铝的聚酯薄膜构成，有良好的隔热和防辐射作用；最外边一层是外罩层，要求耐磨损、耐高温，一般用白色或金黄色的纤维材料。

（7）防酸服　在化学试剂厂工作的人员就需要穿着防酸服，过去的防酸服就是羊毛织物，现在防酸服用经化学处理的柞蚕丝、化纤丝织物制作，如锦纶、聚四氟乙烯等。

（8）潜水服　潜水服最主要的功能是防止潜水时体温散失过快，因此保暖是潜水服的重要功能。潜水服由三层材料构成，即中间是保暖棉，内外两层是锦纶布或莱卡布。

（9）防热工作服　防热工作服适用于高温、高热及强辐射热的作业场所。制作防热工作服的材料要具有阻挡辐射热效率高、导热系数小、阻燃、表面反射率高等性能。它用帆布、石棉和铝膜布等材料制成。铝膜布防热服是在基布上镀铝或用铝化纤维制成，适合于熔炼炉抢修、火场抢救等极高温度的作业。铝膜呈银白色，反射率高，里衬起隔热作用，耐老化防火，但透气性差。

2. 健康型防护工作服

（1）防电子辐射服　防辐射服的生产原理与防静电服相似，但所加导电材料必须超过20％以上，才能达到防辐射的效果，还要注意导电材料在织物中的均匀分布。有些高分子材料本身具有导电性能，如聚酰亚胺、聚对苯撑苯并二噁唑（PBO）、聚苯并咪唑（PBI）等，由这类纤维制作的服装具有抗辐射性。

（2）防中子辐射服　中子吸收材料有溴化锂、碳化硼等，将溴化锂、碳化硼做芯，高聚物做皮层，制成中空纤维，所得纤维经干热或湿热拉伸，得30dtex的纤维，织成针织物和机织物。防中子辐射服既用于核电站工作人员衣服，也用于核反应堆外壳包覆材料。

（3）防X射线服　如X光探伤、X光透视、物质X光分析等工作，人员长期接触X光，超过剂量会引起白血病和肿瘤。防X射线材料有铅、钡、钼、钨等密度较大的金属。在特定设备上熔融金属铅进行熔喷纺丝而制成短纤维，直径为15μm，通过树脂黏和制成非织造布，两面再分别黏上织物。或在聚丙烯纺丝液中掺入硫酸钡，纤度在2.2dtex以上，可制成非织造布，通过调节织物厚度来提高屏蔽率。

（4）防寒服　防寒服是人们研究的重点，已经进入了民用衣着范畴。分为积极保暖材料和消极保暖材料，前者通过单纯阻止或减少人体热量向外散失来达到保暖目的，方法就是开发能大量滞留空气的纤维，或使纤维束或织物间的空气量增加，来起到保暖作用。后者是通过在纤维表面或中空纤维内部涂敷红外线吸收材料，吸收阳光中的红外线并将其转变为热能，来达到保暖的目的。在纤维中远红外材料含量为4％～15％。

（5）抗菌服　天然的抗菌材料是甲壳素纤维，通过在纱线和织物中混甲壳素纤维可生产抗菌服。还有一类抗菌服的制造原理是在织物中添加银离子或有机抗菌整理剂，有机抗菌剂有季胺盐类、苯类、脲类、胍类等有机物。

3. 防油服、防尘服、拒水服及防护口罩

（1）防油服、拒水服　防油工作服可用合成橡胶经硫化制成的，也可用聚氨酯布制成的，既有防油也有防水的作用。合成橡胶防油服可耐有机溶剂，聚氨酯防油服也可防有机溶剂。将织物用聚四氟乙烯（PTFE）进行整理，也可达到防油拒水的目的。由于PTFE的高润滑性，水分子都不能附着在上面，油剂分子也难以附着的PTFE织物上。

（2）防尘服　防尘服是防静电服的一种，选用导电材料碳纤维或镀镍、镀铝的纤维，可生产防尘服。用于半导体元件、微型芯片生产场所穿用。防尘服的缝纫最好使用超声波黏合法，以避免微尘粉粒污染物。

（3）防护口罩　在建筑、矿山、铸造、木加工、电子、制药、物料处理及打磨处理等作业时，环境下产生粉尘浓度较高的，需要使用防尘口罩。某些接触重金属污染工作人员，如接触铅、镉、砷，以及放射性颗粒物的防护等需要高效防护口罩。

十三、文娱及体育用品

包括体育运动与休闲娱乐器材、防护头盔、航空运动器材、体育场地设施等。

球棒、球杆、滑雪用的滑雪板和雪橇、射箭用的弓、水上运动的冲浪板等，这类器材现在都是用纤维增强树脂复合材料制造的，所用纤维多为高性能纤维，有碳纤维、芳纶、玻璃纤维、硼纤维及超高分子量聚乙烯等。制造体育器材，为了突出产品的优势，可以使用某一种高性能纤维，也可以是多种纤维的复合。纤维增强复合材料具有高强度、高模量、质量轻的优点，另外树脂材料还有吸收振动、抗冲击、触感优良的特性，大大地提高了运动性能。

高尔夫球杆、垒球棒、曲辊球及棒球杆，羽毛球、乒乓球和网球拍等，过去是使用胡桃木、铝合金和钢材制作，现在普遍是采用纤维增强材料，用高性能纤维编成某种形状，与树脂粘合，再经高温成型后制成的。另外跳高运动的撑杆也是用这种材料制作。

十四、医疗卫生及保健材料类

1. 医用线类

（1）手术缝合线　手术缝合线有吸收型、半吸收型和非吸收型三类，吸收型缝合线不仅要在体内被吸收分解，还要具有较好的拉伸强度和结节强度。手术缝合线的形式有单纤丝、准单纤丝、加捻丝和编织线等。

（2）缓释药物缝合线　以含药物的可吸收聚合物为鞘，不含药物的同种可吸收聚合物为芯，纺成芯鞘纤维。或在纤维外围包覆一层药物，再在药物外侧包覆一层可吸收性聚合物薄膜（PGA等）。将消炎止血的药物包在缝合线里面，可增加疗效，减少药物的口服。

2. 外用医疗用品

如人造皮肤、外科敷料和绷带、医用胶带、棉签、棉球、纱布、绷带、创可贴、脱脂棉、包扎布、胶带基布、膏药布等。

（1）人造皮肤　将甲壳素纤维剪成 5 ~ 15mm 的短纤维，用水和血清做分散剂，采用湿法成网，再加聚乙烯醇和胶原纤维作黏合剂，制成非织造布，可用于皮肤的烧伤和创伤用人造皮肤。甲壳素纤维分解后，就形成新生的真皮。目前还没有满足皮肤代谢要求的单纯生物材料或合成材料。

（2）外科敷料和绷带　外科敷料通常由三层构成。接触伤口层不能和伤口粘连，取下方便，采用聚丙烯熔喷法非织造布，能增强渗透作用；中间层起保护伤口作用，材料是胶原、海藻和壳聚糖纤维，有亲水、透氧和抗菌作用；外层涂丙烯酸黏合剂使敷料定位。

绷带用于将敷料固定于伤口处，可以是机织物、针织物或非织造布，可以有弹性或不带弹性。弹力纱用于织造弹力绷带，常用于腕部、踝部扭伤支撑。压缩性绷带根据产生的压缩力分为轻、中、强和超强四类，用于处置深度静脉凝血、腿部溃疡和静脉曲张。

（3）医用胶带　过去医用胶带以机织布为基材，涂氧化锌热熔胶或白色热熔胶制成。现在基材可以采用非织造布、化纤布、棉布、纸或PE膜，黏合剂采用橡胶、热熔胶或丙烯酸酯胶。医用胶布适用于一般外科手术绊创和运动时保护性使用。

（4）脱脂棉　棉纤维外面有脂肪蜡质，吸水速度慢，脱脂的就是把脂蜡去掉。用苛性纳高温蒸汽的办法能脱脂。脱脂棉吸水效能更好，做医用敷料，适用于各种伤口的擦洗、消毒。

3. 人工脏器

（1）人造血管　当人体心血管系统发生堵塞和功能衰退时，可用人造血管进行置换，如血管瘤患者的部分主动脉，糖尿病患者的腿部动脉。人造血管的制造材料有聚酯、聚丙烯、聚四氟乙烯（PTFE）等，丙纶和PTFE植入人体有较好的耐腐蚀性。微细血管直接使用中空纤维管，较粗的血管采用编织方法形成管状，编织血管可以是机织物或针织物（图8-4）。

（2）人工软骨、人工韧带　人工软骨，由低密度聚乙烯（LDPE）做成，常用做面部、耳、鼻和喉部软骨的替代物。人工韧带（图8-5）以碳纤维、聚酯以及膨化PTFE为主要骨架材料，填充生物适应性树脂和人工骨配合。韧带要求较高的强度，需采用机织物和针织物制成，编织物也是合适的结构材料。如某韧带编织物，材料用碳纤维，32股纱线，每股3000根单丝，编织角度为45°。

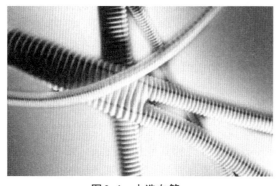

图8-4　人造血管

图8-5　人工韧带

（3）人工肾血液透析器　人工肾主要利用透析作用，代替肾脏功能以去除人体中的代谢废物。人工肾由几千根至几万根表面有许多孔隙的中空纤维组成，中孔纤维的孔径为$200 \sim 300\mu m$，血液在纤维内孔流动，透析液在纤维外面流动。中空纤维膜材上面的孔眼，常规膜为$1 \sim 3nm$，大孔径膜为$4 \sim 8nm$。通过中空纤维膜壁孔眼，保留血中的蛋白质和血球成分，去除低分子的无机物或有害物如尿素等。也可以用这套装置进行腹水处理或血浆分离等（图8-6）。早期的人工肾采用纤维素纤维，如铜氨纤维、醋酯纤维等，现在更多的使用聚砜中空纤维。熔喷法超细纤维网构成的多层密度不同的非织造布材料也可以用于人工肾透析器。

4. 药物纤维

（1）口服药物纤维　口服药物纤维可延长药物在胃肠区域滞留时间，延长药效时间。以聚乙交酯（PGA）等吸收性纤维为原料，将其制成中空且表面有微孔的纤维，将药物充填于中空纤维内部，药物通过表面的微孔缓慢释放。在药物完全释放后，中空基材也能被人体吸收。

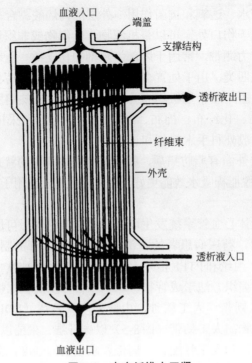

血液入口
端盖
支撑结构
透析液出口
纤维束
外壳
透析液入口
血液出口

图8-6 中空纤维人工肾

（2）皮肤吸收型缓释药物纤维　应用于止痒、避孕、消炎止痛、防心脏病突发等，也用于关节炎、腱鞘炎、筋膜炎等炎性疼痛和心肌缺血疾患，加入的药物有镇静剂、止痛剂、消炎剂、局部麻醉剂、抗高血压剂，能起到局部治疗或全身治疗效果。将药物与纤维共混，制成绷带、背心、内裤或床单、睡衣等，使其与皮肤接触，经皮肤毛孔吸入人体。

（3）消毒纱布、止血纤维绷带　将含药物的纤维制成纱布、绷带后，不需要上药和换药。能止血、杀菌、可溶，机体可吸收，加速创面愈合，防止术后粘连，使用安全方便。

5. 具有隔离作用的外科手术用纺织品

如手术衣、手术帽、口罩、手术覆盖布、手术器械包覆布、检验人员用衣和手套，都要求具有防细菌和病毒作用，保护医护人员免受血液和其他传染性液体的污染。这类材料生产方法可以归纳为两类：一类是使用带微孔的薄膜与常规织物层压，如聚四氟乙烯薄膜，表面的微孔比细菌和病毒直径小，阻碍细菌和病毒的入侵；另一类就是在超细纤维上驻上正电荷，如N95口罩。生产方法是采用聚丙烯熔喷法成网，在纤维上驻极静电荷（正电荷），能起到阻隔细菌和病毒的功能。

X光操作衣和手套、心电图检测人员用衣、医疗仪器防护罩、测试场所的帐幔等，还必须具有防辐射作用。

6. 个人卫生用品、保健用品

卫生用品材料有卫生巾、卫生棉条、儿童尿裤、成人失禁尿垫、医用纸制品、抗菌袜、抗菌鞋垫、防臭袜、防臭鞋垫等。卫生巾和尿布类失禁材料，表层与人体接触，防摩擦过敏，选用棉质类材料。里层要吸水性强的材料，如黏胶纤维、棉纤维及木浆纤维。

7. 保健用品

保健用品有矫正带、约束带、束腹带、矫正衣、弹性护肩、护腕、护膝、护腰外，还有抗菌防臭纺织品、消臭纺织品、远红外织物、防紫外线织物、芳香纺织品和磁性功能织物。

十五、国防工业用材料类

降落伞、防弹服、防弹背心、防护头盔、军用帐篷、军车和武器遮盖织物、防侦察和伪装服、弹药袋等。

1. 军用防护服装

如防酸工作服、耐高温阻燃工作服、水溶性工作服、高空飞行服、跳伞越野服、防爆服、排雷服、防切割手套、防寒服、防毒衣、防毒斗篷、防毒靴套、核辐射防护服、核污染防护服等。军用防护服装除了具有美观、防寒御冷、调温、调湿等特点外，还要具有防火、防弹、防侦视、伪装性能以及最大限度地抵御常规战争、生物和化学战争危险的性能。最常用的是防弹服、防弹头盔、防化服、防核爆服、红外伪装服、防刺服等。

（1）防弹服　防弹服由多层高性能机织物做成，在受到射击时通过防弹服中的纤维伸长或断裂将弹片的能量消耗掉。用于防弹服的纤维材料必须具有高强度和高弹性，目前应用的有芳香族聚酰胺，如美国杜邦公司的 Kevlar、日本帝人的 Technora、荷兰阿克苏的 Twaron、中国的芳纶1414（或对位芳纶）；超高分子量聚乙烯如荷兰 DSM 公司的 Dyneema，美国霍尼韦尔公司（Honeywell）的 Spectra；芳香族聚酯如美国 Celanese 的 Vectran，还有 PBO 和仿蜘蛛丝纤维等。用芳香族聚酰胺和 PBO 作防弹背心还具有阻燃功能。

（2）防弹头盔　钢板制作的防弹头盔缺点是太重，现在已普遍使用复合材料制作，用玻璃纤维织物、芳香族聚酰胺织物、超高分子量聚乙烯和 PBO 等纤维和热塑性树脂复合而成。用超高分子量聚乙烯（Dyneema 及 Spectra）制作的头盔重量更轻。

（3）防化服　防化服可以保护战士免受生化武器和毒剂的伤害。防化服由带有活性炭的透气吸附性材料制作，有许多微孔和超微孔，能选择性地让水汽分子通过，而生化武器毒剂分子无法通过。美国现在有一种防化服使用聚四氟乙烯和芳族聚酰胺复合材料制成，聚四氟乙烯有许多超微孔，其选择作用优于活性炭，且这类复合材料具有阻燃功能。

（4）防核爆服　核武器爆炸的主要危害是冲击波、核辐射和高强度的热辐射。防护核辐射的材料是溴化锂、碳化硼等，可用中空纤维制造法将此类物质装在纤维的芯层。防热辐射需要不熔融、不燃烧且耐高温性好的纤维材料，如芳香族聚酯、聚苯并双噁唑（PBO）及碳纤维等。选择这类纤维，添加溴化锂和耐高温阻燃材料，就可以做防核爆服。

（5）红外伪装服　传统的伪装色在亚热带地区是黑色、棕色和绿色的混和；在沙漠地区是各种棕色色调，如卡其色；在雪地选择白色。美国一家公司生产的伪装服，以表面涂银的多孔性尼龙网为基布，在基布上粘连具有高低不同发射率的锦纶布条。

2. 军工装备和武器用纺织品

军事装备中，如帐篷、战术掩蔽所、车罩和炮衣、装备用带、睡袋、伪装网、充气船、救生筏、可携带式软油箱、燃油箱、降落伞和其他空投器材等，都需用很多纺织产品。

（1）地面军事目标伪装　如炮衣、军用帐篷、军车和武器遮盖织物等。这类材料应该是隐蔽的，必须和地域背景融为一体且不易被雷达、热图像器和多光谱传感器等探测到；另外这类产品还必须具有阻燃和防水功能，且吸湿透气性好。

（2）帐篷、睡袋　帐篷由轻质防水透气阻燃织物制成，除作帐篷外还可以作野战大衣、夹克、雨衣、被子、防水盖布、担架兜布等；睡袋由多个装有长纤维隔热材料的锦纶袋组成，保暖性好，还可作防寒大衣、防寒夹克使用，伪装效果也要好。

（3）降落伞　降落伞远看像一块布，近看是由若干块小布连接而成，布与布之间留有一

定的缝隙。锦纶是制作降落伞用得最多的纤维，现在涤纶、芳纶及超高分子量聚乙烯也用于制作降落伞，使降落伞的性能大大提高。另外伞绳也要用高强度纤维制造。

（4）军用飞机机身和内部构件 玻璃纤维增强材料具有良好的抗磁、隔音、电绝缘性能和不反射雷达波等特点，特别适合军事装备，广泛用于扫雷艇和巡逻艇等。碳纤维和芳纶增强复合材料具有高的比强度，可替代钢材和铝材等金属制作军工构件，如战斗机和装甲车等，碳纤维增强复合材料占结构总重的26%，有机翼、前壳体、水平稳定器、升降舵、方向舵等。

内部构件如行李仓架、侧壁、天花板、地板、走道、洗手间、间壁隔板、货仓衬板等，通常采用纺织复合材料制造，这可大大减轻重量。

在航天应用方面，各种导弹、火箭、人造卫星和航天飞机等都大量采用纤维复合材料，如火箭发动机外壳、喷嘴、防护罩、操纵面以及导航机构等部件。

（5）雷达罩 雷达罩采用高性能纤维和树脂复合而制得。最早使用的是E玻璃纤维，后来又用高性能S玻璃纤维、D玻璃纤维，现在芳香族聚酰胺（Kevlar）和超高强度聚乙烯（Dyneema和Spectra）也用于做雷达罩，有取代玻璃纤维的趋势。环氧树脂仍是雷达罩最常用的树脂基体之一。

十六、其他类

1. 电子行业用纺织品

（1）印刷电路板 目前用玻璃纤维、芳纶或聚酰亚胺等耐高温纤维为原料，采用湿法成网或干法成网浸渍黏合加工成非织造布，再用黏合剂把铜箔与之黏合，也可以在非织造布浸渍过程中把铜箔层压上去。这种电路板经受焊接，接受激光钻孔或按形状随意加工。有些电路板根据需要还可以加工得像纸一样薄。

聚四氟乙烯（PTFE）复合材料用于微波器材的低损耗、小介电常数的印刷电路板（图8-7）。

（2）高密度芯片载体 用对位芳纶机织物和印刷铜箔层合制成，由于芳纶的耐高温性，克服了旧式芯片铜材和环氧树脂的热膨胀，能在较小的空间容纳更多的电子接点。这种芯片的抗震性好，抗故障失效能力强，用于军用火箭和飞机（图8-8）。

图8-7 印刷电路板

图8-8 高密度芯片

（3）电子产品外壳体 IBM在ThinkPad机型上用钛合金碳纤复合材料制作电脑外壳，后来华硕电脑也采用了此类材料。由于钛合金碳纤复合材料价格较高，平民化的电脑外壳材料多采用镁合金碳纤复合材料制作。针织布与非织造布混和作底基布，再与树脂黏合，可做扬声器和放大器的箱体外壳材料。

2. 抛磨材料

抛光和研磨材料（简称抛磨材料）是用来对金属、大理石、玻璃、木质及皮革等工业制品进行除锈、打毛、抛光和研磨的常用加工材料。非织造布抛磨材料一般以聚酰胺、聚酯等合成纤维以及部分天然纤维为原料，经过气流成网，经针刺法、热熔法或浸渍黏合法加工而成。然后采用热固性树脂将所要求粒度的磨料黏附于非织造布基体上，再叠合起来黏合固化为一体，采用机械的方法加工成磨轮、磨盘或磨带等。

3. 电影银幕布

电影银幕用粗糙的白布做成，目的是让光射到上面后发生漫反射，反射各种色光，使反射光线射向各个方向，从而使全体观众从不同的角度都能欣赏到画面的内容

4. 打字机色带

以锦纶长丝为原料编织而成，经过油墨浸泡、染色后制成。色带布要求弹力好、不起毛、不断线、不起荷叶边、经纬密度组织均匀严密。根据打印速度、被打印材质的要求不同，色带又分为蜡质色带、树脂色带、悬浮型色带等。

5. 油画布

油画布要求织物的吸水性好。高级油画布由亚麻纤维机织方法生产，稍差一些的油画布可以用维纶制造。

6. 工业用抹布

工业生产上许多地方要用到抹布，使用机织物和针织物生产价格偏贵。现在通常用纺织厂的下脚纤维原料（16mm以下的短纤维），用气流方式成网，再用水刺法加固而成。用5μm以下的超细纤维制成的织物，可用于做高效屏幕清洁擦拭布、专业摄像头清洁布。

7. 面膜

底布材料可以选择蚕丝、棉纤维、涤纶或混和纤维，用非织造生产湿法成网或气流成网，在成网过程中添加部分木浆纤维增加亲水性。根据要求在底布上添加壳聚糖或胶原蛋白等对皮肤吸收有益的材料，也可添加柠檬汁、黄瓜汁、鸡蛋清和蜂蜜等。

8. 风电叶片

风电叶片材料经历了木制叶片、铝合金叶片等，发展到现在的复合材料叶片。复合材料质轻、强度高，还能经受海上风场的酸碱气候环境破坏。采用玻璃纤维、芳纶及碳纤维等，用一种纤维或多种纤维混和材料，用针织布和非织造布做成翼片形状，与不饱和聚酯、酚醛树脂、环氧树脂复合而成。

思考与实训题 ▶▶

1. 什么是产业用纺织品？
2. 产业用纺织品有几种分类方法？我国和欧美国家分别将产业用纺织品分为几大类？
3. 与传统纺织品相比，产业用纺织品有哪些性能特点？
4. 纺织品在农业中的应用领域有哪些？
5. 在电子工业中应用的纺织品有哪些优点？
6. 用做条幅和旗子的织物，其主要性能要求有哪些？
7. 解释撞车时，安全气囊是如何发挥作用的。

8. 对汽车内装饰纺织材料，主要要求有哪些？

9. 体育用品和运动器材采用纺织结构复合材料有哪些优点？

10. 防静电服和防电磁服有什么区别？

11. 阐述航天服的主要结构和特性。

12. 造纸用成形织物在结构上有何特点？

13. 解释纺织品的防弹原理。

14. 在不同气候、不同地形背景条件下，对伪装用纺织品各有何要求？

15. 哪些性能对医用缝合线有重要影响？

16. 纺织品如何在外用人工脏器发挥作用的？

17. 土工织物最常用的纤维和织物有哪些？为什么这些材料适宜制作土工布？

18. 用于发电厂、钢铁厂的烟道过滤材料，应选择什么纤维原料？

19. 什么是超滤、纳滤、反渗透？其原理是什么？

20. 纺织品材料如何在隔热和隔音方面起作用？

21. 涂层和层合的不同点是什么？请说明。

22. 建筑设施用纺织品为什么要进行涂层和层合？

23. 用做增强水泥材料的纤维属于哪一类纤维？并阐述其功能。

24. 纺织增强复合材料替代钢材制品有何优点？

评价篇

第九章

纺织商品检验与纤维质量评价

【本章知识点】

- 纺织商品质量检验的概念、依据与方法；
- 商品标准与质量标志概念；
- 棉花的品质评定与检验；
- 苎麻精干麻的品质检验；
- 羊毛纤维的品质评定与检验；
- 化学短纤维的品质评定与检验。

第一节　纺织商品检验

一、商品检验的内容与形式

1. 商品检验的概念

商品检验是指商品的生产方、买方或者第三方在一定条件下，借助某种手段和方法，按照合同、标准或有关法律、法规、惯例，对商品的质量、规格、数量以及包装等方面进行检查，并做出合格与否或通过验收与否判定，或为维护买卖双方合法权益，避免或解决各种风险损失和责任划分的争议，便于商品交接结算而出具各种有关证书的业务活动。商品质量检验是商品检验的核心。

2. 商品检验的形式

根据检验有无破坏性，分为破坏性检验和非破坏性检验两种形式。破坏性检验指经测定、试验后的商品遭受破坏的检验。非破坏性检验（也称无损检验）指经测定、试验后的商品仍能使用的检验。

根据检验商品的数量，分为全数检验、抽样检验和免于检验三种。全数检验是指对被检商品全部进行检验。抽样检验是指对被检商品随机进行抽样，被抽到的商品需进行检验。免于检验则根据相关规定对获得免检证书的生产企业，其自检合格的全部商品，商业企业和进出口公司可以直接收货，免于检验。

根据商品内、外销售情况，分内销商品检验和进出口商品检验两种。具体形式有9种，即工厂签证，商业免检；行业监检，凭工厂签证收货；工厂签证交货，商业定期不定期抽验；行业批验；行业会检；库存商品检验；法定检验；公证检验；委托业务检验。

3. 商品检验的内容

（1）外观检验　指检验商品的外观质量，如检验纺织面料的幅宽、厚度、织物组织、色彩、图案是否符合标准，有无织疵、色花、油渍污物等。

（2）微观检验　指检验商品的内在质量，如检验纺织商品的成分、理化力学性能、绿色安全环保等是否符合标准。

（3）商品重量和数量检验　是买卖双方成交商品的基本计量和计价单位，直接关系着双方的经济利益，在对外贸易中也是敏感且容易引起争议的因素之一，与质量检验同样重要。

（4）商品包装检验　即检验商品内外包装质量对商品质量是否无影响、无污染，是否符合销售、储存、运输的要求，且要求包装标志要清晰。

二、商品标准与构成

商品标准是商品检验的主要依据。标准是对重复性事物和概念所做的统一规定。它以科学、技术和实践的综合成果为基础，经有关方面协调一致，由主管部门批准，以特定形式发布，作为共同遵守的准则和依据。

商品标准的概念是对商品的质量以及与质量相关的各个方面所做的即时规定。它是在一定时期内和一定范围内具有约束力的产品技术准则，也是生产和流通部门之间交接验收商品的共同准则，按表达形式分为文字标准和实物标准；按约束程度分为强制性和推荐性标准。

商品标准的主要内容有封面、前言、范围、规范性引用文件、名词术语与符号代号、要求、试验方法、标志、标签和包装等。

三、纺织商品检验的方法

纺织商品质量的检验方法很多，主要有感官检验法、理化检验法，如图9-1所示，在实际工作中常常需要将两种检测方法结合使用。

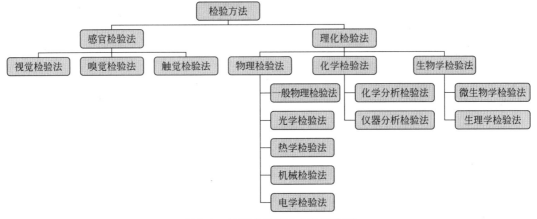

图9-1　纺织商品检验方法示意图

四、纺织商品质量评价与监督

（一）商品分级

1. 商品分级的概念

根据商品标准规定的质量指标，按一定标志将同类商品分成若干等级的工作，称为商品分级。商品分级常用等级的顺序表示商品质量的高低，一般分为优等、一级、合格等。

2. 商品分级的方法

商品分级方法常用记分法和限定法两种。

记分法包括百分记分法、限度计分法。百分记分法是将商品的各项质量指标规定一定的分数，总分为百分，其中重要指标占分数高，如若某些指标达不到标准则总分相应降低。限度计分法是在标准分数上规定的是最高值，通常应用在纺织品的分等分级检测中，例如棉色织布的外观质量，标准中将布面各疵点分7项，按疵点对布面的影响程度确定各项疵点分数，分数总和小于等于10为一等品，大于40分为等外。

限定法指在标准中规定商品每个等级限定疵点的种类数量、不能有哪些疵点，以及决定商品成为废品的疵点限度。此法多用于工业品分级。

（二）商品质量标志

商品质量标志是按一定法定程序颁发给生产企业，以证明其商品达到一定水平的符号或标记。商品质量标志的种类有多种。

（1）质量合格标志　是商品出厂前经工厂质检部门检验，产品的各项质量指标均已达到要求而颁发的合格证标志，又称产品检验合格证。

（2）质量认证标志　是由认证机构为证明某个产品符合特定的标准和技术要求而设计、发布的一种专用标志。常见有方圆标志（合格认证标志、安全认证标志）、电工产品的长城标志、电子器件的PRC，如图9-2所示。

(a) 合格认证标志　　(b) 安全认证标志　　(c) 长城标志　　(d) PRC标志

图9-2　中国商品质量认证标志

中国强制认证CCC标志从2012年5月1日起逐步取代原来的长城标志和CCIB标志，从2013年8月1日起强制执行。适用于列入《中华人民共和国实施强制性产品认证的产品目录》中的产品认证。

（3）环境标志　是一种印刷或贴附在商品或包装上的图案，证明该商品在其生命周期中符合环境保护要求，不危害人体健康，对生态环境无害或危害极少，有利于资源的节约和回收。中国环境标志如图9-3所示，某些国家和区域的环境标志如图9-4所示。

图9-3　中国环境标志示意图

图9-4 某些国家和区域的环境标志示意图

（三）商品质量评价的一般内容

1. 商品质量评价的基本内容
（1）商品质量是否符合标准，用以评价商品质量的技术指标高低。

（2）商品的造型、花色、款式、包装是否有时代感，评价符合审美需要的质量。

（3）商品使用简便易学、说明书清楚易懂，评价商品的实用性和方便性。

（4）商品证件标识齐全完整，用以评价商品质量的真实可靠性。

（5）商品的知名度，用以评价商品的美誉、消费者的认可度。

2. 顾客满意度
（1）商品的售后服务，评价附加质量高低。

（2）商品满足各类消费群体的特殊需要，评价满足消费群体的需求程度。

（3）商品与人、社会、环境的关系，评价商品质量的全面性。

（四）商品质量监督

1. 商品质量监督的概念
商品质量监督是根据国家的质量法规和商品质量标准，由国家指定的商品质量监督机构对生产和流通领域的商品和质量保证体系进行监督的活动。

2. 商品质量监督的种类
（1）国家的质量监督　是指国家授权指定第三方专门机构，以公正立场对商品质量进行的监督检查。

（2）社会的质量监督　是指社会团体、组织和新闻机构根据用户和消费者对商品质量的反应，对流通领域某些商品质量进行的监督检查。

3. 商品质量监督的形式
（1）抽查型质量监督　是指国家的质量监督机构从市场、生产企业、仓库等地随机抽取样品，按照技术标准进行监督检验，判定其是否合格；如不合格则采取强制措施，责成企业改进商品质量直至达到商品质量标准要求所进行的监督活动。

（2）评价型质量监督　是指国家的质量监督机构对企业的产品质量和质量保证体系进行

检验和检查，考核合格后，以颁发产品质量证书、标志等方法确认和证明商品已经达到某种质量水平，并向社会提供质量评价信息，实行必要的事后监督，以检查商品质量和质量保证体系是否保持和提高的一种质量监督活动。评价型质量监督是国家干预产品质量的手段之一，例如商品质量认证、企业质量体系认证、环境标志产品认证、评选优质产品、产品统一检验制度和生产许可证发放等都属于评价型质量监督形式。

（3）仲裁型质量监督　是指国家的质量监督机构对有质量争议的商品进行检验和质量调查，分清质量责任，做出公证处理，维护经济活动正常秩序的一种质量监督活动。仲裁型质量监督具有很强的法制性。

4.我国商品质量监督管理体制

（1）技术监督系统　指国务院授权统一管理和组织协调全国技术监督工作的国家技术监督系统，县级以上地区技术监督部门负责行政区内的商品质量监督和管理工作，组织协调本地区承担质量监督检验任务的单位开展商品质量监督检验工作。

（2）专业监督系统　国家专业监督系统的监督管理机构和质量监督检验机构包括外贸、卫生等多个子系统。如外贸子系统——国家出入境检验检疫局是主管进出口检验的行政执法机构。

第二节　天然纤维的品质评定与检验

一、棉花的品质评定与检验

原棉中用量最大的是细绒棉，它是棉纺织厂的重要原料，国家标准GB 1103.2—2012《棉花　细绒棉　皮辊加工》和国家标准GB 1103.1—2012《棉花　细绒棉　锯齿加工》分别规定了皮辊加工和锯齿加工的细绒棉的质量要求。

棉花（棉纤维）检验项目包括品级、长度、马克隆值、回潮率、含杂率、公定重量和异性纤维含量检验等。采用HV1检验时，按批检验要增加断裂比强度和长度整齐度指数指标的检验，逐包检验还要增加反射率、黄色深度和色特征级检验。品质检验结果影响原棉价格。

（一）皮辊棉品级

按照国家标准GB 1103.2—2012《棉花　细绒棉　皮辊加工》规定，细绒棉根据成熟程度、色泽特征和轧工质量三个方面，分为7个级，即一至七级。一级最好，三级为品级标准级。细绒棉的品级条件见表9-1，细绒棉的品级条件参考指标见表9-2。

表9-1　细绒棉的品级条件

品级	皮辊棉		
	成熟程度	色泽特征	轧工质量
一级	成熟好	色洁白或乳白，丝光好，稍有淡黄染	黄根、杂质很少
二级	成熟正常	色洁白或乳白，有丝光，有少量淡黄染	黄根、杂质少
三级	成熟一般	色白或乳白，稍见阴黄，稍有丝光，淡黄染、黄染稍多	黄根、杂质稍多
四级	成熟稍差	色白略带灰、黄，有少量污染棉	黄根、杂质较多
五级	成熟较差	色灰白带阴黄，污染棉较多，有槽绒	黄根、杂质多
六级	成熟差	色灰黄，略带灰白，各种污染棉、槽绒多	杂质很多
七级	成熟很差	色灰暗，各种污染棉、槽绒很多	杂质很多

表9-2　细绒棉的品级条件参考指标

品级	成熟系数≥	断裂比强度≥/（cN/tex）	轧工质量	
			黄根率≤/%	毛头率≤/%
一级	1.6	30	0.3	0.4
二级	1.5	28	0.3	0.4
三级	1.4	28	0.5	0.6
四级	1.2	26	0.5	0.6
五级	1.0	26	0.5	0.6

根据品级条件和品级条件参考指标，制作品级实物标准。品级条件也是籽棉"四分"（分摘、分晒、分存、分售）的依据。品级实物标准分基本标准和仿制标准。同级籽棉在正常轧工条件下轧出的皮棉产生同级皮辊棉基本标准。基本标准分保存本、副本和校准本。在品级条件参考指标中，轧工质量指标也是对皮辊棉的质量要求。断裂比强度的测试采用3.2mm隔距，HVI校准棉花指标（HVICC）校准水平。

（二）皮辊棉品级检验

皮辊棉品级评定时，检验品级时以品级实物标准结合品级条件确定。品级检验应在棉花分级室进行，分级室应符合GB/T 13786—1992规定或具备北窗光线。

检验时，手持棉样，压平、握紧，使棉样密度与品级实物标准密度相近，在实物标准旁进行对照确定品级，逐样记录检验结果。

按批检验时，计算批样中各品级的百分比。有主体品级的，要确定主体品级，检验结果按主体品级和各相邻品级所占百分比出证；无主体品级的，按各品级所占百分比出证。逐包检验时，逐包出具品级检验结果。

（三）锯齿棉颜色级检验

颜色级检验分感官检验和HVI检验。

（1）颜色级感官检验　对照颜色级实物标准结合颜色级文字描述确定颜色级。颜色级检验应在棉花分级室进行，逐样检验颜色级。检验时，正确握持棉样，使样品表面密度和标准表面密度相似，在实物标准旁进行对照确定颜色级，逐样记录检验结果。

（2）颜色级HVI检验　按GB/T 20392—2006对抽取的检验用样品逐样检验。检验结果计算。按批检验时，计算批样中各颜色级的百分比（计算结果保留1位小数）。有主体颜色级的，要确定主体颜色级；无主体颜色级的，确定各颜色级所占百分比。逐包检验时，逐包出具反射率、黄色深度、颜色级检验结果。

（四）棉花长度检验

棉花长度检验分手扯尺量法检验和HVI检验，以HVI检验为准。棉花手扯长度实物标准作为校准手扯尺量长度的依据。用手扯尺量法检验时，按现行国家标准GB/T 19617—2007《棉花长度试验方法　手扯尺量法》执行。采用手扯尺量法检验时，应经常采用棉花手扯长度实物标准进行校准。

HVI检验时，按国家标准GB/T 20392—2006执行。

检验结果计算。按批检验时，计算批样中各试样长度的算术平均值及各长度级的百分比。长度平均值对应的长度级定为该批棉花的长度级。逐包检验时，逐包出具长度值检验结果。长度检验结果保留小数点后一位数。

（五）棉花马克隆值检验

按现行国家标准国家标准GB 1103.2—2012和国家标准GB 1103.1—2012规定，以马克隆值作为皮棉质量的考核指标，它是棉花的重要内在指标。马克隆值分三个级别，即A、B、C级，B级为马克隆值的标准级，B级又分为B1、B2两档，C分为C1、C2两档。马克隆值分级分档范围，A级马克隆值为3.7～4.2；B级为3.5～3.6或4.3～4.9；C级为3.4及以下或5.0及以上。

马克隆值检验时按批样数量的30%随机抽取样品，用马克隆气流仪逐样测试马克隆值，确定马克隆值级。

按批检验时，可以按现行国家标准GB/T 6498—2008《棉纤维马克隆值试验方法》用常规气流仪检验，也可以按国家标准GB/T 20392—2006《HVI棉纤维物理性能试验方法》，用HVI气流仪检验。

各个试验样品，根据马克隆值分别确定其马克隆值级别及档次。计算批样中各马克隆值级所占的百分比，其中百分比最大的马克隆值级定为该批棉花的主体马克隆值级；计算批样中各档百分比及各档平均马克隆值。检验结果按主体马克隆值级及各级、各档所占百分比和各档的平均马克隆值出证。

逐包检验时，马克隆值采用HVI检验，马克隆值按国家标准GB/T 20392—2006执行。逐包出具马克隆值及相应值级及档次检验结果。检验结果保留一位小数。

（六）轧工质量检验

国家标准GB 1103.1—2012《棉花 细绒棉 锯齿加工》规定了锯齿加工的细绒棉，根据皮棉外观形态粗糙及所含疵点种类的程度，轧工质量分好、中、差三档，见表9-3。

表9-3 轧工质量的分档条件

轧工质量分档	外观形态	疵点种类及程度
好（G）	表面平滑，棉层蓬松、均匀，纤维纠结程度低	带纤维籽屑稍多，棉结少，不孕籽、破籽很少，索丝、软籽表皮、僵片极少
中（M）	表面平整，棉层较均匀，纤维纠结程度一般	带纤维籽屑较多，棉结较少，不孕籽、破籽少，索丝、软籽表皮、僵片很少
差（W）	表面不平整，棉层不均匀，纤维纠结程度较高	带纤维籽屑很多，棉结稍多，不孕籽、破籽较少，索丝、软籽表皮、僵片少

轧工质量参考标准见表9-4。

表9-4 轧工质量参考标准

轧工质量分档	索丝、僵片、软籽表皮/（粒/100g）	破籽、不孕籽/（粒/100g）	带纤维籽屑/（粒/100g）	棉结/（粒/100g）	疵点总粒数/（粒/100g）
好（G）	≤225	≤270	≤825	≤180	≤1500
中（M）	≤385	≤460	≤1400	≤305	≤2550
差（W）	>385	>460	>1400	>305	>2550

注：1.疵点包括索丝、软籽表皮、僵片、破籽、不孕籽、带纤维籽屑及棉结七种。

2.轧工质量参考指标仅作为制作轧工质量实物标准和指导棉花加工企业控制加工工艺的参考依据。

（七）棉花异性纤维含量检验

异性纤维是指混入棉花中的非棉纤维和非本色棉纤维，如化学纤维、毛发、丝、麻、塑料膜、塑料绳、染色线（绳、布块）等。成包皮棉异性纤维含量是指从样品中挑拣出的异性纤维的重量与被挑拣样品重量之比，用克/吨（g/t）表示。

国家标准GB 1103.2—2012《棉花　细绒棉　皮辊加工》和国家标准GB 1103.1—2012《棉花　细绒棉　锯齿加工》规定了成包皮棉异性纤维含量按数值大小共分为四档，无（小于0.10g/t）、低（0.10～0.30g/t）、中（0.31～0.70g/t）和高（大于0.7g/t），代号分别为N、L、M、H。

异性纤维含量检验采用手工挑拣异性纤维的方法。棉花加工单位对从总集棉主管道观察窗上抽取的异性纤维检验批样进行检验，其结果作为该批样所对应的棉包的异性纤维含量检验结果。

按国家标准GB 1103.2—2012规定，异性纤维含量检验仅适用于成包皮棉，采用手工挑拣异性纤维的方法。棉花加工单位对成包前抽取的异性纤维检验批样进行检验，其结果作为该批样所对应的棉包的异性纤维含量检验结果。

（八）棉花断裂比强度检验

1. 断裂比强度

棉纤维强力可以采用单纤维检验，也可采用束纤维检验，但都应在标准温湿度条件下进行。由于单纤维检验试验次数多，费时费力，因此多采用束纤维检验。

2. 断裂比强度检验

断裂比强度按GB/T 20392—2005逐样进行检验。

按批检验时，计算批样中各档百分比及各档平均值，检验结果按各档所占百分比和各档的平均值出证。逐包检验时，逐包出具断裂比强度和档次检验结果。检验结果保留一位小数。

（九）棉花长度整齐度指数检验

1. 长度整齐度指数

长度整齐度指数是指棉花平均长度和上半部平均长度的比值，以百分数来表示。棉花长度整齐度指数按数值分为五档。

长度整齐度指数分档分为五档，很低（＜77.0％）、低（77.0％～79.9％）、中等（80.0％～82.9％）、高（83.0％～85.9％）、很高（≥86.0％），长度整齐度指数五档代号分别用U1、U2、U3、U4、U5表示。

2. 长度整齐度指数检验

长度整齐度指数按国家标准GB/T 20392—2005逐样进行检验。按批检验时，计算批样中各档百分比及各档平均值，检验结果按各档所占百分比和各档的平均值出证。逐包检验时，逐包给出长度整齐度指数检验结果和档次检验结果。检验结果保留一位小数。

（十）棉花重量检验

棉花重量检验包括含杂率检验、回潮率检验和成包皮棉公定重量检验。

1. 含杂率检验

按批检验时，成包皮棉含杂率检验方法执行GB/T 6499—2012。逐包检验时，以同一籽

棉大垛、同一天、同一条生产线加工的棉包为一个含杂率检验单元。检验结果作为该单元每包棉花的含杂率。

原棉含杂率采用原棉杂质分析机检验。它是取一定重量的试样拣出粗大杂质后喂入该机，经刺辊锯齿分梳松散后，在机械和气流的作用下，由于纤维和杂质的形状及重量不同，所受的力不同，使纤维和杂质分离，称取杂质重量，根据下式计算原棉含杂率。

$$Z = \frac{F+C}{S} \times 100$$

式中　Z——含杂率，%；

　　　F——分析出的杂质重量，g；

　　　C——手拣出的粗大杂质重量，g；

　　　S——试验试样重量，g。

2. 回潮率检验

批样取样后即进行回潮率检验或密封后待检，待检须在24h内完成。皮棉成包时使用回潮率在线自动检测装置的，由该装置确定每包棉花的回潮率。回潮率检验按国家标准GB/T 6102.1—2006《原棉回潮率试验方法　烘箱法》或国家标准GB/T 6102.2—2012《原棉回潮率试验方法　电测器法》执行，以烘箱法为准。

3. 成包皮棉公定重量检验

按批检验的成包皮棉，由棉花加工单位逐包称量并标注毛重；逐包检验的成包皮棉，由棉花加工单位逐包自动称量并标注毛重。出厂后，以批为单位进行公定重量检验。根据批量大小，从批中抽取有代表性的棉包2～5包，开包称取包装物重量，计算单个棉包包装物的平均重量。

二、麻纤维的品质评定与检验

按纺织加工的要求，脱胶后精干麻的残胶率应控制在2%以下，精干麻纤维色白而富有光泽。

苎麻纤维的品质检验，是根据脱胶后精干麻单纤维的线密度不同分为甲、乙两类。根据外观品质定等，分为一等、二等、三等。单纤维线密度小于或等于5.56dtex（1800公支及以上）为一等；单纤维线密度小于或等于6.67dtex（1500公支及以上）为二等；单纤维线密度小于或等于8.33dtex（1200公支及以上）为三等。各等内再按原麻束长度分为一级、二级、三级，以二等二级为标准等级，三等以下为等外，600mm以下为级外。

各等级含杂率不超过1%，各等级含水率不大于14%。原麻品质评定中既有文字品质条件，又可参照各等级实物标样进行。苎麻等级标准规定见表9-5。

表9-5　苎麻等级标准规定

等级	条件	级别		
	品质	长度/mm		
		一级	二级	三级
一等	刮制好，含胶轻，斑疵、红根极少，色泽正常	1400	1000	600
二等	刮制较好，含胶一般，斑疵、红根少，色泽正常	1400	1000	600
三等	刮制较差，含胶稍重，斑疵、红根较多，色泽正常	1500	1000	600

苎麻精干麻按外观品质条件和技术指标分为一级、二级、三级。外观品质条件见表9-6，技术指标见表9-7。以规定的外观品质条件和技术指标为定级的依据，以其中最低的一级定级。凡是不符合分等、分级规定的为等外麻或级外麻。

表9-6　外观品质条件

等级	外观特征		分级符合率/%
	脱胶	疵点	
一等	色泽及脱胶均匀，纤维柔软，硬块、硬条、夹生、红根极少	斑疵、油污、铁锈、杂质、碎麻极少	≥90
二等	色泽及脱胶较均匀，纤维较柔软、松散，硬块、硬条、夹生、红根较少	斑疵、油污、铁锈、杂质、碎麻较少	≥90
三等	色泽及脱胶稍差，纤维欠柔软、松散，硬块、硬条、夹生、红根稍多	斑疵、油污、铁锈、杂质、碎麻稍多	≥90

表9-7　技术指标

等级	束纤维断裂强度/（cN/dtex）	残胶率/%	含油率/%	白度/度	pH值
一等	≥4.50	≤2.0	0.6～1.0	≥50	6～8
二等	≥4.00	≤3.5	0.5～1.2		
三等	≥3.50	≤5.0	0.5～1.5		

成包中精干麻的最高回潮率不得超过13%。各等级苎麻精干麻不允许掺夹杂物。标准样品根据分级规定的外观品质条件中的外观特征制作，每套标准样品分为一级、二级、三级。标准样品均为各级的底线，与文字标准具有同等效力，是苎麻精干麻定级的依据。

三、羊毛的品质评定

我国有多项国家标准和行业标准，羊毛的品质评定包括分等和分支、分级。国家标准GB 1523—2013《绵羊毛》规定了细羊毛、半细羊毛和改良羊毛的分等分级的技术要求。分支是羊毛品质支数的分档，羊毛品质支数不仅是毛纺织业和商业分级的重要依据，而且还是制订制条工艺的关键指标，它是一个与羊毛细度有关的重要指标。羊毛品质的物理性能检验内容包括线密度检验、长度检验、回潮率检验、含土杂量检验、粗腔毛率检验等；化学性能检验内容包括含油率、植物质含量、灰分含量、含残碱率检验等。

（一）羊毛的分等

羊毛的分等一般是在牧羊业剪毛之后、整理和包装之前进行，主要用于商业采购工作。

羊毛的分等根据国家标准规定的技术条件进行。我国的国家标准规定的细羊毛、半细羊毛以细度、长度、油汗、粗腔毛和干死毛含量作为定等考核指标，四项指标中以最低一项定等、定支。外观特征如色泽、卷曲、毛被形态作为参考指标。细羊毛和半细羊毛分为特等、一等、二等，改良毛分为一等、二等，各等均有文字说明。

（二）羊毛的分支、分级

羊毛的分支、分级用于工厂生产中，按工业分级的标准对套毛的各个部位进行细致的分支、分级，以便合理使用羊毛。羊毛的分支、分级是根据羊毛的细度、细度离散、粗腔毛率等物理指标和外观形态进行的。

1. 支数毛

支数毛属于同质毛，是指被毛中仅含有同一粗细的毛，按细度分成70支、66支、64支、60支。它们的物理指标和外观形态均有具体规定。物理指标除平均细度外，还有粗腔毛率为企业保证条件，细度离散、油汗、毛丛长度为参考指标。外观形态主要看纤维粗细、毛丛情况、油汗、光泽、卷曲情况。支数毛的物理指标见表9-8。

表9-8　支数毛的物理指标

支数	指标				毛丛长度分档/cm
	平均细度/μm	细度离散不大于/%	粗腔毛率不大于/%	毛丛长度不小于	
70支	18.1～20.0	24	0.05	2/3	8.0及以上
66支	20.1～21.5	25	0.10	2/3	6.0及以上
64支	21.6～23.0	27	0.20	1/2	5.0及以上
60支	23.1～25.0	29	0.30	1/2	4.0及以上

2. 级数毛

级数毛属于基本同质毛和异质毛。异质毛是指被毛中兼含有绒毛死毛等不同类型的毛，按粗腔毛率分一级、二级、三级、四级甲、四级乙和五级。物理指标除粗腔毛率外，还有平均细度为参考条件。外观形态主要看毛的类型、毛辫和卷曲情况。级数毛的物理指标见表9-9。

表9-9　级数毛的物理指标

级别	指标	
	平均直径不大于/μm	粗腔毛率不大于/%
一级	24.0	1.0
二级	25.0	2.0
三级	26.0	3.5
四级甲	28.0	5.0
四级乙	30	7.0
五级	＜30.0	＞7.0

（三）洗净绵羊毛品质评定

国家标准GB/T 19722—2005适用于鉴定绵羊毛的细毛、半细毛、改良毛和土种毛洗净毛的品质。

洗净绵羊毛分为：支数洗净绵羊毛、级数洗净绵羊毛和土种洗净绵羊毛三类，分别用字母Z、J、T表示。支数洗净绵羊毛根据直径离散度、粗腔毛率分为A、B、C、D、E五个型号；级数洗净绵羊毛根据平均直径和粗腔毛率分为A、B、C、D四个型号；土种洗净绵羊毛根据平均直径和粗腔毛率分为A、B、C三个型号。技术条件分别见表9-10～表9-12。

表9-10　支数洗净绵羊毛（Z）技术条件

型 号	A	B	C	D	E
直径离散度/%	≤23.0	23.1～25.0	25.1～27.0	27.1～29.0	＞29.0
粗腔毛率/%	≤0.05	≤0.10	≤0.20	0≤0.30	＞0.30

表9-11　级数洗净绵羊毛（J）技术条件

型号	A	B	C	D
平均直径/μm	≤24.0	24.1～26.0	26.1～30.0	＞30.0
粗腔毛率/%	≤1.0	≤3.5	≤7.0	＞7.0

表9-12　土种洗净绵羊毛（T）技术条件

型号	A	B	C
平均直径/μm	24.0～29.0	25.0～32.0	＞32.0
粗腔毛率/%	≤8.0	≤10.0	＞10.0

支数洗净毛以7位字母和数字依次分别表示类别、支数、长度、直径离散、粗腔毛率。例如，Z6460AA表示支数毛，细度64支，长度60mm，直径离散度≤23.0%，粗腔毛率≤0.05%。级数洗净毛和土种洗净毛分别以3位字母依次分别表示类别、平均直径、粗腔毛率。例如，JAB表示级数毛，平均直径≤24.0μm，粗腔毛率≤3.5%；TAB表示土种洗净毛，平均直径24.0～29.0μm，粗腔毛率≤10.0%。

第三节　化学短纤维的品质评定与检验

一、化学短纤维的品质评定

化学短纤维的分等是根据物理机械性能的内在质量与外观疵点分为一等、二等、三等，低于三等品的为等外品。有些品种如涤纶、黏胶、维纶、氯纶等短纤维在一等品前还增加一档优等品。

化学短纤维物理机械性能的质量指标一般包括断裂强度、断裂伸长率、长度偏差、线密度偏差、超长纤维率、倍长纤维率、卷曲数、回潮率及疵点含量等。黏胶纤维还要增加湿态断裂强度、湿态伸长、钩接断裂强度和残硫量；维纶要增加缩醛度与水中软化点、色相、异性纤维含量；腈纶要增加上色率；涤纶要增加沸水收缩率、强度不匀率、伸长不匀率等。另外，卷曲数、回潮率等也列为化纤的质量指标。这些质量指标与纺织工艺和纱线、织物的质量关系都很密切。

化学短纤维的外观疵点包括硬块、粗丝、硬丝、并丝、异状丝以及油污纤维等，黏胶纤维还要包括黏胶块、油污纤维和黄纤维等。外观疵点影响化纤的可纺性和成品质量。

二、化学短纤维的检验

（一）取样方法

国家标准GB/T 14334—2006《化学纤维　短纤维取样方法》规定了化学短纤维的两种取样方法。从批中按规定随机抽取一定数量的包装件（或样品）作为批样品，再从中抽取一定数量的纤维作为实验室样品，最后按一定规律混合成试样。

（二）性能检验

按国家标准GB/T 14336—2008《化学纤维　短纤维长度试验方法》规定，涤纶短纤维的长度检验采用中段称重法，此方法也适用于锦纶、腈纶、丙纶、维纶等短纤维的长度检验。一般采用中段切断称重法，它是将纤维整理成一端平齐、伸直平行的纤维束。切取一定长度的中段纤维，将中段纤维、两端纤维和过短纤维分别称重，求得纤维的平均长度、长度偏差、超长纤维率、倍长纤维含量。倍长纤维是指长度超过名义长度的两倍级以上的纤维。

检验化学短纤维的线密度按国家标准GB/T 14335—2008《化学纤维　短纤维线密度实验方法》执行，采用中段切断称重法检验线密度，此方法适用于涤纶、锦纶、腈纶、丙纶、维纶等短纤维。

检验化学短纤维的卷曲度按国家标准GB/T 14338—2008《化学纤维　短纤维卷曲性能测试方法》执行，此方法适用于涤纶、锦纶、腈纶、丙纶、维纶等短纤维。卷曲性能检验是在卷曲弹性仪上，根据纤维线密度的大小，在规定的受力时间和张力条件下，检测纤维的长度变化，确定纤维的卷曲数、卷曲率、卷曲回复率和卷曲弹性率等卷曲性能指标。卷曲数是指单位长度（1cm）内纤维的卷曲个数，表示卷曲的多少。卷曲率表示卷曲程度，卷曲率越大表示卷曲波纹越深。卷曲回复率表示卷曲的牢度，卷曲弹性率表示卷曲弹性的好坏。

检测合成纤维短纤维的强伸度按国家标准GB/T 14337—2008《化学纤维　短纤维的断裂强力断裂伸长实验方法》执行，采用等速伸长型纤维强伸仪方法，测定涤纶、锦纶、腈纶、丙纶、维纶等短纤维的强力和伸长。

按国家标准GB/T 14340—1993《合成短纤维含油率试验方法》执行，该方法适用于涤纶、锦纶、腈纶、丙纶、维纶等合成纤维短纤维含油率。几种常见化学短纤维所用油剂见表9-13。

表9-13　化学短纤维含油率检验常用油剂

纤维类型	有机溶剂	纤维类型	有机溶剂
涤纶	乙醚、四氯化碳、甲醇	锦纶	四氯化碳
腈纶	苯、乙醇混合液（容量比2∶1）、乙醚	维纶	苯、甲醇混合物（容量比2∶1）
氯纶	乙醚	黏胶纤维	苯、乙醇混合物（容量比2∶1）

化学短纤维回潮率按国家标准GB/T 14341—1993《合成短纤维回潮率检测试实验方法 烘干法》执行，化学短纤维回潮率试验采用烘箱法。化学短纤维含水的多少用回潮率表示，其回潮率测试方法是将一定重量的纤维（一般50g）在恒温烘箱烘干，称得不变重量后计算得到回潮率。锦纶、维纶、涤纶的烘干恒温温度为（105±2）℃，腈纶为（110±2）℃。国家统一规定的化学短纤维回潮率为涤纶0.4%、锦纶4.5%、腈纶2.0%、丙纶0%、维纶5.0%。

化纤疵点是指生产过程中形成的不正常异状纤维，包括僵丝、并丝、硬丝、注头丝、胶块、未牵伸丝、硬板丝、粗硬丝、粗纤维等。疵点的存在会影响化纤的可纺性和成品质量。检测按国家标准GB/T 14339—2008《化学纤维　短纤维疵点实验方法》执行。

化纤疵点检验可利用原棉分析机，也可采用手拣法。原棉分析机法适用于棉型和中长型（名义长度在51mm及以下）的涤纶、腈纶、锦纶等短纤维，不适用于丙纶短纤维。手拣法适用于毛型短纤维、名义长度在51mm以上的中长型短纤维及丙纶短纤维等的检验。

思考与实训题 ▶▶

1. 纺织商品质量检验的依据是什么？方法有哪些？
2. 简述商品标准的概念。质量标志主要有哪些？
3. 棉花的品质评定如何进行？
4. 苎麻精干麻的品质检验如何进行？
5. 羊毛纤维的品质评定如何进行？
6. 化学短纤维的品质评定如何进行？

第十章
纱线的质量评定

【本章知识点】
- 棉纱线的质量标准规定和评定指标；
- 生丝的质量评定；
- 麻本色纱线的品质评定；
- 毛针织绒线的质量标准；
- 机织毛纱的品质要求；
- 化纤长丝纱的质量评定。

第一节　棉纱线的质量评定

（一）棉纱线的质量标准规定

国家标准GB/T 398—2008《棉本色纱线》规定，棉本色纱线、精梳涤/棉混纺纱线的分等规定以同品种一昼夜三个班的生产量为一批，按规定的试验周期和各项试验方法进行试验，并按其试验结果评定其品等。

棉纱线的品等分优等、一等、二等和三等。棉纱线品等的质量评定是由单纱断裂强力变异系数、百米重量变异系数、单纱断裂强度、百米重量偏差、条干均匀度、1g内棉结粒数、1g内棉结杂质总粒数、十万米纱疵（优等和一等棉纱需考核）八项指标评定的，当八项品等项指标的品等不一致时，按八项指标中最低的一项评定。

精梳涤/棉混纺本色纱线的品等分优等、一等、二等和三等，评等评定方法和棉纱线基本相同，但纱和线分等指标都没有棉结杂质总粒数这一项。

（二）棉纱线的主要质量评定指标

根据国家标准中各种测试方法的规定，各项分等试验要在规定的标准条件下进行。在实际生产过程中根据需要，要求快速检验产品质量，可进行快速试验，但试验结果应作相应的处理。

试验周期一般为2天试验1次，以1次试验为准，作为该周期内纱线的分等依据。周期一经确定。不得任意变更。十万米纱疵试验周期可适当延长，但不得超过2周。

纱线的黑板条干均匀度、1g内棉结粒数及1g内棉结杂质总粒数、十万米纱疵等的检验皆采用筒子纱（直接纬纱用管纱），其他各项指标的试验均采用管纱，用户对产品质量有异议时，则以成品质量检验为准。

1. 百米重量偏差和百米重量变异系数

百米重量偏差是指纱线的实际线密度和设计线密度之间的差异对设计线密度比值的百分率。百米重量偏差一般根据试样（缕纱）的实际干重和设计干重求得，也可根据纱线的实际线密度（或实际支数）和设计线密度（或设计支数）求得。计算式如下。

$$重量偏差 = \frac{缕纱实际干重 - 缕纱设计干重}{缕纱设计干重} \times 100\%$$

或

$$重量偏差 = \frac{纱线实际线密度 - 纱线设计线密度}{纱线设计线密度} \times 100\%$$

百米重量变异系数是表示纱线线密度变化的指标，反映的是纱线长片段之间的不匀，即细纱100m之间的重量不匀，所以常称为百米重量变异系数。它与纱线的单纱（线）断裂强度和断裂强力变异系数及细纱断头率等有关。每批纱线在生产同一品种的细纱机上按规定随机采取30只或15只管纱，在每只管纱中用缕纱测长机摇取1～2缕（共30缕），逐缕称出缕纱重量后，计算百米重量变异系数。

试验方法按国家标准GB/T 4743—2009《纺织品 卷装纱 绞纱法 纱线线密度的测定》进行。检测纱线的百米重量变异系数和百米重量偏差时，可采用同一份试样。在生产同一品种的细纱机上，每批纱线要按规定随机取样，单纱每份试样取30个管纱，每管测试2次，总数为60次；股线每份取试样15个管纱，每管测2次，总数为30次。首先用缕纱测长仪摇取一定长度的缕纱若干绞，然后逐缕称出缕纱重量后，并用烘箱法烘干后称得若干绞纱的总重，根据上面公式则可以计算出纱线的百米重量变异系数和百米重量偏差。

在生产过程中，由于受工艺、设备、操作等因素的影响，经常会造成纱线的实际线密度和设计线密度之间存在一些差异，一般用百米重量偏差表征纱线的线密度差异。百米重量偏差不仅是影响棉纱质量的一项重要指标，而且还直接影响用户和厂家的经济利益。当百米重量偏差为正值时，表示所纺制纱线的实际线密度偏大，纱线偏粗。如果销售筒子纱（定重成包），则会因纱线的长度偏短，对生产厂家有利，但不利于用户；如果销售绞纱（定长成包），则会因纱线的实际线密度偏大，纱线的重量偏重而不利于生产厂家。反之，当百米重量偏差为负值时，表示所纺制纱线的实际线密度偏小，纱线偏细，如果销售筒子纱，将不利于生产厂家；如果销售绞纱，将不利于用户。由于百米重量偏差是评定纱线品质的重要内容之一，所以国家标准规定纱线的百米重量偏差是±2.5%，月度累计的百米重量偏差要控制±0.5%以内，超出规定范围的纱线要做降级或降等处理。

2. 单纱（线）断裂强度及单纱（线）断裂强力变异系数

单纱（线）断裂强度是指拉断单位线密度纱线所需要的强力，该指标可以比较不同线密度纱线的断裂性质。

单纱（线）断裂强力变异系数反映纱线强力大小的不匀情况，该指标越大，强力不匀越大，即使纱线的平均强力大，在生产过程中也容易发生断头，直接影响生产效率和产品质量，所以不仅是评定纱线品质的重要指标之一，而且还是生产过程中应该严格控制的质量指标。

按照国家标准GB/T 3916—2013《纺织品 卷装纱 单根纱线断裂强力和断裂伸长率的测定》进行。单纱（线）断裂强度及断裂强力变异系数的试验与百米重量变异系数、百米重量偏差可采用同一份试样。采用全自动纱线强力试验仪的取样数，纱线均为20个管，每管测5

次，总数为100次。分别计算单纱（线）断裂强度及单纱（线）断裂强力变异系数。

使用等速伸长型强力试验仪（CRE），采用100%（相对于试样原长度）每分钟的恒定速度拉伸试样直至断裂，同时记录断裂强力和断裂伸长。由于棉纱线的断裂强力随回潮率的增加而加大，随温度的增加而减小，如果不在标准大气条件下进行试验，其测试强力应按行业标准FZ/T 10013.1—2012的要求进行修正（修正强力等于实测强力乘以修正系数）。

3. 条干均匀度

纱线条干均匀度是反映纱线中片段和短片段的不匀情况，是纱线质量的重要指标之一，它不仅影响单纱断裂强力、单纱断裂强力变异系数和断头率等，而且还影响后道工序的产品质量和产量。检验指标主要有条干均匀度变异系数和黑板条干均匀度两种。

（1）条干均匀度变异系数检验　按国家标准GB/T 3292—1997《纺织品 纱条条干不匀试验方法 电容法》规定进行。

条干均匀度变异系数是利用条干均匀度仪，检测出的反映纱条8mm短片段不匀的数值情况。原理是采用电容式条干均匀度试验仪测定，将纱条短片段粗细变化情况转换成相应的电讯号，再转换成数字信号，然后送到微处理器进行储存和运算，经过电路运算处理后即可得到纱条的短片段不匀率，即条干均匀度变异系数。需要时还可以获得纱条的不匀率曲线、波谱图以及粗节、细节、棉结等常发性疵点数等。

（2）黑板条干均匀度检验　按国家标准GB/T 9996.2—2008《棉及化纤纯纺、混纺纱线外观质量黑板检验方法 第2部分：分别评定法》规定进行。在规定的条件下，将纱线卷绕在特制的黑板上，每份试样摇取10块黑板，在暗室中规定的灯光设备条件下，用目光对照标准样照，分别评定每块板的品等。

纱线黑板条干均匀度分为四个等，即优等、一等、二等、三等。评等时以纱板的条干总均匀度对比标准样照，作为评定品等的主要依据，对比结果好于或等于优等样照的评为优等；好于或等于一等样照的评为一等；差于一等样照的或有严重疵点的评为二等。严重规律性不匀评为三等。黑板上的阴影、粗节不可相互抵消，以最低一项评定。最后根据10块黑板中优等板、一等板、二等板、三等板的比例，确定这批纱的条干均匀度品等。

4. 1g内棉结粒数及1g内棉结杂质总粒数

1g内棉结粒数及1g内棉结杂质总粒数是棉纱评等的技术标准，检测时按密度规定要求，把纱线用摇黑板机均匀地绕在黑板上，将浅蓝色底板插入纱线试样和黑板之间，在试样上压上黑色压板，进行正反两面的每格内的棉结杂质检验。点数正反两面共10块黑板空格内的棉结和杂质粒数，根据10块黑板棉结总粒数和棉结、杂质总粒数，再将其折算成1g棉纱线内棉结粒数和1g棉纱线内棉结和杂质粒数。黑板棉结杂质检验时，棉结和杂质应分别记录，合并计算。

$$1g内棉结、杂质粒数 = \frac{10块黑板棉结、杂质总粒数}{纱线公称线密度} \times 10$$

棉结是由纤维纠缠而成的纤维结，它由纤维、未成熟棉或僵棉，因轧花或纺纱过程中处理不善而集结形成的。大的棉结称为丝团，丝团又有正常成熟纤维形成的丝团和未成熟纤维形成的丝团之分。小的棉结又称为白星，白星大多数是未成熟纤维纠缠而成的。棉结主要分为三种类型，即机械棉结、生物棉结和起绒性棉结。杂质是附有或不附有纤维（或毛绒）的籽屑、碎叶、碎枝杆、棉籽软皮、毛发及麻草等杂物。棉纱上的棉结杂质不仅直接影响成纱外观和成纱条干质量外，而且还影响布面的外观和染整加工质量，减少成纱的棉结杂质是纺纱工序的重要任务之一，因此，国标将棉纱的棉结杂质粒数的多少作为纱线品级的一个重要指标。

5. 十万米纱疵检验

按照行业标准FZ/T 01050—1997《纺织品 纱线疵点的分级与检验方法 电容式》进行，采用纱疵仪法。纱疵分短粗节、长粗节、长细节三种，按截面变化百分率大小与纱疵长度的不同分成27级。纱疵截面比正常纱粗70%以上，长度在8cm以下称短粗节，其中粗100%以上的有16级，粗70%～100%的有4级，共有20级。长度在8cm以上，截面在45%以上者称长粗节，长粗节按面大小与长度的不同分成三级（E、F、G），截面比正常纱细30%～75%，长度在8cm以上者称长细节，长细节中按截面大小与长度的不同分成四级（H_1、H_2、I_1、I_2）。长粗节和长细节共有7级。

国家标准GB/T 398—2008《棉本色纱线》规定，以纱疵分级仪测得的十万米纱线的纱疵数（$A_3+B_3+C_3+D_2$）作为纱线分等内容。国家标准规定，梳棉纱、精梳纱、梳棉起绒纱、精梳起绒纱、针织梳棉纱和针织精梳纱优等及一等十万米内纱疵数分别为20、10、20、10、20、15 个/10万米和40、30、40、30、50、40个/10万米。

6. 捻度

按国家标准GB/T 2543.1—2001《纺织品 纱线捻度的测定 第1部分：直接计数法》和GB/T 2543.2—2001《纺织品 纱线捻度的测定 第2部分：退捻加捻法》规定进行，这两种方法均可以测量得到纱线的捻度和捻向。其中直接计数法适用于在退捻过程中纤维不容易缠结的短纤维单纱，并可以测得纱线退捻后的长度变化，主要用于测定短纤维单纱、有捻复丝、股线和缆线的捻度。退捻加捻法适用于测定短纤维单纱的捻度。

纱线捻度试样应按采样规定抽取，检验时要求试样在温度（20±2）℃、湿度（65±5）%下暴露24h，保持在恒定的大气条件下，并在标准大气中调湿平衡。

直接计数法的检验原理是指在一定张力下，夹住已知长度纱线的两端，通过由试样的一端对另一端向退捻方向回转，直到纱线中的纤维或单纱完全平行为止，退去的捻数即为该试样长度的捻数。

退捻加捻法主要用于测定短纤维单纱的捻度。退捻加捻法的检验原理是指在一定张力下，夹住已知长度纱线的两端，经退捻和反向加捻后，回复到起始长度所需的捻回数的一半，即为该试样长度下的纱线捻数。

捻度测定可以得到平均捻度、捻度差异率、捻度变异系数、退捻后长度的伸长或收缩率、实际捻系数等结果。针对不同类型的纱线可选择与其相适应的试验方法进行测定，包括棉本色纱线在内的各类纱线的捻度测定必须按标准规定选择合适的试验参数。

纱线捻度变异系数CV值是影响纱线质量的一项重要指标，纱线捻度变异系数CV值增加，会导致成纱条干均匀度的差异变大，从而影响细纱的断裂强度和单纱断裂强力变异系数CV值的显著差异，造成强弱捻纱，这不仅导致布面生产毛茸和黄纬、白纬色档花纬疵点，而且在染色时产生明显的色差，这不仅影响了纱线和织物的内在质量，又严重地影响了织物的外观质量。捻度变异系数CV值高，会使细纱、织造准备和织造工序的断头增加，生产效率降低，生产中要选择合理的工艺参数和新型纺纱器材，保证良好的机械状态及操作方法和合理的温湿度，并保持良好的粗纱结构等技术措施，对减少细纱捻度不匀率有重要的作用。

第二节　生丝的质量评定

国家标准GB/T 1797—2008《生丝》规定了绞装和筒装生丝的要求、检验规则、包装和标志。GB/T 1798—2008《生丝试验方法》规定了绞装和筒装生丝的重量、品质试验方法。二者适用于76.7dtex（69旦）及以下规格的生丝。

生丝的品质要根据受验生丝的物理指标和外观质量的综合进行评定，分为6A、5A、4A、3A、2A、A、B、C级和级外品。国家标准规定，一般先评定基本级，然后再根据辅助检验和外观检验结果进行降级。

一、生丝的技术要求

物理指标包括线密度偏差、均匀二度变化、清洁、洁净、线密度最大偏差、均匀一度变化、均匀三度变化、切断、断裂强度、断裂伸长率、抱合等。其中前五项为主要检验项目，后六项为辅助检验项目。外观质量根据颜色、光泽、手感，评为良、普通、稍劣三等和级外品。

二、生丝的分级规定

1. 基本级的评定

① 根据线密度偏差、线密度最大偏差、均匀二度变化、清洁及洁净五项主要检验项目中的最低一项成绩确定基本级。

② 主要检验项目中任何一项低于最低级时，作为级外品。

③ 在黑板卷绕过程中，出现有10个及以上的丝锭不能正常卷取者，一律定为最低级，并在检验证书上注明"丝条脆弱"。

2. 辅助检验的降级规定

辅助检验项目包括均匀三度变化、切断次数、断裂强度、断裂伸长率和抱合等。

① 辅助检验项目中任何一项低于基本级所属的附级允许范围者，应予降级。

② 按各项辅助检验成绩的附级低于基本级所属附级的级差数降级。附级相差一级者，则基本级降一级；相差两级者，降两级；以此类推。

③ 辅助检验项目中有两项以上低于基本级者，以最低一项降级。

④ 切断次数超过规定的，一律降为最低级。

3. 外观检验的评等和降级规定

① 外观检验评为"稍劣"者，按基本级的评定、辅助检验的降级规定评定的等级基础上再降一级；如一定为最低级时，则作级外品。

② 外观检验评为"级外品"者，一律作级外品。

第三节　麻纱线的质量评定

行业标准FZ/T 32002—2003《苎麻纱》规定了苎麻长纤纯麻纱、涤/麻混纺纱的品质。

苎麻纱（线）规定以同品种一昼夜三个班的生产量为一批；经常为两班或单班生产者则以两班生产量为一批；如遇临时单班生产，可并入相邻批内。按照规定的试验周期和各项试验方法进行试验，并按其结果评定品等。

纯苎麻纱的技术质量评定指标包括单纱强力变异系数CV值、重量变异系数CV值、条干均匀度、大节、小节、麻粒、单纱断裂强度和重量偏差。

涤/苎麻混纺纱的技术指标包括单纱强力变异系数CV值、重量变异系数CV值、条干均匀度、大节、小节、麻粒、单纱断裂强度、重量偏差和苎麻含量的减少率。

纯苎麻纱和涤/苎麻混纺纱以同一品种一昼夜三个班的生产量为一批；两班生产者单独成批；经常单班生产者则以两班生产量为一批；如遇临时单班生产，可并入相邻批内。按照规定的试验周期和各项试验方法进行试验，并按其结果评定品等。

纯麻苎纱和涤苎麻混纺纱的评等分为优等品、一等品、二等品，低于二等指标者为三等品。

纯苎麻纱的品等以单纱强力变异系数、重量变异系数、条干均匀度、大节、小节及麻粒评定，当六项的品等不同时，按六项中最低的一项品等评定。

涤/苎麻混纺纱的品等以单纱强力变异系数、重量变异系数、条干均匀度、大节、小节、麻粒及苎麻含量评定，当七项的品等不同时，按七项中最低的一项品等评定。

单纱断裂强度或重量偏差超出允许范围时，在单纱强力变异系数和重量变异系数两项指标原评等的基础上顺降一个等；如两项都超出范围时，亦只顺降1次，降至二等为止。

检验条干均匀度可以由企业选用黑板条干均匀度或条干均匀度变异系数两者中的任何一种。一经确定，不得任意变更。发生质量争议时，以条干均匀度变异系数为准。

第四节　毛纱线的质量评定

一、精梳毛针织绒线的品质评定

行业标准FZ/T 71001—2003《精梳毛针织绒线》适用于鉴定精梳纯毛、毛混纺针织绒线及非毛纤维仿毛针织绒线的品质。毛纱线根据生产工艺分为精梳毛纱和粗梳毛纱，按用途又可分为机织用和针织用。针织绒线用来编制羊毛衫。

1. 精梳毛针织绒线的质量标准规定

精梳毛针织绒线的安全性应符合相关强制性国家标准的要求。评等以批为单位，按内在质量和外观质量的检验结果综合评定，并以其中最低一项定等，分为优等品、一等品、二等品，低于二等品者为三等品。按物理指标、染色牢度和实物质量、外观疵点四项指标分别评等后的最低等定等。

2. 内在质量评等及质量评定指标

精梳毛针织绒线内在质量评等以批为单位，按物理指标和染色牢度综合评定，并以其中最低项定等。物理指标包括纤维含量、大绞重量偏差率、线密度偏差率、线密度变异系数、捻度变异系数、单纱断裂强度、强力变异系数、起球、条干均匀度变异系数等。

精梳毛针织绒线染色牢度评等规定，一等品允许有一项低于半级；有两项低于半级或一项低于一级者降为二等品；凡低于二等品者将为等外品。染色牢度包括耐光、耐洗、耐汗渍、耐水、耐摩擦色牢度。

3. 外观质量评等及质量评定指标

精梳毛针织绒线外观质量的评等包括实物质量和外观疵点的评等。实物质量系指外观、

手感、条干和色泽。实物质量评等以批为单位，检验时逐批比照封样进行评定，符合优等品封样者为优等品；符合一等品封样者为一等品；明显差于一等品封样者为二等品；严重差于一等品封样者为等外品。

外观疵点的评等分为绞纱、筒子纱外观疵点评等和织片外观疵点评等。外观疵点包括纱疵、毛粒、杂质、斑渍、异形纱、膨体不良等。绞纱外观疵点评等以250g为单位，逐绞检验。筒子纱外观疵点评等以每个筒子为单位，逐筒检验，各品等均不允许成形不良、斑疵、色差、色花、错纱等疵点出现。织片外观疵点评等以批为单位，每批抽取10大绞（筒），每绞（筒）用单根纬平针织成长宽为20cm×30cm织片，10绞（筒）连织成一片，规定优等品中疵点限度10块均不允许低于标样，一等品中疵点限度较明显低于标样的不得超过3块。

二、粗梳机织毛纱的品质要求

行业标准FZ/T 22002—2010规定了粗梳机织毛纱的技术要求等，包括分等规定、物理指标、染色牢度以及外观疵点的评等。

（1）分等规定 粗梳机织毛纱的品等以批为单位。按物理指标、染色牢度以及外观疵点三项评定，并以其中最低一项定等。

（2）物理指标的评等 物理指标包括线密度偏差率、线密度变异系数、捻度偏差率、捻度变异系数、断裂强力变异系数、单纱平均断裂强力和含油脂率等，按照规定评定，并以其中最低一项定等。具体分为优等品、一等品、二等品，低于二等为等外品。

（3）染色牢度的评等 染色牢度包括耐光（日晒）色牢度、耐水色牢度、耐汗渍色牢度、耐摩擦色牢度、耐熨烫色牢度和耐干洗色牢度，按照规定评等，分为优、一、二等品，低于二等品为等外品。

（4）毛纱外观疵点的评等 按照有关指标规定执行，以其中最低一项定等，分为优等品、一等品、二等品，低于二等品为等外品。粗梳毛纱评等的外观疵点包括大肚纱、超长粗纱和毛粒及其他纱疵。

第五节 化纤长丝纱的质量评定

化纤长丝的品种和种类较多，不同用途和不同品种的化纤长丝的品质评定内容各不相同。下面主要介绍黏胶长丝和涤纶低弹丝品质评定要求。

一、黏胶长丝的品质评定与检验

国家标准GB/T 13758—2008《黏胶长丝》规定了黏胶长丝的技术要求、试验方法、检验规则等要求。适用于线密度在66.7～166.7dtex（60～150旦）的机织生产用黏胶长丝品质的鉴定和验收，原液着色丝可参照使用。

1. 技术要求

黏胶长丝按物理性能、染化性能和外观疵点评等。一批产品首先要根据物理机械性能和染化性能评一个等；然后再根据外观疵点再评一个等；最后取两个等中的最低等评定该批产品的等。黏胶长丝可分为优等品、一等品、二等品、三等品和等外品。物理机械性能和染化性能包括干断裂强度、湿断裂强度、干断裂伸长率、干断裂伸长率变异系数、线密度（纤度）偏差、线密度（纤度）变异系数、捻度变异系数、单丝根数偏差、残硫量、染色均匀度、回潮率及含油率等指标。

外观疵点筒装丝包括色泽、毛丝、结头、污染、成型及跳丝等指标；绞装丝包括色泽、毛丝、结头、污染、卷曲及松紧圈等指标；饼装丝包括色泽、毛丝、成型、手感、污染、卷曲等指标。

2. 评等规定

① 黏胶长丝（筒装丝、绞装丝和饼装丝）分为优等品、一等品、二等品、三等品和等外品。

② 一批产品物理机械性能和染化性能的分等，是按技术要求中的规定逐项评定的，以最低的等定等，低于三等者为等外品。

③ 一批产品中每只丝筒（或丝绞、丝饼）的外观质量，是根据技术要求中的规定逐项评定的，以最低的等作为外观的等，低于三等者为等外品。

④ 一批产品中每只丝筒（或丝绞、丝饼）出厂的分等，按物理机械性能和染化性能及外观疵点所评定结果中的最低的等定等。

3. 黏胶长丝的检验

黏胶长丝的试验室样品按国家标准GB/T 13758—2008规定从一批产品中随机抽出，调湿和试验用标准大气按国家标准GB/T 6529—2008规定。干、湿断裂强度和伸长率试验按GB/T 3916—2013进行；线密度试验按国家标准GB/T 4743—2009进行；捻度试验按国家标准GB/T 2543.1—2001进行；单丝根数试验，是从每个试验室样品中取两个试样，放在黑绒板或黑色玻璃板上计根数，然后计算根数偏差；回潮率试验按国家标准GB/T 9995—1997进行；残硫量试验，采用化学分析方法测得 残硫量；染色均匀度试验按国家标准GB/T 13758—2008中10.8款进行；外观疵点检验按国家标准GB/T 13758—2008中10.9款进行。

二、涤纶低弹丝的品质评定

国家标准GB/T 14460—2008《涤纶低弹丝》规定了涤纶低弹丝的定义、技术要求、试验方法、检验规则和标志、标签、包装运输和贮存的要求。适用于总线密度为55～360dtex、单丝线密度为1.0～5.6dtex、圆形截面、本色、半消光民用涤纶低弹丝及低弹网络丝。其他类型的涤纶低弹丝可参照使用。

1. 技术要求

涤纶低弹丝的评定的评定依据包括物理指标和外观项目两部分。物理指标包括线密度偏差率、线密度变异系数、断裂强度、断裂强度变异系数、断裂伸长率、断裂伸长率变异系数、卷曲收缩率、卷曲收缩率变异系数、卷曲稳定度、沸水收缩率、染色均匀度、含油率、网络度、筒重14项指标。外观指标包括色泽、毛丝、油污丝、断头、尾巴丝、僵丝、成形、绊丝及筒变等协议指标。

物理指标按单丝线密度大小分为三组，分为优等品、一等品、合格品三个等级，低于合格品的为等外品，外观指标由利益双方根据后道产品的要求协商确定，并纳入商业合同。

2. 评等规定

① 涤纶低弹丝的品等分为优等品、一等品、合格品三个等级，低于合格品的为等外品。

② 产品的综合等级，是以检验批中物理指标和外观指标中最低项的等级，定位该产品的等级。

思考与实训题 ▶▶

1. 简述棉纱线质量标准规定的内容？评定指标有哪些？
2. 试述生丝质量标准规定的内容？评定指标有哪些？
3. 试述麻纱线的质量标准规定和评定指标？
4. 简述苎麻本色纱线品质评定的内容？
5. 简述亚麻本色纱线品质评定的内容？
6. 试述毛纱线质量评定的内容？
7. 试述化纤长丝纱如何进行质量评定？

第十一章

织物的质量评价

【本章知识点】

- 织物的质量标准的内容；
- 织物的内在质量考核指标；
- 织物的外观质量考核指标；
- 纺织品的纤维成分鉴别及棉麻织物的辨别方法。

织物的质量是指织物按照用途满足人们穿着、使用或进一步加工需要的各种特性的总和，质量的好坏直接影响到生产者、经营者和消费者的切身利益，所以要对纺织品的质量进行评定。本章讨论的对象是机织品。

第一节　织物的质量标准

评定织物质量的依据主要是织物的质量标准，质量标准主要内容包括技术条件、分等规定、试验方法、包装标志、验收规则等。

织物的技术要求，一般包括品种分类与编号、织物的用纱要求及组织结构、质量要求以及生产加工的种类及方法等。

分等规定是指各等级纺织品所允许的有关质量指标的差异程度和外观疵点的允许范围，以及计算方法和疵点程度的解释说明。

试验方法是指在进行质量检验时的具体方法，包括取样规定，测试的标准条件，仪器用具及化学药品的规定，标准操作法，以及测试结果的计算等。

包装包括包装材料、包装大小、包内匹长及零头大小的具体规定；标志是指对每包织物的具体内容的标记；验收规则是收付双方对产品进行验收复验的法则。

评定织物质量时以标准中的技术要求为依据，以分等规定为准绳，采用质量标准中的试验方法来进行。在质量标准中，对质量的影响因素主要分为内在质量和外观质量两大类。

织物的质量标准，是有关部门根据国家的原料资源情况、生产技术水平、社会消费水平等情况，经过反复调查研究制订的，并可根据具体情况的变化不断修改、补充，目前各主要织物已正式颁布了国家标准，其他的也制定了相应的部颁标准、地方标准和企业标准。

值得提出的是，随着环境保护意识的增强，有些国家对染料提出了相应的限制。GB 18401—2012《国家纺织产品基本安全技术规范》作为国家纺织品的强制标准对禁用染料也

作了明确规定。禁用染料主要指以致癌芳香胺作为中间体合成的染料，大部分是偶氮染料（非全部偶氮染料），其他结构的染料，如硫化染料、还原染料及一些助剂中也可能含有这些有害的芳香胺而被禁用。

第二节　织物的内在质量考核指标

织物的内在质量指标主要包括织物的结构特性、物理机械性能及染色性能等，具体指标很多。在对某种织物进行内在质量检验时，往往根据该织物的具体特点及用途，选择部分指标进行进行检测和考核。

一、织物的结构性能及检测

织物的结构特性主要包括织物的长度、幅宽、厚度、重量、密度、紧度、组织等。

（1）织物的长度　用匹长来量度。匹长是指一匹织物的长度（m），主要根据织物的用途、厚度、织机卷装容量等情况而定。匹长的检验多在折布机上进行，也可采用试验室检测。测试后应根据温湿度进行修正。

（2）织物的幅宽　指织物的横向宽度（cm）。主要根据织物的用途、织造和染整设备状况而定。幅宽的测试应在一匹上选择不同的位置多次测量，求其平均值。测试后也应根据温湿度进行修正。

（3）织物的厚度　指织物的厚薄程度（mm）。主要根据织物的用途而定，它对织物的保暖性、透气性、防风性、刚度、悬垂性等都有很大影响。厚度的测试可在织物厚度仪上进行，要根据织物品种选择适当的测试条件，如厚度仪压脚的大小、压力、形状及下降速度等。

（4）织物的重量　指织物单位面积的质量（g/m^2 或 g/m），主要根据织物的风格、性能而定，适当考虑原料的消耗。重量的测定是将织物充分调湿，测量其长度、宽度、重量，然后计算其平方米重量。

（5）织物的密度　指织物单位长度内纱线的根数（根/10cm 或根/英寸），包括经纱密度和纬纱密度。织物的密度常用"经纱密度×纬纱密度"来表示。织物的密度关系到织物的重量、厚度、强度、耐磨性、透气性、保暖性等多种性能，同时还影响织物的产量和成本，是一个重要的内在质量指标。织物密度的测定主要采用密度镜法，复杂组织也可采用分解法测定。

（6）织物的紧度　指织物中经纬纱排列的紧密程度（％），包括经向紧度、纬向紧度和总紧度。经向紧度是织物规定面积内经纱覆盖的面积对规定面积的百分比，纬向紧度是织物规定面积内纬纱覆盖的面积对规定面积的百分比，总紧度是织物规定面积内经纬纱覆盖的面积对规定面积的百分比。织物的紧度体现了织物的排列密度和纱线的粗细。紧度的确定通常采用分别测定织物密度与纱线粗细，然后计算而得。

（7）织物的组织　指织物中经纬纱的交织规律。主要根据织物的外观要求、风格特点而定。其测试通常是观察织纹有无错误，一般在外观质量检测中进行。

二、织物的物理机械性能及检测

织物的物理机械性能包括的内容很多，下面介绍主要的几种。

（1）织物的抗拉伸断裂性能　指织物对拉伸断裂的抵抗能力，它与织物的耐用性关系很大，是一类重要的内在质量指标。表示织物抗拉伸断裂的指标有断裂强度、断裂伸长率、断裂长度、断裂功和断裂比功，最常用的是前两个。断裂强度是指拉断规定尺寸的织物试样所需要的力，断裂伸长率是指织物拉伸至断裂时的最大伸长对原织物长度的比值的百分数。影响织物抗拉伸断裂性能的因素主要有原料的种类、纱线与织物结构、后整理条件与方式等。指标的测试通常在织物强力试验机上进行，一般采用条样法测试，应考虑温湿度修正。

（2）织物的抗撕裂性能　指织物抵抗局部纱线受到集中负荷而出现断裂的性能，更接近于实际使用中突然破裂的情况，对织物的耐用性影响较大。织物的抗撕裂性能常用撕裂强度来表示，多在织物强力试验机上进行，根据不同的试样可选用梯形法或舌形法，有时也可在落锤式撕破强力仪上采用落锤法测试。影响织物撕裂强度的主要因素有纱线的强力及断裂伸长率、织物的结构、后整理条件等。

（3）织物的抗顶破性能　指织物抵抗垂直于织物平面的负荷作用而破裂的性能，与服用织物中的膝部、肘部等的受力情况十分相似。织物的抗顶破性能常用顶破强度来表示，由于顶破与其他负荷不同，它同时作用于织物的经向和纬向，所以可提供织物多向强伸的特性，特别适用于部分针织品、鞋面布、非织造布等的检验。织物的顶破强力常采用弹子式顶破试验机进行测试。影响织物顶破强力的因素主要有纤维原料、纱线与织物的结构、织物弹性等。

（4）织物的耐磨性能　指织物抵抗其他物体摩擦而产生磨损的性能，织物的磨损是织物损坏的一种主要形式，它直接影响织物的耐用性，是织物的一项重要质量指标。织物耐磨性的测试方法包括实际穿用试验和实验室仪器检测两大类。实际穿用试验的结果比较符合实际情况，但所需时间长、耗用人力物力多；实验室仪器检测是用仪器模拟织物在实际使用时的磨损形式，来评定织物的耐磨性，常用的有平磨、曲磨、折边磨、动态磨、翻动磨等几种测试方式，此类测试能省时省力，但有时试验结果与实际情况有一定差异，目前，常根据实际情况选择测试方法。织物耐磨性的好坏可采用在摩擦规定次数后测试织物的某些物理机械性能的变化程度来评定，如强度、厚度、重量、透气等；也可采用规定织物磨损到某种程度时根据其摩擦次数来评定。影响织物耐磨性的因素很多，主要有纤维的性质、纱线和织物的结构、后整理情况、试验条件等。

（5）织物的折皱回复性　指织物受到揉搓挤压等外力作用产生折皱后的恢复能力，又称抗皱性。它与织物的外观及耐用性有关。目前测试织物耐皱性的主要方法，是在折皱弹性仪上采用凸形试样，测试其经、纬向弹性折皱回复角，以此来表示织物的抗皱性。影响织物的折皱回复性的主要因素有纤维的固有性质（主要指压缩和伸张弹性）、纱线结构、织物的厚度、组织、密度及后整理情况等。

（6）织物的抗起毛起球性　指织物在使用过程中，表面的纤维端由于摩擦滑动而松散露出织物表面，形成毛绒，继续摩擦后纠结成球的性能。目前国内外的织物起毛、起球试验仪种类很多，但试验原理都是模拟织物在使用过程中导致起毛、起球的动作，对试样进行先起毛后起球的摩擦，然后对照标准样照评级，有时也可采用测试织物上单位面积起球数或起球重量来定量评定。影响织物起毛起球的因素很多，其中主要是纤维的性能，另外，纱线的结构与质量、织物的结构、染整加工情况、穿用方式等都有一定的影响。

（7）织物的刚度　指织物抵抗形变的能力，直接影响到织物的手感风格。不同织物对其刚度的要求不同。织物刚度的测试方法主要有悬臂法和圆环法，其原理都是测试织物在一定条件下弯曲的难易程度。影响织物刚度的因素主要有纤维材料、纱线结构与配置、织物几何结构、后整理方式等。

（8）织物的悬垂性　指织物因自重而下垂的性能，是表示织物柔韧性的指标，直接影响到织物的外观形态。悬垂性与织物刚度有关，织物刚度大，悬垂性较差。目前悬垂性的测试主要采用悬垂性测定仪，将圆形试样放在小圆台上，利用其四周由于自重下垂后投影面积的大小来评定其悬垂性。影响织物悬垂性的主要因素是织物的刚度与重量。

（9）织物的尺寸稳定性　指织物在使用过程中，由于水洗、干洗、汽蒸、熨烫等作用后，能保持原有外形和尺寸的性能，其中以水洗后尺寸稳定（缩水率）最具实际意义，是影响织物质量的一个重要指标。在国家标准中，对各种不同品种的织物都明确地规定了允许缩水的范围。影响织物缩水性的主要因素是纤维的吸湿性和加工过程中纱线的伸长变形，后者可通过机械预缩来消除。

（10）织物的舒适性　是指通过服用织物使人体与环境达到热平衡的性能，它包括很多内容，最主要的是保暖性、透气性和透湿性。

织物的保暖性是指织物对热量传递的阻碍能力。表示织物保暖性的指标主要有克罗值、热阻和热传递率。织物保暖性的测试方式可分为定性测试和定量测试。测试时将所测织物包覆在加热至一定温度的热物体外面，定性测试是通过测定热物体降低一定温度所需的时间来表示织物的保暖性，测试方法简单；定量测试是通过测定保持该物体恒温所需提供的热量来确定织物的保暖性，测量较精确。影响织物保暖性的因素主要有纤维在织物中的体积比及排列方向、织物的厚度、含水率等。

织物的透气性是指当织物两侧存在压差时空气能从织物中透过的性能。表示织物透气性的指标是透气率。测试织物透气性的方法较多，主要可分为两大类：一类是测量一定量的空气在静压作用下通过织物所需的时间，此类试验稳定性较差；另一类是在稳流情况下，保持织物两边压差一定，测定空气的流量大小，此类试验性能较稳定，目前经常使用。影响织物透气性的因素主要有纤维的几何形态、纱线的结构、织物的结构和回潮率、后整理方式等。

织物的透湿性是织物透过水汽的能力，也称透汽性。表示织物透湿性的指标主要有湿传递率和湿阻。透湿性的测试方法主要有吸湿法和蒸发法。影响织物透湿性的主要因素有纤维的种类、织物中纤维的体积比、织物的厚度、环境条件等。

三、织物的染色性能及检测

织物的染色性能主要是指织物染色后其颜色及色光是否纯正、光泽好坏、有无色差、颜色的坚牢程度等，它们对织物的质量有重要的影响。

织物的色泽和色光主要取决于染料的性质，同时纤维的种类、织物的结构、印染方法及工艺条件等也有一定的影响。各种颜色和色光的测试是根据标准色样，利用比较法进行的，对漂白织物白度的评定，除采用比较法外，还可用白度计测试。

织物的光泽是指织物对光线的反射强度，主要受纤维表面结构特征及织物表面平坦程度的影响，可采用织物光泽仪进行检测。织物的色差是指印染产品各不同部位出现的颜色差异，包括样布色差、左中右色差、前后色差、双面织物的正反面色差等。印染产品的色差在国家标准中被列为散布性外观疵点，应按标准色卡，根据其严重情况进行评分定等。

织物的染色牢度是指印染产品耐受外界影响的坚牢程度，是影响印染织物质量的重要因素，它包括耐光、耐洗、耐摩擦、耐汗渍、耐刷洗、耐熨烫、耐水浸、耐气候等染色牢度。各种染色牢度的评定是按标准试验方法在规定的条件下做褪色和沾色模拟测试，根据颜色变化的程度分级，级数越大，染色牢度越好。在实际工作中，常根据不同产品的用途和要求来决定染色牢度的检测项目。

第三节　织物的外观质量考核指标

织物的外观质量是指织物外表上呈现的各种品质，它主要指织物的外观疵点，条干均匀程度、表面平滑性、色泽等，直接影响到织物的美观程度。

外观疵点的种类很多，根据其分布情况可分为局部性外观疵点和散布性外观疵点两类。局部性外观疵点是指织物上部分面积上出现的疵点，其他部位不一定出现，如破洞、纱疵、织疵、斑渍等，应根据单位面积内的疵点个数（个/匹）和疵点的严重程度累积记分，来评定织物的质量；散布性疵点是织物上分散面积较大且不易计量其尺寸和数量的疵点，如棉结、杂质、染色不匀等，按严重的一项评等，然后将两类疵点结合，决定外观质量的等级。

通常，织物的品等是按内在质量和外观质量中的最低等级评定，可分为优等品、一等品、二等品、三等品和等外品。不同类型的织物，其具体考核指标有一定的差异，应根据国家行业规定的标准进行检测。

第四节　纺织品的纤维成分鉴别

纤维是组成织物的最基本的物质，织物的各项性能与组成该织物的纤维性能密切相关。对纤维纺织品（纺织材料）进行系统的鉴别是一项十分重要而复杂的工作。各类纺织品的外观形态或内在性质有相似的地方，也有不同之处。纤维鉴别，就是根据各种纤维特有的物理、化学等性能，利用纤维的外观形态或内在性质的差异，采用各种不同的分析方法把它们区分开来。

一、纤维的鉴别方法

常用的鉴别方法有手感目测法、燃烧法、显微镜观察法、药品着色法、荧光法、溶解法、含氯含氮呈色反应法、熔点法、密度梯度法、红外光谱法及双折射率法等。另外，还可采用X射线衍射法、热分析等方法进行纤维鉴别。

纤维鉴别的步骤一般性程序是，首先确定大类，采用显微镜法将待测纤维进行大致分类，其中天然纤维素纤维（如棉、麻等）、部分再生纤维素纤维（如黏胶纤维、富强纤维等）、动物纤维（如羊毛、兔毛、驼绒、马海毛、牦牛绒、蚕丝等），由于具有独特的形态特征，采用显微镜法即可鉴别；其次再分出品种，如合成纤维、部分再生纤维（如天丝、莫代尔等）及其他纤维在经显微镜初步鉴别后，再采用燃烧法、溶解法等一种或几种方法进行进一步确认后最终确定待测纤维的种类；然后作最后的验证。

1. 手感目测法

手感目测法这种方法最简单，不需要任何仪器，但需要鉴别人员有丰富的经验。此法适用于呈散纤维状态的植物原料，根据各种纤维的外观形态、色泽、伸长、重量、拉伸、手拉强度、手拉弹性和手感等感官特征加以识别，可以分出天然纤维和化学纤维。例如，天然纤维中棉、麻、毛属于短纤维，长度整齐度较差，它们的纤维长度差异都很大。棉短而细，手感柔软，麻手感粗硬，化学纤维的长度一般比较整齐，手感滑腻。天然纤维中，棉纤维细柔,长度较短,附有各种杂质和疵点;麻纤维手感粗硬,常因胶质而聚成小束,即使是脱胶成单纤维状态,也可以从长度、粗细及长短变异等情况而与棉花、羊毛相区别;羊毛纤维较长,手感柔软滑糯,有卷曲而富有弹性,具有特殊的光泽;蚕丝是长丝,长而纤细,具有特殊的光泽。因此,散纤维状态的棉、毛、麻、丝是很容易区别的。化学纤维中,伸长能力较大,光泽不如蚕丝柔和;黏胶纤维湿强度很低,而涤纶、锦纶等合成纤维的强力高,伸长能力较大,伸长后回复能力也较强,可以跟手拉干湿强度的变化加以确定。氨纶的弹性非常大,长度能拉伸至5倍以上。棉、麻伸长度较小,羊毛、化学纤维则伸长能力较大,利用这些特征,就可将它们区别开来。

手感目测法虽简便,但需要丰富的实践经验,其他合成纤维用手感目测法则很难区别,则因其外观特征(如长度、细度、色泽等),在一定程度上可人为而定,因而有一定局限性。

2. 燃烧法

本方法可采用行业标准FZ/T 01057.2《纺织纤维鉴别试验方法　第2部分　燃烧法》,燃烧法是一种鉴别纤维快速、简单且常用的方法。它是根据纤维的化学组成不同,利用各种纤维燃烧特征的不同,从而粗糙地来鉴别纤维大类的。

各种纤维在燃烧实验中会产生不同性状,可以区分出纤维素纤维、蛋白质纤维和合成纤维。但这种方法只能粗略地区分纤维的大类。燃烧法虽很简便易行,但主要适用于单一成分的纯纤维和纯纺纱线、纯纺织物产品或交织织物产品,不适用于混合成分的纤维、纱线、包芯纱产品等。对于混纺纤维、复合纤维和经过防火、防燃及其他化学整理的纤维鉴别较为困难,燃烧性将发生变化。如果是混纺织品,由于在一块织品中,含有2~3种以上纤维组分,就很难用燃烧法来判断,而要改用溶剂溶解法去鉴别。

3. 显微镜观察法

本方法可采用行业标准FZ/T 01057.3《纺织纤维鉴别试验方法　第3部分　显微镜法》,在纤维鉴别中,显微镜观察法比较简单,它是根据各种纤维的纵面、截面形态特征来识别纤维,可以区分天然纤维和化学纤维,是目前广泛采用的一种方法。天然纤维中,棉、毛、麻、丝的纵向和横截面,各具有不同的特征,在显微镜中观察纵向外形,就能区别大类。

化学纤维中的黏胶纤维和醋酸类纤维的横截面特征,也可以与其他纤维相区别。但截面呈圆形的化学纤维,如富强纤维、涤纶、锦纶等,用显微镜观察法则无法区别,只能借助其他方法。这种方法可以用于纯纺、混纺和交织产品。但对于合成纤维却只能确定大类,而无法确定它们的具体品种。随着化学纤维不断发展,异型纤维的种类很多,仿天然纤维越来越多,仿制的也更加逼真,达到了可以以假乱真的程度,这将为这种鉴别方法的应用增加了困难。在这种情况下,不能单凭显微镜观察结果鉴别,必须适当地组合运用其他方法加以验证。

天然纤维由于具有独特的形态特征,如羊毛的鳞片、棉纤维的天然转曲、麻纤维的横节竖纹、蚕丝的三角形截面等,用显微镜能正确地辨认出。表11-1为几种天然纤维与化学纤维的纵横截面形态。

4. 药品着色法

药品着色法是根据各种纤维的化学组成不同,利用某种化学药品试剂或染料对各种化学纤维有着不同的着色性能,可以迅速鉴别纤维的品种。此法适宜于鉴别未染色的散纤维或未经整理剂处理过的单一成分的纤维、纯纺纱线或织物。依FZ/T 01057.5《纺织纤维鉴别试验方法　第5部分　着色法》进行。

表11-1 几种天然纤维与化学纤维的纵横截面形态

纤维名称	纵向形态特征	横截面形态特征
棉	扁平带状，有天然转曲	腰圆形，有中腔
苎麻	横节，竖纹，有长形条纹	腰子形，有中腔及裂缝
黄麻	横节不明显，竖纹	多角形，中空较大
亚麻	纤维较粗，有竹状横节	多边形，有中空
羊毛	表面有鳞片	圆形或接近圆形，有些有毛髓
兔毛	表面有鳞片，鳞片边缘缺刻明显	哑铃形、圆形或接近圆形、不规则四边形，有髓腔
桑蚕丝	平直，有光泽，纤维直径及形态有差异	不规则三角形、多边形
黏胶纤维	纵向有沟槽	有锯齿形或多页形边缘
富强纤维	平滑	较小齿形或圆形
醋酯纤维	纵向有1～2根沟槽	不规则带形
维纶	1～2根沟槽	腰圆形
腈纶	平滑或有1～2根沟槽	圆形或哑铃形
氯纶	平滑或有1～2根沟槽	接近圆形
涤纶	平滑	圆形或近似圆形、异形截面
锦纶	表面平滑	圆形或近似圆形、异形截面
丙纶	平滑	圆形或近似圆形
丝光棉	近似圆柱状态，有光泽和缝隙	近似圆形或不规则腰圆形，有中腔
柞蚕丝	扁平带状，有微细条纹	细长三角形
大麻	横节不明显，纤维直径及形态差异较大	腰圆形、多边形、扁圆形，有中空
罗布麻	有光泽，横节不明显	腰圆形、多边形
白羊绒	表面光滑，鳞片较薄且间距较大	圆形或近似圆形
紫羊绒	光滑，鳞片较薄，包覆完整，鳞片间距较大	圆形或近似圆形，有色斑
羊驼毛	有光泽，有间断髓腔	圆形或近似圆形，有髓腔
马海毛	直径较大，鳞片大有光泽	圆形或近似圆形，部分有髓腔
驼绒	鳞片与纤维纵向呈倾斜状态	圆形或近似圆形，有色斑
竹纤维	纤维直径和形态有差异	有中空
莫代尔纤维	表面平滑，有沟槽	哑铃形
铜氨纤维	表面平滑，有沟槽	圆形或近似圆形
大豆蛋白纤维	扁平带状，有沟槽	哑铃形、腰圆形
聚乳酸纤维	扁平带状，部分有黑点	圆形或近似圆形
碳纤维	黑色、均匀的长杆状	不规则的碳末状态
金属纤维	黑色长杆状	不规则的圆形或长方形
石棉	不均匀的灰黑糊状	粗细不匀
玻璃纤维	表面光滑透明	圆珠形
乙纶	表面平滑，部分有疤痕	圆形或接近圆形
酚醛纤维	表面有条纹，近似中腔	马蹄形
牛奶蛋白改性聚丙烯腈纤维	表面平滑，有沟槽或细条纹	圆形

常用的着色剂有锡莱着色剂A和碘-碘化钾液两种，对几种纤维的着色反应列在表11-2中。

表11-2　几种纤维的着色反应

纤维名称	锡莱着色剂A着色	碘-碘化钾液着色
棉	蓝	不染色
麻	紫兰（亚麻）	不染色
蚕丝	褐	淡黄
羊毛	鲜黄	淡黄
黏胶纤维	紫红	黑蓝青
铜氨纤维	阴紫蓝	黑蓝青
醋酯纤维	绿黄	黄褐
维纶	褐	淡蓝
锦纶	淡黄	黑褐
氯纶	不染色	不染色
腈纶	微红	褐
涤纶	微红	不染色
丙纶	不染色	不染色

5. 荧光法

荧光法是根据紫外线荧光灯照射纤维，根据各种纤维光致发光的性质不同，纤维的荧光颜色不同的特点来鉴别纤维。各种纤维的荧光颜色参见表11-3。此法设备简单，使用方便、快速，因此在实际生产中应用十分广泛。它适用于荧光颜色差异大的纤维品种。

表11-3　各种纤维的荧光颜色

纤维名称	荧光颜色	纤维名称	荧光颜色
棉	淡黄色、黄色、带绿黄色	黏胶纤维	白色紫阴影、带浅黄的青色
棉（丝光）	淡红色	黏胶纤维（有光）	淡黄色紫阴影
黄麻（生）	紫褐色	聚酯纤维	白光青光很亮、深紫白色
黄麻	淡蓝色	聚酰胺纤维（锦纶）	淡蓝色
羊毛	淡黄色	聚乙烯醇缩甲醛纤维（有光）（维纶）	淡黄色紫阴影、浅青黄色
丝（脱胶）	淡蓝色	丙纶	深青白色
蚕丝	淡青色	腈纶	浅紫色、浅青白色
铜氨纤维	淡肉色或带有紫色	醋酯纤维	深紫蓝色、青色

二、棉、麻织物的辨别方法

（一）棉织物的辨别方法

棉织物的鉴别，目前市场上主要包括纯棉、涤/棉、黏/棉、丙/棉、维/棉的品种。

（1）纯棉织物　布面具有天然棉纤维柔和的光泽，手感柔软有温热感，弹性较差，容易起褶皱；用手捏紧布料后松开，可见明显折痕；从布边抽出几根纱解捻后观察，纱中纤维粗而短。

（2）涤/棉织物　光泽鲜亮，色彩淡雅，布面平整洁净，手摸布面有滑感、挺、爽的感觉，手捏布面有一定的弹性，松开后折痕不明显且恢复较快。

（3）黏/棉织物　布面光泽柔和鲜亮，色彩鲜艳，手摸布面平整光洁，触感柔软，但捏紧放松后的布面有明显折痕。

（4）丙/棉织物　外观具有涤/棉布的风格，挺括、弹性好，但手摸感觉较粗糙。

（5）维/棉织物　布面光泽不如纯棉布，色彩较暗，手感较粗糙，不柔和，但紧捏布面放松后的折痕介于涤/棉和黏/棉织物之间。

（二）麻织物的辨别方法

① 真麻织品布面平整，带有自然的小疙瘩，手感粗而硬，织物组织大多是平纹。仿麻织品外观与上述相似，但没有自然疙瘩，比较柔软。

② 真麻织品染色性差，故花色品种少，素色本色多。而仿麻织品一般是化纤制品，染色性好，故花色图案丰富多彩。

③ 真麻织品是以亚麻（苎麻）纤维为原料织造的，纤维强度大，韧性好，耐磨抗拉，耐腐蚀，凉爽，久洗不缩水，无静电反应等。而假亚麻织品则以再生纤维、合成纤维与麻混纺而成，在外观上与真亚麻织品相似，但在凉爽、韧性、耐磨、耐腐蚀等方面不及麻织品，并有静电反应。

④ 真麻织品点燃之后，有烧草木的气味，灰烬用手指可压碎。仿麻织品烧后发出异味，灰烬成团，不易压碎。

思考与实训题 ▶▶

1. 纺织纤维鉴别的依据是什么？常用的鉴别方法包括哪些？各自有何特点？

2. 如何利用手感目测法、显微镜观察法和燃烧法，初步判断一种新型纤维的种类？

3. 如何用简单和可靠的方法，鉴别棉、黏胶与竹纤维、涤纶与锦纶、白羊绒、紫羊绒与羊毛、羊驼毛、马海毛与羊毛的区别？

4. 简述织物的质量标准的内容，质量考核指标有哪些？

5. 简述棉、麻织物的辨别方法。

第十二章

服装的质量评价

【本章知识点】
- 机织服装检验标准、检验程序、检验细则；
- 针织服装主要质量标准、质量要求、质量检验。

第一节　机织服装质量检验与评价

质量检验与质量预防相比，质量检验属于事后把关，但仍然是一种重要而有效的控制手段。服装生产过程中发生的质量缺陷，在出厂质量检验时没有发现，混入合格品中，称之为漏验。任何服装检验前，都应该设好该产品的检验程序，使得产品的每个部位均在目测控制范围内，根本上杜绝漏验现象。

机织类服装国家或行业标准对这类服装外观质量的主要检验项目均为原材料、经纬纱向、对条对格、拼接、色差、外观疵点、缝制、规格允许偏差、外观质量、整烫、理化性能等。根据这类服装产品的成衣特点，其外观质量检验内容应是，从上到下、从左到右、从前到后、从表到里。从上到下，就是目测视线从领部位置到肩部、胸部、腰部、袋位、底边。从左到右，就是在服装上左右平行的两个部位，应从左边往右边看。从前到后，就是检验服装的前面部位，然后再检验服装的后面部位。从表到里，就是先检验服装外形表面部位，然后翻过来检验里子部位。由于服装产品繁简不一，款式结构也不尽相同，为此下面按照上述原则列举了常规产品的检验标准与程序。

一、服装检验标准

服装检验标准繁多，国家标准主要有GB/T 2664—2009《男西服、大衣》、GB/T 2665—2009《女西服、大衣》、GB/T 2666—2009《男、女西裤》、GB/T 23328—2009《机织学生服》、GB/T 2662—2008《棉服装》、GB/T 14272—2002《羽绒服装》、GB/T 18132—2008《丝绸服装》、GB/T 22703—2008《旗袍》、GB/T 2660—2008《衬衫》等标准；还有一些行业标准，例如，FZ/T 81001—2007《睡衣套》、FZ/T 81006—2007《牛仔服装》、FZ/T 81007—2012《单、夹服装》、FZ/T 81009—1994《人造毛皮服装》、FZ/T 81015—2008《婚纱和礼服》、FZ/T 81004—2012《连衣裙、裙套》、QB/T2822—2006《毛皮服装》、FZ/T81003—2003《儿童服装、学生服》等。

男女西服质量检验标准中原材料涉及面料、里料和辅料（衬布、垫肩、缝线和纽扣、附件）应相适合，色泽一致。经纬纱向主要涉及前身、后身、袖子、领面、袋盖和挂面。对条对格对服装的左右前身、手巾袋与前身、大袋与前身、袖与前身、袖缝、背缝、背缝与后领面、领子与驳头、摆缝和袖子部位，同时对倒顺毛、阴阳格面料也做了明确规定。大衣挂面允许两接一拼，西服、大衣耳朵皮允许两接一拼，其他部位不允许拼接。袖缝、摆缝色差不低于4级，其他部位高于4级，套装中上装和裤子的色差不低于4级。在外观疵点方面主要涉及纱疵、毛粒、条印和折痕、斑疵（油污、锈斑、色斑、水渍等）、破洞、磨损、蛛网几个方面。缝制方面涉及了针距密度、各部位缝制线路、缝份宽度、上下线、领子、领面、绱袖、滚条、压条、袋布的垫料、袋口商标等方面。对衣长（西服、大衣）、胸围、领大、总肩宽、袖长（装袖和连肩袖）的允许偏差作了具体规定。外观质量主要涉及西服的领子、驳头、止口、前身、袋和袋盖、后背、肩和袖几个方面。整烫外观规定各部位熨烫平服、整洁，无烫黄、水渍、亮光，覆黏合衬部位不允许有脱胶、渗胶及起皱，各部位表面不允许有沾胶。理化性能包括纤维含量、甲醛含量、pH值、可分解致癌芳香胺染料、异味、尺寸变化率、干洗后起皱级差、覆黏合衬部位剥离强度、面料色牢度（耐干洗、耐皂洗、耐水、耐摩擦、耐光）、里料色牢度（耐干洗、耐皂洗、耐水、耐干摩擦）、装饰件和绣花耐皂洗、耐干洗沾色、面料起毛起球、纰裂和面料撕破强力。

西裤（男、女）质量检验标准中原材料涉及面料、里料和辅料（衬布、缝线和纽扣、附件）应相适合，色泽一致。经纬纱向主要涉及前身、后身、腰头和色织格料。对条对格对西裤侧缝、后裆部、袋盖与大身，同时对倒顺毛、阴阳格面料也做了明确规定。拼接，在腰头面、里允许拼接一处，男裤拼缝在后缝处，女裤（裙）拼缝在后缝或侧缝处（弧形腰除外）。下档缝、腰头与大身色差不低于4级，其他部位高于4级，套装中上装和裤子的色差不低于4级，同批不同条色差不低于4级。在外观疵点方面主要涉及纱疵、毛粒、条印和折痕、斑疵（油污、锈斑、色斑、水渍等）、破洞、磨损、蛛网几个方面。缝制方面涉及了针距密度、各部位缝制线路、缝份宽度、上下线、领子、领面、绱袖、滚条、压条、袋布的垫料、袋口商标等方面。对裤（裙）长、腰围的允许偏差作了具体规定。外观质量主要涉及到腰头、门里襟、前后裆、串带、裤袋、裤腿、裙身、裤脚口（裙底边）几个方面。整烫外观规定各部位熨烫平服、整洁，无烫黄、水渍、亮光，覆黏合衬部位不允许有脱胶、渗胶及起皱，各部位表面不允许有沾胶。理化性能包括纤维含量、甲醛含量、pH值、可分解致癌芳香胺染料、异味、尺寸变化率、洗涤后扭斜率、面料色牢度（耐干洗、耐皂洗、耐水、耐汗渍、耐摩擦、耐光）、里料色牢度（耐干洗、耐皂洗、耐水、耐汗渍、耐干摩擦）、装饰件和绣花耐皂洗、耐干洗沾色、面料起毛起球、纰裂、后裆缝接缝强力和面料撕破强力。

GB/T 2660—2008《衬衫》标准，标准中规定了衬衫的要求、检验（检测）方法、检验分类规则以及标志、包装、运输和储存等技术特征。主要适用于以机织物为主要原料生产的衬衫。填充物应符合GB 18383—2007的要求。对面料有明显条格在1.0cm及以上的，对服装的左右前身、袋与前身、斜料双袋、左右领尖、袖头、后过肩、长袖和短袖做了明确规定。要求倒顺绒原料，全身顺向一致。特殊图案以主图为准，全身图案或顺向一致。全件产品不允许拼接，装饰性的拼接除外。领面、过肩、口袋、明门襟、袖头面与大身色差高于4级，其他部位色差不低于4级。对各部位的疵点和成品部位也做了相应规定。缝制方面要求涉及针距密度、缝制线路、黏合衬部位、领子等方面。对领大、衣长、长袖长（连肩袖、绱袖）、短袖长、总肩宽的允许偏差作了具体规定。整烫外观规定各部位熨烫平服、整洁，无烫黄、水渍、亮光；领型左右基本一致，折叠端正；一批产品的整烫折叠规格应保持一致。

理化性能包括尺寸变化率、起皱级差、色牢度（耐干洗、耐洗、耐干摩擦、耐湿摩擦、耐光、耐酸汗渍、耐碱汗渍、耐水）、纰裂、撕破强力、甲醛含量、pH值、异味、可分解芳香胺染料、原料的成分和含量。

二、服装检验程序

（一）西服质量检验程序

西服质量检验共设55个环节，可以分为三大部分，即1～25为上胸架检验西服前面部位、26～35为转过胸架检验后背部位、36～55为检验西服里子部位。

（二）西裤质量检验程序

西裤质量检验列举常规款式，共设40个环节，1～22检验西裤正面各部位，23～32检验综合性的质量缺陷，33～40检验西裤里面部位的质量缺陷。

三、服装检验细则

服装检验细则，将整件服装产品分序检验，对每道工序做出无缺陷、轻缺陷、重缺陷和严重缺陷认定，为正确判定提供技术依据。检验细则能够正确反映企业产品质量的优劣程度，可作为衡量生产车间、班组的生产技术及产品质量水平的重要依据，也作为检验机构、流通领域及消费者对质量认定的主要依据。

（一）西服上衣检验细则

本细则适合于采用毛料、毛混纺、毛型化学纤维为原料制成的西服上衣的检验。其造型包括平驳头，戗驳头、门襟一粒扣、两粒扣和四粒扣等款西服上衣的检验。西服上衣检测细则、疵点允许存在程度、对条对格规定、针距密度规定见表12-1～表12-4。

表12-1　西服上衣检测细则

序号	检验部位	检验要求品质无缺陷	轻缺陷	重缺陷	严重缺陷
上胸架，衣前身检验					
1	整体外观	把西服套在胸架上，用手摇晃胸架，轻轻拍打两肩，使西服前后服帖，衣和袖自然垂直，扣好西服第一粒纽扣；总体观察：产品结构合理、轮廓清晰、线条流畅、局部与整体结构相称，各部位比例协调合理，匀称自然，色彩和材料选择与款式相适应，整体感觉良好	整体外观不够平整	—	—
2	测衣长	在胸架上测量，由前衣肩缝最高点，垂直量至底边，或由后领脚中垂直量至底边，允许偏差±1cm，如图12-1所示	偏差在±1～1.5cm	偏差在±1.5～2cm	偏差在±2cm以上
3	测袖长	由肩袖缝的交叉点量至袖口边中间，允许偏差±0.7cm，如图12-1所示	偏差在±0.7～1cm	偏差在±1～1.5cm	偏差在±1.5cm以上

续表

序号	检验部位	检验要求品质无缺陷	轻缺陷	重缺陷	严重缺陷
4	测肩宽	由肩袖缝的交叉点，沿水平线量至另一端的肩袖缝交叉点，允许偏差±0.6cm，如图12-1所示	偏差在±0.6～0.9cm	偏差在±0.9～1.2cm	偏差在±1.2cm以上
5	测胸围	从胸架上取下，放平，使左右前片经向平行，扣好第一粒纽扣，门襟止口盖住里襟第二粒扣一半，沿袖底缝水平横量，周围计算。允许偏差±2cm，如图12-1所示	偏差在±2～3cm	偏差在±3～4cm	偏差在±4cm以上
6	领面	领面、里、衬平服，领面不起泡，不起皱，不渗胶	面、里、衬松紧不适宜，表面不平挺	面、里、衬明显不适宜，表面不平挺	脱胶、渗胶
7	领外口	领止口平服、顺直，领里、领底不外露	领地略有外露	—	—
8	领里口、驳口	驳口圆顺、服帖、不卡脖、不离脖、松紧适宜	领口不够圆顺	领里、领底均有外露	—
9	串口	串口顺直服贴，左右长短一致	串口不顺直	—	—
10	领角	领角长短符合规格、左右对称平服	领角不对称互差大于0.3cm	—	—
11	驳角	驳角长短符合规格、左右对称平服	两驳角不对称互差大于0.3cm	—	—
12	豁口	豁口大小符合规格，两豁口对称，大小一致	豁口大小不一致	—	—
13	驳头	驳头平服，丝缕顺直，驳头宽符合规格，两驳头对称，驳位准确，恰到好处，止口不反吐	止口反吐	驳头面、里、衬不平服	—
14	门、里襟止口	门、里襟止口平服、顺直、不还口、不反吐、不起翘，门、里襟止口不搅不豁，长短、圆头大小一致	止口不顺直、不平服、反吐，长短差大于0.5cm，门里襟明显搅豁	止口明显反吐	—
15	锁眼、钉扣及附件	眼位准确，眼与扣相对，扣与眼大小相吻合	锁眼间距互差大于0.4cm，偏斜大于0.2cm，纱线绽出；眼与扣互差大于0.2cm（包括附件）；钉扣不牢	跳线、开线、毛漏，漏开眼；扣与眼位互差大于0.2cm（包括附件）	纽扣、金属扣脱落（包括附件等）；金属件锈蚀
16	左右肩缝	肩缝顺直平服，两肩一致	肩缝不顺直，不平服，两肩差0.5cm左右	肩缝严重不顺直、不平服，两肩差大于0.8cm	—
17	左右前胸	胸部丰满、挺括、位置准确，面、里、衬服帖，左右对称	胸部不挺括，左右不一致	胸部严重不一致	—
18	手巾袋	手巾袋口平服方正，宽窄一致，袋角清爽整洁，丝缕与前衣片相适，应用尺插入袋口检查袋底无漏洞	手巾袋不平服	袋角毛出	袋底有漏洞
19	左右胸省	胸省顺直平服，省尖不起泡，左右长短一致	省尖起泡	—	—

序号	检验部位	检验要求品质无缺陷	轻缺陷	重缺陷	严重缺陷
20	左右大袋	左右大袋平服，两袋整齐、对称，袋盖与袋口相适应，嵌线顺直平服，宽窄一致，袋口方正，封口牢固整齐，袋盖或贴袋与大身丝缕相适应，两袋位高低、前后一致；袋布垫头大小长短适宜，用手插入大袋检查袋布缝线牢固，无漏洞	袋盖长短、宽窄互差大于0.3cm，口袋不平服、不顺直，嵌线宽窄不一致，袋角不整齐	两袋盖互差大于0.5cm或小于袋口0.5cm，袋布垫头没有包缝	袋布没有缝牢，有洞
21	袖山头	袖山头圆顺、吃势均匀，部位准确，袖上部10cm处经向丝缕与大身平行	绱袖不圆顺，吃势不均匀	绱袖明显不圆顺	—
22	两袖位置	两手轻拍两袖上部，使袖自然垂直，检查两袖长短一致，前后位置准确，左右对称，不翻、不吊，以大袋1/2处前后1cm为准确	两袖前后大于1.5cm，袖子起吊不顺，两袖长短互差大于0.7cm	两袖前后明显不一致大于2.5cm，袖明显起吊不顺，两袖长短互差大于1cm	—
23	袖缝叠针	一手拉袖面，一手拉袖里，检查袖面，里叠针应牢固，松紧适宜，针距匀称	漏叠2处（包含2处）	漏叠2处以上	—
24	袖纽	袖口纽位准确，整齐牢固	袖口纽位不准确，不够牢固	明显不整齐，不牢固	—
25	袖口	袖口平服，两袖口大小一致	两袖口互差大于0.5cm	两袖口互差大于0.8cm	—
26	袖子腋缝	将两袖向肩部翻上，检查袖腋缝顺直平服	袖腋缝不平服	—	—
27	肋省、腰部	肋省、腰部平服，顺直	肋省、腰部不平服	—	—
28	摆缝	摆缝平服顺直，松紧适宜，转动胸架，后背检验	—	—	—
29	后领面	后领平服，居中，与后背缝相对	后领面与背缝不相对	—	—
30	后背	后背圆顺，方登平服	后背不方登	—	—
31	后袖	后袖缝平服、顺直	后背缝不平服起吊	后背明显不平服，明显起吊	—
32	后背缝	后背缝平服、顺直	后背缝不平服起吊	后背明显不平服，明显起吊	—
33	后衩	后衩平服、整齐，顺直，不搅不豁，长短一致	后衩不平服，止口明显搅豁，后衩长短互差大于0.3cm	—	—
34	领里（领侧面）	领里平服、整洁，包领靠实，后领面套转0.2mm	包领没有靠实，领里反吐	—	—
35	领窝	将领子竖起检查领窝平服，绱领准确，左右对称，松紧适宜翻转检验里子	领窝不平，绱领偏斜大于0.5cm	—	—
		翻转检验里子			
36	挂面	挂面平服，宽窄一致，缉缝顺直，松紧适宜	缉缝不顺直	—	—
37	里子肩缝	里子肩缝平服、顺直，松紧适度	里子肩缝不平服	—	—

续表

序号	检验部位	检验要求品质无缺陷	轻缺陷	重缺陷	严重缺陷
38	里袋、笔袋、卡袋	里袋、笔袋、卡袋袋口整齐，袋嵌线宽窄一致，封口牢固整洁，用尺插入袋口检查，袋底牢固	袋嵌线宽窄不一致	—	—
39	使用说明	号型标、尺码、成分标、商标、洗涤标等各种使用说明位置准确、端正、清晰、牢固	商标、耐久性标签不端正，明显歪斜；钉商标线与商标底色色泽不适应；使用说明内容不规范	使用说明内容不准确	使用说明内容缺项
40	里子胸省	顺直、平服	不顺直、不平服	—	—
41	里子肋省	顺直、平服	不顺直、不平服	—	—
42	里子摆缝	顺直、平服	不顺直、不平服	—	—
43	摆缝、挂面叠针	叠针部位准确、牢固，针距匀称	叠针漏2处（含2处）	叠针漏2处以上	—
44	袖窿叠针	机翻袖里，叠针不少于2/3袖窿，手扎袖窿，松紧适宜	叠针漏两处	叠针漏两处以上	—
45	领吊带	领吊带宽窄长短符合工艺，位置准确、整齐、牢固	吊带不规范、不够牢固	—	—
46	里子背缝	里子背缝顺直、平服	不顺直、不平服	—	—
47	底边	底边宽窄一致，里子余势适宜，不吊、不吐	底边宽窄不一致	—	—
48	面、里、衬结合	面、里、衬结合适宜，松紧适度，粘合部位不脱胶、不渗胶、不起皱、不起泡、不起壳	面、里、衬结合不适宜	起皱不平	有脱胶、渗胶、起皱、起泡、起壳现象

综合检验

49	产品整洁	整件产品熨烫良好，产品无油渍、污渍、线头、线钉、粉印等	轻度污渍，熨烫不平服，有水花，亮光，表面有不大于1.5cm的连根线头3根及以上	有明显污渍，污渍大于2cm²，水花大于4cm²	有严重污渍，污渍大于5cm²。烫黄、破损等严重影响使用和美观
50	疵点分布	疵点分布符合图12-2部位划分及表12-2疵点允许存在程度	2、3部位超本标准规定	1部位超本标准规定	破损等严重影响使用和美观
51	对条、对格	对条、对格符合表12-3西服对条对格规定	对条、对格超本标准规定50%及以内	对条、对格超本标准规定50%以上	面料倒顺毛，全身顺向不一致
52	色差	表面部位色泽一致，主要部位不低于4.5级，一般部位不低于4级	表面部位色差不符合规定的半级以内；衬布影响色差低于4级	表面部位色差超过标准规定半级以上；衬布影响色差低于3～4级	—
53	纬斜	高档产品不允许纬斜，一般产品应低于3%，明显条格斜低于1%	纬斜超过规定50%以内	纬斜超过规定50%以上	—
54	倒顺	倒顺（短）毛产品，全件产品倒顺毛一致，较长绒毛原料毛向下，顺向一致；倒顺花面料全件产品顺向一致，有方向性图案，以主图为主	—	—	倒顺毛全身顺向不一致，特殊图案顺向不一致
55	针距密度	针距密度符合表12-4针距密度规定	低于本标准2针以内（含2针）	低于规定2针以上	—
56	辅料配用	辅料配用符合合同要求，装配合理、牢固、实用	辅料色泽、色调与面料不适应；钉扣线与扣色泽、色调不适应	里料、缝纫线的性能与面料不适应	—

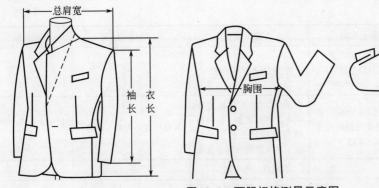

图12-1　西服规格测量示意图

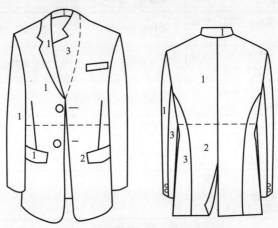

图12-2　西服疵点允许存在部位划分

表12-2　西服疵点允许存在的部位划分

疵点名称	各部位允许存在程度		
	1号部位	2号部位	3号部位
纱疵	不允许	轻微，总长度1.0cm或总面积0.3cm²以下；明显不允许	轻微，总长度1.5cm或总面积0.5cm²以下；明显不允许
毛粒（个）	1个	3个	5个
条印、折痕	不允许	轻微，总长度1.5cm或总面积1cm²以下；明显不允许	轻微，总长度2.0cm或总面积1.5cm²以下；明显不允许
斑疵（油、绣、色斑、水渍等）	不允许	轻微，总面积0.3cm²以下；明显不允许	轻微，总面积0.5cm²以下；明显不允许
破洞、磨损、蛛网	不允许	不允许	不允许

表12-3　西服对条对格规定

部位	对条对格规定
左右前身	条料对条，格料对横，互差不大于0.3cm
手巾袋与前身	条料对条，格料对格，互差不大于0.2cm
大袋与前身	条料对条，格料对格，互差不大于0.3cm
袖与前身	袖肘线以上与前身格料对横，两袖互差不大于0.5cm

续表

部位	对条对格规定
袖缝	袖肘线以下，前后袖缝格料对横，互差不大于0.3cm
背缝	以上部为准，条料对称，格料对横，互差不大于0.2cm
背缝与后领面	条料对条，互差不大于0.2cm
领子、驳头	条格料左右对称，互差不大于0.2cm
摆缝	袖窿以下10cm处，格料对横，互差不大于0.3cm
袖子	条格顺直，以袖山为准，两袖互差不大于0.5cm

表12-4　西服针距密度规定

项目		针距密度	备注
明暗线		3cm，11～13针	特殊工艺按规定
包缝线		3cm，不少于9针	—
手工针		3cm，不少于7针	肩缝、袖窿、领底不低于9针
缉止口线		3cm，不少于5针	—
三角针		3cm，不少于5针	以单位计算
锁眼	细线	1cm，12～14针	机锁
	粗线	1cm，不少于9针	手工锁
钉扣	细线	每孔不少于8根线	缠脚线高度与止口厚度相适应
	粗线	每孔不少于4根线	

注：细线指20tex及以下缝纫线；粗线指20tex以上缝纫线。

（二）西裤检验细则

本细则适合于采用毛料、毛混纺、毛型化学纤维为原料制成的男女西裤、裙子等产品，包括长裤、中裤、短裤、长裙、短裙、前开门、侧开门等款式的西裤和裙子的检验。西裤检验细则、疵点允许存在程度、对条对格规定、针距密度规定、成品主要部位规格极限偏差见表12-5～表12-9。

表12-5　西裤检验细则

序号	检验部位	检验要求品质无缺陷	轻缺陷	重缺陷	严重缺陷
1	整体外观	产品轮廓清晰、线条流畅，外观平服、造型优美，整体结构合理，适合人体活动规律，各部位比例协调合理、匀称、自然，整体视觉效果良好	外观不平服，整体视觉不是很好	—	—
2	测裤长	由腰上口沿侧缝量至脚口，允许偏差±1.5cm（图12-3）	偏差在±2.3cm以内	偏差在±2.3cm以上	偏差在±3cm以上
3	测腰围	扣好裤钩或纽扣，沿腰宽中间横量，周围计算，允许偏差在±1cm（图12-3）	偏差在±1.5cm以内	偏差在±1.5cm以上	偏差在±2cm以上
4	测臀围	前、后裆对齐放平，在直裆1/3处横量，全臀围计算，允许偏差±1.5cm（图12-3）	偏差在±2.3cm以内	偏差在±2.3cm以上	偏差在±3cm以上

序号	检验部位	检验要求品质无缺陷	轻缺陷	重缺陷	严重缺陷
5	腰面	裤腰面、里、衬平服，止口顺直，经纱倾斜不大于1cm，条格倾斜不大于0.3cm	腰面、里、衬不平服，腰里明显反吐	—	—
6	腰节	腰节缉线顺直平服，松紧适宜，左右对称	腰节缉线不顺直、不平服，左右不对称	—	—
7	缉腰串带襻	缉腰串带襻止口顺直整齐，宽窄一致	腰串带襻，宽窄不一致	—	—
8	装腰串带襻	位置准确、牢固，高低、进出符合工艺规程，腰两侧对称	串带长短互差大于0.6cm，前后互差大于0.6cm，高低互差大于0.3cm	—	—
9	裤门襻	裤门襻平服，止口顺直，不反吐	门襻不平服，止口不顺直，反吐	—	—
10	裤里襻	里襻平服、止口顺直，里襻尖嘴，轮廓清晰、整齐	里襻止口不顺直	—	—
11	门、里襻配合	门、里襻长短一致，拉链绱得平服，适宜开闭自如	门襻短于里襻	—	—
12	四件扣（裤钩）	四件扣装配位置适宜、牢固	四件扣不牢固	四件扣不牢固，位置不准确	四件扣脱落
13	封小裆	小裆封口牢固、平服，弧度圆顺	封口不牢固，不平服	—	—
14	前裥	裤前裥顺直、平服，位置准确	前裥不顺直	—	—
15	前直袋	袋口止口平服、顺直，松紧适宜，封口整齐牢固	两直袋高低前后互差大于0.5cm，袋口不平服	—	—
16	后省	后省平服、顺直，长短适宜，前后两片对称	后省不平服	—	—
17	后袋	后袋平服、嵌线宽窄一致，袋口方正，封口整齐牢固	后袋不平服，嵌线宽窄大于0.2cm，袋盖小于袋口0.3cm以上	袋口明显毛楼	—
18	侧缝	侧缝平服、顺直，不皱缩，明止口宽窄一致	侧缝不平服，不顺直	—	—
19	前后烫迹线	烫迹线平服，四缝相叠，烫死，经向丝缕顺直；素色料前片，经向允许偏斜1cm，后片允许偏斜1.5cm，条格材料不允许偏斜	烫迹线错位，横裆处两缝互差大于0.8cm，脚口处两缝互差大于0.5cm	—	—
20	下裆缝	下裆缝顺直、平服，松紧适宜	下裆不顺直，不平服	—	—
21	两裤腿对比	两裤腿对比，前后一致，长短一致；脚口大小一致，整齐，不吊	两裤腿前后不一致，互差大于1.5cm；长短不一致，互差大于0.3cm；脚口大小不一致，互差大于0.3cm	—	—
22	裤脚口	裤口折边宽窄一致，贴脚条位置准确，宽窄一致，贴条止口略外露	折边宽窄不一致，贴脚条止口无外露，两贴条位置不准，互差大于0.6cm	—	—

续表

序号	检验部位	检验要求品质无缺陷	轻缺陷	重缺陷	严重缺陷
		综合检查			
23	标志	商标、号型标、规格标、成分标、洗涤标等标志，位置准确，数据完整无误	商标、耐久性标签不端正，明显歪斜；钉商标与商标底色的色泽不适应；使用说明内容不规范	使用说明内容不正确	使用说明内容缺项
24	色差	下档缝、腰头与裤身色差不低于4级，其他表面部位高于4级，裤子与上衣色差不低于4级	色差与规定相差半级以内；衬布色差低于3～4级	色差与规定色差半级以上，衬布色差低于3级	—
25	疵点	疵点存在部位划分如图12-4所示，疵点允许存在见表12-6	2、3部位超本标准规定100%及以内的轻微疵点	明显疵点；1部位超本标准规定；2、3号部位超本标准规定100%以上的疵点	严重污渍，面积大于30cm²；烫黄、破损等严重影响使用和外观
26	对条、对格	对条、对格符合表12-7规定	对条对格超过规定50%以内	对条对格超过规定50%以上	倒顺毛、阴阳格原料全身顺向不一致
27	纬斜	纬斜不大于3%，条格料经校正后再使用	超过规定50%以内	超过规定50%以上	—
28	倒顺料	倒顺毛、阴阳格原料，全身顺向一致，有方向性的特殊图案，以主图为准，全身顺向一致	—	—	全件顺向不一致，做错
29	针距	针距密度按表12-8规定执行	低于规定2针以内	低于规定2针以上	—
30	产品整洁	无油污渍、水花渍、粉印、线头无连续跳针	30cm内出现两处跳针	表面部位毛出、脱、漏	—
31	熨烫	熨烫平服，熨死、无亮光	熨烫不平服	明显亮光	烫黄
32	辅料配用	辅料配用符合合同要求，装配牢固、实用	附件装配不够牢固	装配严重不牢固	配件脱落或用错
		翻转裤里			
33	腰里	腰里平服、宽窄一致，叠针整洁匀称	腰里不平服	—	叠针漏叠
34	后档	后档缝整齐、圆顺、平服、牢固，手拉不断线	后档缝不够圆顺、平服	后档缝严重不平服	后档缝断线
35	后袋布	后袋垫布平服整齐，袋布止口整齐牢固	后袋布不平服	—	袋布缝线毛出有漏洞
36	前袋布	袋口无缺口，止口宽窄一致，袋垫头平服	袋垫头不平服	袋口有缺口	袋布缝线毛出有漏洞
37	小裤底	小档圆顺，小裤底平服牢固	小档不圆顺	—	—
38	大裤底	大裤底平服牢固	大裤底不平服	—	—
39	膝盖绸	膝盖绸平服，松紧适宜	膝盖绸不平	—	—
40	包缝线	包缝线针迹清晰，无跳针、漏针、毛出	线迹不清有个别跳针	—	—

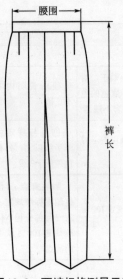

图12-3 西裤规格测量示意图

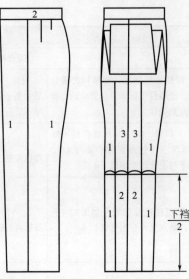

图12-4 西裤疵点允许存在部位划分

表12-6 西裤疵点允许存在程度

疵点名称	各部位允许存在程度		
	1号部位	2号部位	3号部位
粗于一倍粗纱/cm	0.5～1.5	1.5～3	3～5
大肚纱/cm	不允许	1～2	2～3
毛粒/个	2	4	6
条痕（折痕）/cm	不允许	1～2，不明显	2～4，不明显
斑疵（油、绣、色斑）/cm²	不允许	不大于0.3，不明显	不大于0.5，不明显

表12-7 西裤对条对格规定

部位	对条对格规定
侧缝	侧缝袋口下10cm处格料对横，互差不大于0.2cm
后裆缝	格料对横，互差不大于0.3cm
袋盖与大身	条料对称，格料对横，互差不大于0.2cm

注：特别设计不受此限。

表12-8 西裤针距密度规定

项目		针距密度	备注
明暗线		3cm，11～14针	—
色缝线		3cm，不少于10针	—
手工针		3cm，不少于7针	—
三角针	腰口	3cm，不少于9针	以单面计算
	脚口	3cm，不少于6针	
锁眼	细线	1cm，12～14针	—
	粗线	1cm，不少于9针	—
纽扣	细线	每孔不少于8根线	缠脚线高度与止口厚度相适应
	粗线	每孔不少于4根线	

注：细线指20tex及以下缝纫线；粗线指20tex以上缝纫线。

表12-9　西裤成品主要部位规格极限偏差　　　　　　　　单位：厘米

序号	部位名称	允许偏差
1	裤（裙）长	±1.5
2	腰围	±1.0

注：1.检验细则中各缺陷按序号逐项累计计算。

2.本细则中未涉及的缺陷可根据技术标准及工艺规程，参照相似缺陷酌情判定。

3.凡属丢工、少序、错序、均为重缺陷；缺件为严重缺陷。

4.理化性能一项不合格，即为该抽验批不合格。

第二节　针织服装的主要质量标准与检验

针织品及针织服装是服用纺织品中的一大类，广泛应用于我们的日常生活中，从内衣到外衣，从便装到礼服，从帽子到袜子，从服用到室内装饰等方面，都占据着非常重要的地位。针织服装又是服装中的一个大类，它既有服装的一般共性，又有其独特的性能，以其柔软又富有弹性的特点而受到人们的青睐。随着纺织材料、制衣工艺、设计理念的不断发展，针织服装得到了迅速的发展。针织服装迅速发展的同时，逐渐凸显出服装标准中的缺陷和不足，如服装名称不清晰、产品标准有重叠等问题，给纺织服装企业的生产带来很多不利的影响，这些问题在针织服装中尤为突出。

一、针织服装的主要质量标准

标准是不断提高产品质量的重要保证，也是有效保护人体健康和人身财产安全的重要途径，同时也可以消除贸易技术壁垒，促进国际贸易的发展，提高我国产品在国际市场上的竞争能力。针织服装的主要国家标准行业标准见表12-10。

表12-10　针织服装的主要国家标准行业标准

标准号	标准名称
GB/T 6411—2008	针织内衣规格尺寸系列
GB/T 8878—2009	棉针织内衣
GB/T 22583—2009	防辐射针织品
GB/T 22849—2009	针织T恤衫
GB/T 22853—2009	针织运动服
GB/T 22854—2009	针织学生服
GB/T 26384—2011	针织棉服装
GB/T 26385—2011	针织拼接服装
GB/T 28844—2012	针织运动服规格
FZ/T 73001—2008	袜子
FZ/T 73007—2002	针织运动服
FZ/T 73008—2002	针织T恤衫
FZ/T 73009—2009	羊绒针织品
FZ/T 73010—2008	针织工艺衫
FZ/T 73011—2013	针织腹带

标准号	标准名称
FZ/T 73012—2008	文胸
FZ/T 73013—2010	针织泳装
FZ/T 73017—2008	针织家居服
FZ/T 73018—2012	毛针织品
FZ/T 73019.1—2010	针织塑身内衣弹力型
FZ/T 73019.2—2013	针织塑身内衣调整型
FZ/T 73020—2012	针织休闲服装
FZ/T 73022—2012	针织保暖内衣
FZ/T 73025—2013	婴幼儿针织服饰
FZ/T 73028—2009	针织人造革服装
FZ/T 73029—2009	针织裤
FZ/T 73030—2009	针织袜套
FZ/T 73032—2009	针织牛仔服装
FZ/T 73035—2010	针织彩棉内衣
FZ/T 73043—2012	针织衬衫
FZ/T 73045—2013	针织儿童服装
FZ/T 43015—2011	桑蚕丝针织服装

二、针织服装产品标准质量要求

我国针织服装产品标准质量考核主要分外观质量和内在质量要求。外观质量考核的内容包括表面疵点、规格尺寸偏差、本身尺寸差异、缝制等要求；内在质量考核的内容包括纤维含量、弹子顶破强力、水洗尺寸变化率及扭曲、起毛起球、色牢度、pH值、甲醛、偶氮等要求。产品标准在考核产品质量的时候，设定了"优等品、一等品、合格品"三个等级。"优等品"是参考国外先进标准制订的，其质量要求达到国际先进水平；"一等品"为我国先进水平；"合格品"为最低要求，基本满足服装产品的服用性能。从以上国内产品标准分类来看，产品标准既能满足人们的基本要求，又能对产品质量分等级，有竞争性地提高产品质量。

以FZ/T 73020—2012《针织休闲服装》为例，标准中设定的三个产品质量等级，卫生安全、纤维成分、弹子顶破强力等要求保持一致（卫生安全要求基本与GB 18401—2010保持一致，纤维成分按照FZ/T 01053—2007的规定执行，弹子顶破强力会随产品的不同要求也会有差异）；外观质量、色牢度、洗后尺寸变化率及扭曲率、起球性能因产品等级不同要求也存在差异（外观质量、洗后尺寸变化率及扭曲率、起球性有明显的差异，色牢度等级要求约半级到一级之差），详见表12-11。

三、针织服装的质量检验

1. 针织服装基本质量要求

① 辅料、面料与确认样相符合。

② 同件或同套无色差，同批货品内无明显色差。

③ 外观平服、整洁，折叠及包装方法正确。

表 12-11　FZ/T 73020—2012《针织休闲服装》

项目			优等品	一等品	合格品
顶破强力≥/N				250	
水洗、干洗尺寸变化率/%	直向、横向		−3.0～+2.0	−5.5～+2.0	−6.5～+2.0
水洗后扭曲率≤/%	上衣	条格	4.0	5.0	5.0
		素色	5.0	6.0	7.0
	长裤		1.5	2.5	3.5
耐皂洗色牢度≥/级	变色		4	3～4	3
	沾色		4	3～4	3
耐汗渍色牢度≥/级	变色		4	3～4	3
	沾色		4	3	3
耐水色牢度≥/级	变色		4	3～4	3
	沾色		4	3	3
耐摩擦色牢度≥/级	干摩		4	3～4	3
	湿摩		3～4	3（深2）	2～3（深色2）
耐干洗色牢度≥/级	变色		4～5	4	3～4
	沾色		4～5	4	3～4
印（烫）花耐皂洗色牢度≥/级	变色		3～4	3	3
	沾色		3～4	3	3
印（烫）花耐摩擦色牢度≥/级	干摩		3～4	3	3
	湿摩		3	2～3	2～3（深2）
耐光色牢度≥/级	深色		4～5	4	3
	浅色		4	3	3
耐光、汗复合色牢度（碱性）≥/级			4～5	3～4	3～4
起球≥/级			3～4	3	2～3
甲醛含量/（mg/kg）					
pH值				按GB 18401—2010的规定执行	
异味					
可分解致癌芳香胺染料/（mg/kg）					
纤维含量（净干含量）/%				按FZ/T 01053—2007的规定执行	
拼接互染程度/级			4～5	4	4
洗后外观质量			印花部位不允许起泡、脱落、绣花部位缝纫线无严重不平整，贴花部位无脱开，附件无脱落、锈蚀		

2. 针织服装检验程序

无论是针织服装还是梭织服装，其近似款式的检验操作程序基本相同。

（1）检查三唛　查看图案、颜色、字体、内容、规格是否准确；查看是否有错、漏缝制；查看缝制位置、缝制方法及牢固度是否符合要求。

（2）检查内部　查看是否有断里子纱、超绒不均匀、超绒露底等布疵问题；查看里面缝份倒向是否准确；重点查看是否有剪断线、暗线跳线及线头不清等现象；查看是否有残留绣

花衬纸；查看肩膊缝（骨）是否按要求加了膊头绳或直纹布条。

（3）检查前身 查看衣片之间是否有色差及布纹纱向是否正确，是否有面料疵点和油污性疵点，是否有整烫发黄及烫起极光等现象；查看印绣花工艺是否符合确认样；查看下摆是否宽窄一致，各对称部位是否对称；查看是否有脱线、断线、跳线现象，单明线车边及双明线线距是否均匀顺畅，细节部位缝制工艺是否与确认样相符。

（4）检查衣领 领子同大身之间是否有色差、是否整洁（油污及布疵）、布纹纱向是否正确；领型是否端正、平服、美观，圆领是否圆顺，左右领尖是否对称；如果是滚边领和罗纹领，看领边是否宽窄一致，左右领窝是否圆顺对称；若是开胸衫，检查门襟是否宽窄一致，扣上纽扣后左右领口是否平服，门襟是否平服，左右领口是否有高低，扣眼是否有歪斜，扣眼距是否一致，扣眼是否在一条直线上，纽扣钉法是否符合要求，纽扣的牢度是否符合要求；如果是拉链开胸，拉链布带颜色和大身是否协调，拉链是否平服滑畅，是否有损坏等；最后查验缝制工艺，有无漏缝、跳针、断线，明线线距宽度是否符合要求，明线是否顺畅，针距是否符合要求并和大身一致，缝制方法是否有错。

（5）检查口袋 查看外观是否干净整洁、布纹正确，是否与大身无色差，无烫起极光现象；查看是否袋型端正、平服，袋口无豁开现象，左右开袋的袋位是否左右对称、高低一致；查看车边明线是否大小一致且顺畅，袋口边角处是否爆毛边，缝制起针及收针是否加针加固，回针线是否重合，是否有跳针、断线，针距是否符合要求。

（6）检查袖前片 查看外观，是否干净整洁、布纹正确、无色差；查看是否袖窿圆顺且平服、吃势（止口及容位）均匀、无起拱现象；查看袖口折边或罗纹是否宽窄一致，罗纹是否有色差现象；查看缝制底线及明线是否符合要求，是否有断线、跳针现象，针距及线距是否符合要求，明线线路是否顺畅且线距均匀。

（7）检查后身 查看是否有污渍及布疵问题，布纹是否正确；查看是否有烫黄及极光现象；查看印绣花工艺及位置是否符合最后一次确认样。查看下摆（脚口）折边或罗纹是否宽窄一致，罗纹是否与大身有色差问题；查看缝制明暗线是否符合要求，是否直顺且均匀，是否有跳针、漏针、断线等。

（8）检查后袖片 查看是否有污渍及布疵，布纹纱向是否正确，是否存在色差问题；查看是否有印绣工艺问题；查看是否有整烫发黄及极光问题；查看袖窿是否圆顺平服且左右对称；查看袖口折边或罗纹是否宽窄一致，罗纹同大袖身、大身是否有明显色差问题；查看缝制明暗线是否符合要求，尤其是明线针距及线距车边线等是否均匀顺畅，是否有跳针、断线、漏针等现象；查看袖夹底十字缝位是否对齐。

思考与实训题 ▶▶

1. 简述服装质量检验分类方法有哪些。
2. 简述服装质量检验程序有哪些。
3. 简述目前我国有哪些服装检验标准。
4. 简述西服质量检验程序及细则。
5. 简述西裤质量检验程序及细则。
6. 简述针织服装检验的程序。
7. 简述针织服装检验涉及的标准。

流通篇

第十三章

纺织商品贸易与成本核算

【本章知识点】

- 纺织商品贸易基础知识，包括出口贸易合同的履行流程、进口贸易合同的履行流程、国际贸易术语；
- 纺织出口价格构成、进出口计价原则与计价货币、佣金与折扣、纺织商品贸易成本核算方法。

第一节 纺织商品贸易基础

国际贸易业务中的重要环节是合同的磋商和签订，它既是一个业务问题，又是一个法律问题，并且直接关系到外贸企业的经济利益。事实上，无论是进口贸易还是出口贸易，其业务程序一般都包括三个阶段，即交易前的准备、商订合同和履行合同。

一、出口贸易合同的履行流程

以下以CIF（成本、保险费加运费）贸易术语为价格条款、以信用证方式为支付条款、以海运为运输条款达成的外贸出口合同为例，来说明纺织品贸易的出口业务流程。

（一）交易准备

1. 市场调查

在交易开始之前，应当了解有关国家的政治、经济和法律环境，尤其是关税政策、外汇管制政策和配额制度等方面的情况，以免在交易过程中因不熟悉外国国情而出现失误。其次，对国外销售市场调查研究，应以具体的进出口商品（或同一类商品）为对象，了解国外市场的基本特点，研究市场变动规律，了解拟销售商品在该市场的供需竞争状况、分销渠道及市场潜力，以确定产品输入该市场的可行性。

2. 寻找交易对象

对于进出口企业而言，寻求潜在的新客户并建立业务关系是进行交易的先决条件。同时也应对客户的资信情况等进行全面调查，遴选出成交可能性最大的客户。寻找交易对象可以由出口商自己直接选择，也可以委托第三者帮助挑选，或依据已有的客户资料筛选。

3. 寄送招商函

在市场中寻找到可能的客户之后，即可寄送招商函（Letter of proposal），表达与其建立交易关系的意愿，提出交易的一般条件，有时还可附上商品目录（catalog）或价格单（price list），并提供咨询人（reference），以便对方调查我方信用。

4. 资信调查

在相互双方表示愿意达成交易之后，为了避免信用风险，应该对客户的背景、客户的资产与负债情况、经营范围与能力等资信情况展开调查。

（二）交易磋商

交易磋商是进出口贸易的重要组成部分，它是卖方（出口商）与买方（进口商）为达成协议，就有关价格、数量、品质、付款方式及其他交易条件而进行的协商。

交易磋商的方式主要有口头和书面两种。口头磋商是通过面对面谈判或长途电话进行。面对面磋商既可以是进口商受到邀请来出口国进行谈判，也可以是出口商去进口国参观。除此之外，还可以借助国际博览会等交易会形式与其他国家的商人进行会面协商。

交易磋商的程序一般包括询盘、发盘、还盘和接受四个环节，其中发盘和接受是合同商订过程中必不可少的两个环节。

在国际贸易中一般是由产品的询价、报价作为贸易的开始。其中，对于出口产品的报价主要包括产品的质量等级、产品的规格型号、产品是否有特殊包装要求、所购产品量的多少、交货期的要求、产品的运输方式、产品的材质等内容。

比较常用的报价有FOB（船上交货）、CFR（成本加运费）、CIF（成本、保险费加运费）等形式。报价经对方同意即表示接受之后，合同即告成立。但大多情况下，对方可能还会还价即还盘（counter offer），经过多次磋商即讨价还价之后，价格与其他条件才可能谈妥，双方同意确认后，再签书面合同。

（三）签订贸易合同

国际贸易中，当交易一方提出发盘，交易另一方作出有效接受之后，买卖双方之间即达成买卖合同关系。买卖双方在交易磋商过程中的往来函电即为双方买卖合同的书面证明。但为了明确，买卖双方一般还要在交易磋商的基础上，签订国际商务合同或成交确认书将双方的权利、义务及各项交易条件明文规定下来。在我国对外贸易业务中，合同或确认书通常一式两份，由双方合法代表分别签字后各执一份，作为合同订立的证据和履行合同的依据。

（四）履行合同

1. 落实信用证

信用证支付方式是随着国际贸易的发展，在银行和金融机构参与国际贸易结算的过程中逐步形成的。它是一种以银行信用为基础的支付方式，银行的加入大大提高了出口商收款的安全性，同时也使贸易融资更加便利。目前，信用证付款是国际贸易中使用最为普遍的一种支付方式。

在出口合同中，买方应按时开证以确保卖方正常履约。信用证是依据买卖合同开立的，信用证内容应该与买卖合同条款保持一致。对信用证要进行全面细致的审核，如果发现问题，应区别问题的性质，分别同银行、运输、保险、商检等有关部门会商研究，做出恰当妥善处理。凡属于不符合我国对外贸易方针政策、影响合同履行和安全、及时收汇的情况，必须要求国外客户通过开证行进行修改，并坚持在收到银行修改信用证通知书后，才能对外发

货，以免发生货物装出后发生与后来收到的信用证修改通知书不相符的情况，造成我方工作上的被动和经济上的损失。

2. 备货、报验

（1）申领出口许可证　按照我国目前的规定，凡出口"限制出口货物表"中所列货物者，应向商务部或其委托机构申请核发出口许可证，凭此办理货物出口报关手续。

（2）备货　备货是出口人根据合同及信用证的规定，向有关企业或部门采购和准备货物的过程。备货在整个贸易流程中，起到举足轻重的重要地位，须按照合同逐一落实。备货的主要核对内容如下。

① 货物品质、规格，应按合同的要求核实。

② 货物数量：保证满足合同或信用证对数量的要求。

③ 备货时间：应根据信用证规定，结合船期安排，以利于船货衔接。

若出口商本身即为制造商，应按照交货期限的远近，排定货物生产计划；若出口商为专业贸易商，即向国内生产厂商或供货商发出订货单，待货物生产出来或购进之后，即可进行检验、包装、刷唛及入库。

（3）报检

凡属需要进行法定检验的商品，或合同规定必须经中国进出口商品检验检疫局检验出证的商品，在货物备齐后，应及时向商品检验局申请检验。只有取得商检局发给的合格检验证书，海关才准放行。经检验不合格的货物，一般不得出口。

3. 办理货运、报关和投保

（1）租船订舱、签订运输合同。

（2）办理报关手续　报关是指进出口货物出运前，向海关申报的手续。按照我国海关法规定，凡是进出国境的货物，必须经由设有海关的港口、车站、国际航空站进出，并由货物的发货人或其代理人向海关如实申报，交验规定的单据文件，请求办理查验放行手续。经过海关放行后，货物才可提取或者装运出口。

（3）投保　采用CIF或CIP术语成交，卖方有义务办理投保，因此，卖方应在装船前及时向保险公司申请投保、缴纳保险费并获取保险单。

（4）发出装船通知　在货物装上船后，出口商应向进口商发出装船通知（shipping advice），并附上或另行寄上货运单据副本，以方便进口商得以事先明了装货内容并准备各项提货事宜。

4. 信用证项下的制单结汇

（1）缮制单据。

（2）交单结汇　信用证项下制单结汇有3种做法，即收妥结汇、押汇和定期结汇。出口货物装出之后，进出口公司即应按照信用证的规定，正确缮制箱单、提单、出口产地证明、出口结汇等单据。在信用证规定的交单有效期内，递交银行办理议付结汇手续。常用的出口单据和凭证有汇票、提单、保险单或保险凭证、商业发票、产地证明书、检验证书、包装单和重量单、普惠制单据（GSP）等。

（3）出口收汇核销和出口退税　根据国务院、国家外汇管理局、国家税务总局的有关规定，我国出口企业在办理货物装运出口以及议付结汇之后，应及时办理出口收汇核销和出口退税手续。

二、进口贸易合同的履行流程

进口合同与出口合同实际上是一个合同，进口合同的履行与出口合同的履行是同一事物的两方面，只是当事人主体不同而已。其实质是，卖方在履行外贸合同中规定的出口人义务的同时，买方在履行外贸合同中规定的进口人义务。不论交易是由进口商还是出口商主动发起，在交易前的准备手续方面，进口与出口都大致相同，也就是都必须经过市场调查、寻找客户、资信调查等步骤；不过就履约流程而言，进口流程与出口流程有很大的不同。

以下以FOB贸易术语为价格条款、以信用证方式为支付条款、以海运为运输条款达成的外贸进口合同为例，说明我国纺织品贸易的进口业务流程。

（一）交易准备

1. 市场调查

进口商拟从国外进口货物，也必须先做市场调查，以了解哪一国可供应拟进口的商品，哪一国供应的商品品质较佳、价格较低廉等。

2. 寻找出口商

在市场调查之后，进口商即可根据所获得的资料分析比较，选定较理想的市场，再从这个市场中寻找合适的国外出口商，以便进行交易。

3. 资信调查

在进行交易磋商之前，应该调查对方的资信状况，避免资信不佳的出口商通过交付劣质货或伪造单据骗取货款，从而使进口商遭受损失。因此，选择资信良好的交易伙伴是十分重要的。

（二）交易磋商

与出口流程基本相同。

（三）签订贸易合同

与出口流程基本相同。

（四）履行合同

1. 申请进口许可证（Import license）

按照我国目前规定，凡输入进口许可证管理的货物，应向商务部或其委托机构申请核发进口许可证，凭以办理货物进口通关手续。

2. 开立（及修改）信用证

进口合同签订后，按照合同规定，填写开证申请书（Application for Letter of Credit），向银行申请办理开证手续。开证申请书是开证银行开立信用证的依据。进口商申请开立信用证，一般需向开证银行交付一定比率的押金（Margin）或抵押品，开证人还应该按照规定，向开证银行支付开证手续费。

信用证的内容应与合同条款一致。信用证的开证时间应按合同规定办理，如合同规定在卖方确定交货期后开证，则买方应在接到卖方上述通知后开证；如合同规定在卖方领到出口许可证或支付履约保证金后开证，则买方应在收到卖方已领到许可证的通知，或银行转知保证金已照收后开证。卖方收到信用证后，如提出修改信用证的要求，买方如果同意，即可向银行办理改证手续。

3. 派船接货

履行FOB交货条件下的进口合同，应由买方负责租船订舱到卖方口岸接运货物。卖方在交货前一定期限内，应将预计装运日期通知买方。买方接到上述通知后，应及时向货运代理公司办理租船订舱手续，并将船名及船期及时通知卖方，以便卖方备货装船。同时，为了防止船、货脱节而可能出现"船等货"或"货等船"的情况，买方应注意催促卖方按时装运。对数量大或重要物资的进口，如有必要，买方亦可请其驻外机构就地督促外商履约，或派人员前往出口地点检验监督。

4. 投保货运险

履行FOB或CFR交货条件下的进口合同，保险由买方办理。由进口商（或收货人）在向保险公司办理进口运输货物保险时，有两种做法：一种是逐笔投保方式；另一种是预约保险方式。

5. 审单和付汇（付款赎单）

银行收到国外寄来的汇票及单据后，对照信用证的规定，核对单据的种类、份数和内容。如内容无误，即由银行对国外出口商付款。同时，进口商使用人民币，按照国家规定的有关外汇牌价，向银行买汇赎单。进口商凭银行出具的"付款通知书"，向用货部门进行结算。如审核国外单据发现单证不符、单单不符时，应做出适当处理。处理单证不符、单单不符的办法很多，如停止对外付款、相符部分付款不符部分拒付、货到检验合格后再付款、凭卖方或议付行出具的担保付款、要求出口商改正单据、在付款的同时提出保留索赔权等。

6. 申请进口检验与检疫

若进口货物属于法定检验的商品项目，进口商应在货物抵港卸入仓库之后，向港口检验单位申请检验，取得检验合格证书，凭此办理进口报关。

目前，我国进出口商品检验工作主要有以下三个环节。

（1）接受报验　报验是指对外贸易关系人向商检机构报请检验。

（2）抽样检验　商检机构接受报验之后，及时派员赴货物堆存地点进行现场检验、鉴定。

（3）签发证书　在出口方面，凡列入"种类表"内的出口商品，经商检机构检验合格后，签发放行单（或在"出口货物报关单"上加盖放行章，以代替放行单）

7. 报关、纳税

（1）办理进口报关　进口货物运到后，由进口商或委托货运代理公司或专业报关行，根据进口单据填写"进口货物报关单"，并随附合同副本、发票、提单、装箱单、保险单、许可证、装货单（下货纸）、产地证和所需的其他证件，向海关申报。如属法定检验的进口商品，还需随附商品检验证书。海关查验货、证无误后，在报关单上加盖放行章，买方才能提货。

（2）纳税　海关按照《中华人民共和国海关进口税则》的规定，对进口货物计征进口税。货物在进口环节，由海关征收（包括代征）的税种有关税、增值税、消费税、工商统一税及地方附加税等。

8. 验收货物和拨交货物

（1）验收货物　进口货物运抵目的港卸货时，港务局要进行卸货核对。如发现短缺，买方应该及时填制"短缺报告"，交由船方确认，并根据短缺情况及时向船方提出运输索赔。卸货时，如发现残损，货物应存放于海关指定仓库，待保险公司会同商检机构检验后，做出处理。对于法定检验的进口货物，必须向卸货地或到达地的商检机构报检，未经检验的货物不准投产、销售和使用。如进口货物经商检机构检验，发现有残损短缺，应凭商检机构出具的证书对外索赔。对于合同规定的卸货港检验的货物，或已发现残损短缺、有异状的货物，或合同规定的索赔期即将届满的货物等，都需要在港口进行检验。

（2）拨交货物　在办完上述手续后，如订货或用货单位在卸货港所在地，则就近转交货物；如订货或用货单位不在卸货地区，委托货运代理将货物转运内地，并转交给订货或用货单位。关于进口关税和运往内地的费用等，由货运代理向进口商收取后，进口商再向订货部门结算。

9. 索赔

进口商在提货之后，若发现货物有短缺或毁损，应会同船舶公司及公证行开箱点查检验，并取得公证报告，凭以向船舶公司或出口商索赔；若货物的损失是可向保险人索赔的，应请保险公司会同检验，并备妥相关单证向保险人索赔。

以上贸易程序都是围绕纺织品国际贸易合同展开的。纺织品国际贸易合同条款有主要条款和一般条款之分。主要条款包括合同的标的（商品的名称、数量、品质、包装条款）、商品的价格条款、商品的运输与保险条款、结算条款等。一般条款包括商品的检验条款、争议与索赔条款、不可抗力条款、仲裁条款等。

三、国际贸易术语

（一）国际贸易术语的概念

贸易术语（Trade Terms），又称贸易条件或价格术语（Price Terms），是指用一个简短的概念或三个英文字母的缩写来表明商品的价格构成、说明交货地点、明确在货物交接过程中买卖双方有关的费用、风险和责任划分的专门用语。它是在长期的国际贸易实践中逐渐形成的，并随着交通运输、保险、通讯的发展而逐步发展。贸易术语的产生，极大地方便和促进了国际贸易的发展。使用贸易术语不仅可以简化贸易程序与合同内容，缩短谈判时间，而且有利于买卖双方推算价格和成本，同时，明确表明了商品风险和所有权转移的界限，有利于解决贸易过程中出现的争议。

（二）有关贸易术语的国际惯例

有关国际贸易方面的国际惯例，比较有代表性的有《1932年华沙—牛津规则》《1941年美国对外贸易定义修订本》《2010年国际贸易术语解释通则》。

1.《1932年华沙—牛津规则》

1928年国际法协会曾在波兰华沙开会，制定了有关CIF买卖契约统一规则，称为《1928年华沙规则》。后经1930年的纽约会议、1931年的巴黎会议和1932年的牛津会议，对华沙规则进行了修订，定名为《1932年华沙—牛津规则》，全文共21条。这一规则主要说明了CIF买卖合同的性质和特点，并具体规定了采用CIF术语时有关买卖双方所承担的风险、责任和费用的划分以及所有权转移方式，解释的内容比较详细。这个规则自从制定到现在，80多年没有修改过，一直沿用到现在。

2.《1941年美国对外贸易定义修订本》

《美国对外贸易定义》是由美国几个大的商业团体制定的。最早于1919年在纽约制定，

到1941年在美国第27届全国的对外贸易会议上进行修订，定名为《1941年美国对外贸易定义修订本》，并经过美国国会、美国进出口协会和全国对外贸易协会联合委员会通过公布执行的。它对 Ex Point of Origin（产地交货）、FOB（运输工具上交货）、FAS（运输工具旁交货）、C&F（成本加运费）、CIF（成本加保险费加运费）以及 Ex Dock（目的港码头交货）等贸易术语作了解释。《美国对外贸易定义》主要适用于北美国家，带有明显的地区性。但由于北美经济贸易比较发达，所以这个惯例也颇有影响，仅次于国际商会的通则。又由于它对贸易术语的解释，特别是对最常用的FOB的解释与其他国际惯例的解释有明显的差别，所以在于北美国家做贸易时应特别注明术语的适用规则。

3.《2010年国际贸易术语解释通则》

《国际贸易术语解释通则》即 International Rules for the Interpretation of Trade Terms，缩写形式为 INCOTERMS。它是国际商会为了统一各种贸易术语的解释而制定的，在当前国际贸易中应用最为广泛。

该通则于1936年首次制定，历经1953年、1967年、1976年、1980年、1990年、2000年和2010年共7次修订，平均修订频率为每10年修订1次。现行的《2010年国际贸易术语解释通则》（以下简称《INCOTERMS2010》）于2010年9月修订公布，成为国际商会第715号出版物（也可简称"ICC715"），自2011年1月1日起实施。

第二节　纺织外贸成本核算

一、纺织出口价格构成

在国际贸易中，确定一种商品的合理成交价，不仅取决于其本身的价值，还要考虑到出口成本、国际市场价格水平、企业的经营意图等多方面因素，以及商品从产地运至最终目的地的过程中，有关的手续由谁办理、费用由谁负担以及预期的利润等。出口纺织品的价格构成包括成本、费用和预期利润三部分。

企业的出口成本包括两部分，即商品本身的成本和商品装运出口前的费用（即国内总费用）。

1. 商品本身的成本

即生产成本、加工成本和采购成本三种类型。

（1）生产成本　制造商生产某一产品所需的投入。

（2）加工成本　加工商对成品或半成品进行加工所需的成本。

（3）采购成本　贸易商向供应商采购的价格，亦称进货成本。

2. 国内总费用

（1）国内运输费　出口货物在装运前所发生的境内运输费，通常有卡车运输费、内河运输费、路桥费、过境费及装卸费。

（2）包装费　包装费用通常包括在采购成本之中，但如果客户对货物的包装有特殊的要求，由此产生的费用就要作为包装费另加。

（3）仓储费　需要提前采购或另外存仓的货物往往会发生仓储费用。

（4）认证费　出口商办理出口许可、配额、产地证明、其他证明所支付的费用。

（5）港区港杂费　出口货物在装运前在港区码头所需支付的各种费用。

（6）商检费　出口商品检验机构根据国家的有关规定或出口商的请求对货物进行检验所发生的费用。

（7）捐税　国家对出口商品征收、代收或退还的有关税费，通常有出口关税、增值税等。

（8）贷款利息　出口商由向国内供应商购进货物至从国外买方收到货款期间由于资金的占用而造成的利息损失，也包括出口商给予买方延期付款的利息损失。

（9）业务费用　出口商在经营中发生的有关费用，如：通讯费、交通费、交际费、广告费等，又称为经营管理费。

（10）银行费用　出口商委托银行向国外客户收取货款、进行资信调查等所支出的费用。

出口货物涉及的各种国内费用在报价时大部分还没有发生，因此该费用的核算实际是一种估算。其方法有以下两种。

第一种方法是将货物装运前的各项费用根据以往的经验进行估算并叠加，然后除以出口商品数量获得单位商品装运前的费用，即单位出口商品国内总费用=国内总费用÷出口商品数量。

第二种方法是因为该费用在货价中所占比重较低，而且项目繁杂而琐碎，贸易公司根据以往经营各种商品的经验，采用定额费用率的做法。所谓定额费用率，是指贸易公司在业务操作中对货物装运前发生的费用按公司年度支出规定一个百分比，一般为公司购货成本的3%～10%。实际业务中，该费率由贸易公司按不同的商品、交易额大小、竞争的激烈程度自行确定。

究竟用哪一种方法确定单位产品国内费用，应以所采数据的准确性、价格的竞争性及定价策略等综合考虑决定。在实践中，因出口费用涉及项目繁杂、单位众多，各项费用不易精确估算，故而常用定额费率的方法加以核算。

3. 预期利润

利润是交易的最终目的，是价格的重要组成部分，也是贸易双方最为关心的要素。预期利润是进出口价格的三要素之一。价格中所包含的利润大小往往根据行业、市场需求以及企业的价格策略等因素来决定，其中差别很大。比如在市场上旺销的服装，可以定很高的利润；而销路平平的服装，利润往往很低。

与保险费、银行费用和佣金的计算不同，利润作为企业自己的收入，其核算的方法由企业自行决定，通常采用一定的百分比作为经营的利润率来核算。计算利润的基数，一般是出口成本，也有采用成交价格计算的，由各企业自行决定。

二、进出口计价原则与计价货币

在确定进出口纺织品的价格时，国际市场行情和购销意图是商品定价的最主要的依据。市场行情既反映了当前的价格水平，又反映了未来价格变动的趋势。正确把握市场行情，才能以有利的价格条件成交。

在国际贸易中，对于现汇贸易，应采用可兑换货币。买卖双方均应密切注意货币汇率的升降趋势，以减少由于汇率波动而带来的风险。我国的人民币，已实行经常项目下可自由兑换，所以也是我国对外贸易中使用的货币之一，尤其是与签订了货币互换协议的国家进行贸易的时候，争取选用人民币进行计价和结算，以防范汇率波动带来的风险。

通常，买卖双方愿意选择汇率稳定的货币作为计价货币。但在汇率不稳定的情况下，出

口方倾向于选用"硬币"，即币值坚挺、汇率看涨的货币；而进口方则倾向于选用"软币"，即币值疲软、汇率看跌的货币。合同中采用何种货币要由双方自愿协商决定。若采用的计价货币对其中一方不利，这一方应采取合适的保值措施，比如远期外汇买卖，并应把所承担的汇率风险考虑到货价中去。但在实际中，汇率风险往往是难以预测的。

三、佣金与折扣

（一）佣金

佣金（Commission）是指卖方或买方支付给中间商代理买卖或介绍交易的服务酬金。我国的外贸公司，在代理国内企业进出口业务时，通常由双方签订协议规定代理佣金比率，而对外报价时，佣金率不明示在价格中，这种佣金称之为"暗佣"。如果在价格条款中，明确表示佣金的多少，则称为"明佣"。在我国对外贸易中，主要出现在我国出口企业向国外中间商的报价中。

包含佣金的合同价格，称为含佣价。通常以含佣价乘以佣金率，得出佣金额。其计算公式为：

$$佣金 = 含佣价 \times 佣金率$$
$$佣金 = 含佣价 - 净价$$

整理后得含佣价和净价的关系为：

$$含佣价 = 净价 \div （1 - 佣金率）$$

佣金的支付方法主要有两种，一是卖方在收妥货款后，再向中间商支付佣金；二是由中间商直接从货款中扣除。相比较而言，前一种方法较为常用。

（二）折扣

折扣（Discount）是卖方在原价格的基础上给予买方的一定比例的价格减让。

使用折扣方式减让价格，而不直接降低报价，既使卖方保持了商品的价位，又明确表明了给予买方的某种优惠，是一种促销手段，如数量折扣、现金折扣、季节折扣、特别折扣、清仓折扣、新品促销折扣等。例如，"每件30美元CIF纽约减5％折扣"。卖方在开具发票时，应标明折扣，并在总价中将折扣减去。

折扣是以成交额或发票金额为基础计算而来，其计算公式为：

$$折扣 = 原价 \times 折扣率$$

折扣一般在买方付款时预先扣除。也有不直接从货价中扣除，而是按暗中达成的约定另行支付，即采用"暗扣"或"回扣"的方式。

四、纺织商品贸易成本核算

纺织品进出口企业在掌握出口商品价格时，要注意加强成本核算，以便采取措施不断降低成本，提高经济效益。

（一）出口商品换汇成本（换汇率）

换汇成本是指某出口商品换回一单位外汇所需的人民币成本。换言之，即用多少元人民币的"出口成本"可换回单位外币的"净收入外汇"。换汇成本越低，出口的经济效益越好。

计算公式为：

$$出口换汇成本 = \frac{出口商品总成本（人民币元）}{出口外汇净收入}$$

其中　　　　出口商品总成本（退税后）= 出口商品购进价（含增值税）+ 定额费用

出口外汇净收入 = FOB 净收入（扣除佣金、运费、保费等劳务费用后的外汇净收入）。

【例1】出口羊毛衫一批，国内进价为人民币8000元，加工费800元，流通费500元，税金30元，出口销售外汇净收入为1550美元，则：

出口总成本 = 8000+800+500+30 = 9330元（人民币）

换汇成本 = 9330元 ÷ 1550美元 ≈ 6.02元/美元。

【例2】某外贸公司出口某商品1000箱，该货每箱收购人民币价100元，国内费用为收购价的15%，出口后每箱可退税7元人民币，外销价为每箱19.00美元CFR曼谷，每箱货应付海运运费1.20美元，试计算该商品的出口换汇成本。

解：（1）出口成本 = 1000×100（1+15%）− 1000×7 = 108000元

（2）出口销售外汇净收入 = 每箱外销价 − 海运运费

$$= 1000 × （19.00−1.20）= 17800美元$$

（3）出口换汇成本 = 出口总成本（人民币）÷ 出口外汇净收入（美元）

$$= 108000元 ÷ 17800美元 ≈ 6.07元/美元$$

即该商品的换汇成本为6.07元/美元

（二）出口商品盈亏率

出口盈亏率是盈亏额与出口总成本的比例，用百分比表示，它是衡量出口盈亏程度的一项重要指标。其计算公式为：

出口盈亏率 =（盈亏额 ÷ 出口总成本）×100%

$$=［出口外汇净收入（外币折成本币）− 出口总成本（本币）］÷ 出口总成本（本币）×100\%$$

其中　　　　出口人民币净收入 = FOB出口外汇净收入 × 银行外汇买入价

上述例1中，若银行的外汇买入价为每美元6.05元人民币，则：

$$出口商品盈亏率 = \frac{1550×6.05−9330}{9330} ×100\% = 0.51\%$$

盈亏率和换汇成本之间的关系为：

$$出口商品盈亏率 = \left（\frac{银行买入价}{出口换汇成本}−1\right）×100\%$$

可见，换汇成本高于银行买入价，盈亏率是负值。换汇成本低于银行外汇买入价，出口才有盈利。

（三）出口创汇率/外汇增值率

出口创汇率亦称外汇增值率，它直接反映以外汇购进原料（包括辅助原料），经加工成成品（包括未成品）出口的创汇效果。它与一般商品出口换汇的区别在于，必须先支出外汇，才能创出外汇，反映新创收的外汇和为创外汇而支出的外汇之间的比率。具体做法是以成品出口所得的外汇净收入减去进口原料所支出的外汇，算出成品出口外汇增值的数额，即

创汇额，再将其与原料外汇成本相比，计算出百分率。在采用国产原料的正常出口业务中，也可计算创汇率，这就要以该原料的FOB出口价格作为原料外汇成本。计算公式为：

$$出口创汇率 = \frac{(成品出口外汇净收入 - 原料外汇成本)}{原料外汇成本} \times 100\%$$

若计算结果为正，则表示外汇增值；若为负，则说明"倒贴外汇"。

（四）进口商品的费用与成本

进口商品的进口成本一般包含进口合同的成本价和进口费用。而进口费用所包括的内容是很多的。

如果以FOB条件从国外装运为基础，进口的费用包括有以下内容。

（1）国外运输费用　从出口国港口、机构或边境到我国边境、港口、机场等的海、陆、空的运输费用。

（2）运输保险费　上述运输途中的保险费用。

（3）卸货费用　包括码头卸货费、起重机费、驳船费、码头建设费、码头仓租费等。

（4）进口税　货物在进口环节由海关征收（包括代征）的税种有关税、产品税、增值税、工商统一税及地方附加税、进口调节税、车辆购置附加费等。

① 关税：是货物在进口环节由海关征收的一个基本税种。关税的计算公式为：

$$进口关税税额 = 完税价格（合同的到岸价） \times 关税税率$$

② 产品税、增值税、工商统一税、地方附加税：都是在货物进口环节由海关代征的税种。

其计算公式为：

$$完税价格 = （到岸价格 + 关税） / （1 - 税率）$$

$$应纳税额 = 完税价格 \times 税率$$

③ 进口调节税：是对国家限制进口的商品或其他原因加征的税种。其计算公式为：

$$进口调节税税额 = 到岸价格 \times 进口调节税税率$$

④ 车辆购置附加费：进口大、小客车、通用型载货汽车、越野车、客货两用车、摩托车、牵引车、半挂牵引车以及其他运输车，均由海关代征车辆购置附加费，费率是15%。

其计算公式为：

$$计费组合价格 = 到岸价 + 关税 + 增值税$$

$$车辆购买附加费 = 计费组合价格 \times 15\%$$

上述各种税金均以人民币计征。

（5）银行费用　我国进口贸易大多通过银行付款。银行要收取有关手续费，如开证费、结汇手续等。

（6）进口商品的检验费和其他公证费。

（7）报关提货费。

（8）国内运输费。

（9）利息支出　即从开证付款至收回货款之间所发生的利息。

（10）外贸公司代理进口费。

（11）其他费用　如杂费等。

思考与实训题 ▶▶

1. 有关国际贸易术语的惯例有哪些？常用的贸易术语有哪些？各有什么性质特点？

2. 简述纺织品进出口贸易的履行。

3. 试述纺织品贸易中成本核算的主要指标。

4. 某公司以每公吨250.00美元CIF中国口岸进口盘条1000公吨，加工成螺丝100万罗（Gross）出口，每罗0.35美元CIF卡拉奇纸箱装，每箱250罗，每箱0.05立方米，毛重30公斤，海运运费W/M10级，每运费吨80美元，试计算外汇增值率。

第十四章

纺织商品的包装与标识

【本章知识点】
- 服装包装、标识的含义；
- 主要天然纤维的包装与标识；
- 纱线的包装与标识；
- 棉织品、毛织品、丝织品、麻织品的包装与标识。

第一节　服装商品的包装与标识

一、服装包装

1. 服装包装的概念与种类

服装的包装是为了保护服装在储存、保管、运输过程中品质完好和数量完整的一种必不可少的手段，同时，包装也可以美化服装、宣传服装、促进服装销售、方便顾客使用。服装包装一般，可分为内层包装、外层包装以及终端包装。

内层包装主要作用是保持服装数量、方便运输和清点方便，是服装贮存、运输的保障。这类包装材料上多采用透明塑料，除少数大品牌外一般印刷比较简单，甚至是没有任何印刷的透明塑料袋。

外层包装，一般采用瓦楞纸箱、木箱、塑料编织袋三种方式，便于运输、贮存，同时要采取相应的防潮措施。一般印刷简单，只要可以反映内容物基本信息即可。

终端包装（即服饰用购物袋），主要用于展示和便于客户携带。因此这层包装印刷相当精美，同时样式设计上也多种多样，服装企业一般将此类包装列为企业的重要组成部分，这部分包装从材料、形式到印刷都非常多样化。从材料看纸质的、塑料的、布质的是最常见常用的三类。从形式看包括吊卡袋、拉链袋（三封边）、手提式等常见形式。

2. 包装标志

包装标志是指在服装的运输包装中用文字、图形和数字等书写和印刷的标志。主要为了方便在运输、保管、装卸和检验的过程中，对服装的识别及加强对服装的管理，针对不同的服装而采取必要的保护措施。包装标志主要有运输标志和指示性、警告性标志两类。

运输标志又称唛头，常由一个简单的几何图形和一些字母、数字及简单的文字组成。其组成包括收货人代号、发货人代号、目的港、件号。指示性、警告性标志是根据服装的特点，提示人们在装卸、搬运、储存等过程中的应引起注意事项，保障货物和操作人员的安全。

二、服装标识

服装标识是用来说明服装的性质、用途、来源及使用方法等一系列指导性的文字或图案。正确认识和理解服装标识的种类及意义，对于引导消费、拉动消费、提高企业知名度和满足消费者心理需求，都具有重要的意义。

按国际上通常的做法，服装标识包括商标及纸吊牌、纤维成分标识、规格标识、原产地（国）标识、洗涤和熨烫标识、条形码、安全及环保标识。

（一）商标及纸吊牌

商标是指生产者、经营者为使自己的商品或服务与他人的商品或服务相区别，而使用在商品及其包装上或服务标记上的由文字、图形、字母、数字、三维标志和颜色组合，以及上述要素的组合所构成的一种可视性标志。对于服装，商标又称布标、织唛，主要用于领标或其他装饰。

商标有表示商品出处、保证商品质量和广告宣传作用。服装上的商标，通常以优质丝线通过电脑提花织机织成，具有色彩鲜艳、图案线条精细、豪华典雅、耐久性好的特点。织唛可以热切超声切和激光切加工为各种宽度（1～20cm），也可以加金银丝，使织唛可随光线变化产生效果。

商标可以用文字、图形、记号及其相互组合构成，很多商标往往把企业的LOGO标志包含在其中，图14-1所示为常用于服装领口处的商标式样。服装标识为品牌、企业无形资产的一种表达方式，是企业让消费者为了识别品牌所做的标志性记号或图案。

图14-1　商标式样

用纤维织成的商标带上，除了标明服装的商标牌号外，有的还标示面、里料的纤维成分、规格、号型及洗涤整烫标识等，商标一般车缝在衣领，袖口部位，或其他清楚地放置在服装上规定的显著位置。

除了商标外，现普遍使用的是悬挂在服装正面第二颗纽扣上各种颜色的纸吊牌，也称纸牌。吊牌的制作材料大多为纸质，也有塑料的、金属、纤维织品等材料。另外，近年还出现了用全息防伪材料制成的新型吊牌。尽管每个服装企业的吊牌各具特色，但大多在吊牌上印有厂名、厂址（进口服装可只标明产地，同时标明代理商在国内注册的名称和地址）、产品名称、号型、纤维成分和含量、颜色、洗涤方法、产品执行标准编号、产品质量等级、产品质量合格证、安全类别（特别是童装和内衣类必须标注）等。图14-2所示为纸吊牌的正面图案示例。

图14-2　吊牌式样

（二）纤维成分标识

纤维的种类及其含量是决定纺织产品性能、价格以及维护方式等多项品质的一个重要因素，也是消费者购买纺织产品时的关注点。各主要贸易国，如欧盟、美国、日本、加拿大、澳大利亚等对纤维含量标识都做强制性要求，并专门制定了各项标准或技术法规，来规范纤维含量标识的正确标注。我国强制性国家标准GB 5296.4《消费品使用说明　纺织品和服装使用说明》规定纤维含量标识应符合行业标准FZ/T 01053《纺织品　纤维含量的标识》的规定。GB/T 4146—2009规定了工业化生产的各种化学纤维名称。GB/T 11951—1989规定了纺织用天然纤维的名称和定义。

（三）规格（号型）标识

每一个国家和地区对服装的规格都有相应的标准，我国称之为服装号型。按照"服装号型系列"标准规定在服装上必须标明号型。号与型之间用斜线分开，后接体形分类代号。例如：170/88A，表示身高为170cm，净体胸围为88cm、体形分类代号为"A"。

规格标识通常在领口商标下，并且常与洗涤标、吊牌甚至商标结合在一起，多处增加规格标识便于消费者查对服装规格。

习惯上，像西服、毛衫、羽绒衫等服装标明号型外，还相应注明其适穿的规格，如小号"S"、中号"M"、大号"L"等；衬衫一般以领围来表示规格大小。

（四）原产地（国）标识

产品原产地标识是保护消费者权益的重要体现。美国、加拿大及日本等国家早已对进口纺织产品的原产地标识做出规定，欧盟2012年5月8日正式实施的（EU）NO.1007/2011法规中明确指出纺织产品的标签须正确标注原产国，一件纺织品的纺纱、织造、整理或者缝制几个制造过程中至少有两个环节在欧盟生产，才被视为是原产于欧盟国家的纺织品；如从第三国进口的产品，应强制规定附有原产标签。

产地和生产单位，一般置于商标（牌）画面底部或用标签标明。在国际贸易中，多数国家之间订有不同的互惠协定，大多数服装须按配额进口，标明国别可使进口国根据不同的互惠原则，规定不同税率。也有不使用产地标识的，称中性包装，它是指商品的内外标识以及包装材料无任何产地以及暗示产地的一种包装方式，是一种符合国际惯例的通行做法。

（五）洗涤和熨烫标识

服装在服用或使用过程中会遇到洗涤、熨烫或干洗等问题，为了让消费者掌握所用服装面料、辅料各种织物原料的性能，在使用、洗涤、整理和保养过程中不受损坏，一般会在后领中、后腰中主唛下面或旁边，或者是侧缝的位置，车上洗涤、熨烫标识。

洗涤、熨烫标识主要标注衣服的面料成分和正确的洗涤方法，比如干洗、机洗、手洗、是否可以漂白、晾干方法、熨烫温度要求等。洗涤熨烫标识大致有五个方面，槽形图案的水洗标识、圆圈图案的干洗标识、三角形或锥形瓶图案的漂白标识、衣服图案的晾干标识、熨斗图案的熨烫标识。

（六）条形码

商品条形码是指由一组规则排列的条、空及其对应字符组成的标识，用以表示一定的商品信息的符号。其中条为深色、空为纳色，用于条形码识读设备的扫描识读。其对应字符由一组阿拉伯数字组成，供人们直接识读或通过键盘向计算机输入数据使用。这一组条、空和相应的字符所表示的信息是相同的。条形码技术是随着计算机与信息技术的发展和应用而诞生的，它是集编码、印刷、识别、数据采集和处理于一身的新型技术。

世界上常用的码制有EAN条形码、UPC条形码、二五条形码、交叉二五条形码、库德巴条形码、三九条形码和128条形码等，而商品上最常使用的就是EAN条形码。

（七）安全、环保标识

随着科学技术的进步和全人类对环境保护的深入，消费者越来越注意保护有限的自然资源与生态环境及自身环境安全，这是一些被特别认证的标志，例如反映产品质量保证的ISO9001/9002、环保ISO14000、全棉标志、纯羊毛标志、欧洲绿色标签Oeko-TexStandard 100、欧洲生态标签 E-co-label。国家标准《国家纺织产品基本安全技术规范》要求，服装必须标明"GB 18401—2010"的标识，没有取得相关安全标识的服装禁止销售。《国家纺织产品基本安全技术规范》将纺织产品分为A、B、C三大类，A类为婴幼儿用品，B类为直接接触皮肤的产品，C类则为非直接接触皮肤的产品，纺织商品的吊牌上应直接注明产品安全类别，或标明"安全等级：GB 18401—2010 A类"字样，这样才属于合格产品，如产品吊牌上只写明"A类""B"类或"C"字样，则属于标识不规范产品，而无任何安全标识的产品肯定属于不合格产品。

第二节　纤维商品的包装与标识

一、棉花

成包时，必须包装完整，包型相同的各包重量相当。不得将棉短绒、不孕籽回收棉、油花、下脚花及危害性杂物等混入包内。棉花包装时按GB 1103—2007执行。

GB 1103.1规定，锯齿加工的细绒棉质量标识要按照棉花主体颜色级、长度级、主体马克隆值的顺序标示。质量标识代号包括，颜色按照颜色级代号标示；长度级代号包括25～32 mm，用"25"～"32"标示；马克隆值级代号包括A、B、C级，分别用A、B、C标示。例如白棉三级，长度28mm，主体马克隆值B级，质量标识则写成3128B；淡点污棉二级，

长度27mm，主体马克隆值B级，质量标识则写成2227B。

GB 1103.2规定，皮辊加工的细绒棉质量标识要按照棉花类型、主体品级、长度级、主体马克隆值的顺序标示。

对用棉布包装的棉包，在棉包两头用黑色刷明标志，内容包括棉花产地（省、自治区、直辖市和县）、棉花加工单位、棉花质量标识、批号、包号、毛重、异性纤维含量代号和生产日期。对用塑料包装的棉包，在棉包两头采取不干胶粘贴或其他方式固定标签，标签载明内容同上。采用条码作为棉包标志，条码固定在棉布包装或塑料包装的棉包两头。

成包皮棉在储存时要注意通风、防潮，防止发生霉变和火灾。棉花在运输过程中，要防止火灾、水浸、雨淋和污染。棉花运输要货证相符，货证同行。

二、麻

麻类包装的目的是使纤维保持自然状态而不混乱，可以缩小体积便于堆放和运输，并且可以减少发生火灾的可能性。对于麻类包装，在国际贸易上甚为重视，在合同中均订有包装的条款。目前，各国的包装规格不一，一般均按原产国的习惯成包。

三、蚕丝

生丝即桑蚕丝，生丝通常采用绞装丝和筒装丝两种包装形式。在生产过程中，根据绞装丝的包装要求，按照工艺要求，将丝片分车号逐片打成绞，并将各绞合并成把，用纸或塑料包好，以防止受潮和擦伤，然后包装成件出厂。

四、化学纤维

各种化学纤维的包装基本相同，筒装长丝采用纸箱装，箱内设定固定架，防止筒子相互摩擦碰撞。短纤维采用聚丙烯编织机压包，捆扎牢靠，适用于长途运输。要求唛头清晰、批次清楚。

储存要求分清批次，防火、防湿和防晒，确保商品不发生霉变。筒装长丝码放不宜过高。

第三节　纱线商品的包装与标识

一、棉纱线的包装

行业标准FZ/T10008《棉及化纤纯纺、混纺本色纱线标志与包装》规定了棉及化纤的纱线制品的包装与标志。

棉纱正常为绞纱和筒子纱线两种，其包装方式及技术要求见表14-1。

表14-1　棉纱包装方式及技术要求

类别	包装方式	技术要求
绞纱线	布包绳捆包装	包装应该完整严密，包布搭头处应叠盖6cm，包布两侧缝合处应该留出4cm折进缝入包布内，衬纸要衬足，达到绞纱线不外露
	铁皮紧压包装	
筒子纱线	布包包装	捆扎紧牢，袋口应该覆盖包头布，确保筒子纱线不外露
	纸箱包装	按照协议规定

1. 绞纱线

绞纱线分小包、中包、大包三种。绞纱小包体积不大于0.012m³为准，其各边长度基本掌握在长23.5cm、宽30.5cm、高16cm左右，绞纱线应经羊角墩绞，排列整齐，打成小包。绞纱每20小包为一中包，质量为100kg，体积以不大于0.22m³为标准，其各边长度基本上掌握在长97cm、宽34cm，高68cm左右。每40小包为一大包，重量200kg。

2. 筒子纱线

筒子纱线分为定重量包装和定个数包装两种，其中定重量包装又分为定重量成包和定重量成箱。

（1）筒子纱线定重量成包　筒子纱线的公称质量按公定回潮率计算，每包净重50kg。

（2）筒子纱线定重量成箱　每箱净重按收货方要求而定。

（3）筒子纱线定个数包装　按照筒子大小尺寸和包装大小，规定每包的筒子个数，按公定回潮率折合成标准质量收付。

对筒装长丝，为防止筒之间相互摩擦碰撞，应在纸箱内设固定架。

二、棉纱线商品的标志

纱线商品的标志主要分为刷唛和标签两种。绞纱线的标志采用刷唛，每个中包、大包两头应刷清的内容有厂名、商标、品种、公称线密度、品等、毛重、净重、生产批号、成包日期、体积等。筒子纱线的标志为标签，标签要用卡片纸，印好项目，项目内容与绞纱线相同。标签捆扎于袋口应牢固不易脱落。

对缝纫用的各种棉蜡光线、棉线、涤纶线等商品，为方便使用，一般制成宝塔筒式或圆管式。其每个成品均应标注生产厂名、商标、支股、长度等。集合成纸包、纸盒的包装，外面应有品种（支股、长度）、货号、数量、包号或颜色、重量、产品等级（一等品不表明等级）、收货单位、发货日期等内容。

三、纱线的标示

纱线作为一种商品，在商业贸易中必须有一个标记，用以说明这种纱线的技术规格。标示的内容一般应包括纱线的线密度、长丝根数、每次加捻的捻向及捻度、股线或缆线的组分数。

国家标准GB/T 8693—2008规定，在纱线标记中，线密度采用tex或者其倍数、分数单位表示；捻度采用每米纱线中的捻回数表示。同时还规定以R代表"最终线密度"，置于线密度数值之前；以f代表"长丝孔数"置于长丝根数之前；以t0代表纱线"无捻"。

纱线的标示方法有两种。第一种是以单纱的线密度为基础，即将单纱技术规格写在前面，将并捻后的最终线密度附在后面，中间用乘号隔开。第二种方法是以最终线密度为基础，将并捻后的纱线技术规格写在前面，将单纱的线密度附在后面，中间用分号隔开。

第四节　织物商品的包装与标志

一、棉织品的标志

纯棉产品作为天然纤维纺织品，以其柔软舒适、色泽艳丽、穿着自然等优点，深受人们的喜爱。为维护优质纯棉产品在国内外市场上的信誉，保护消费者和生产企业的合法权益，营造良好的纯棉产品市场环境，中国棉纺织行业协会于1997年推出了纯棉产品标志（详见行业标准FZ/T 01049—1997《纯棉产品的标志》）。

纯棉标志的产品，是由100％棉纤维纺制而成且具有较高品质的纯棉织物制品。在使用纯棉标志的产品中，由于装饰或功能的需要，也允许用少量的非棉纤维，但装饰用纤维必须是可见的，非棉纤维含量不得超过2％；不含装饰用或功能用纤维产品的棉纤维含量必须是100％。

二、毛织品的质量认证标志

毛织品与其他纺织面料一样需要经过物理和化学方面的质量检测。专属于毛织品的认证目前最为权威的就是纯羊毛标志。它是由国际羊毛局（IWS）于1964年推出的。

带纯羊毛标志的产品必须为纯新羊毛，即非再生毛，只允许有0.3％杂质，并允许有5％的装饰性非羊毛纤维，如珠片、绣花或为加强产品性能的添加物。羊毛混纺标志也不允许使用再生毛，混纺时，只允许有一种非羊毛纤维与羊毛混合，且羊毛含量必须在60％以上（与棉混纺时可降到55％）。

羊毛标志（图14-3）适用于服装、毛衫、毛毯、毛绒、地毯、精粗纺面料、装饰布等，每一类都有相应的内在品质和外观等技术要求。对羊毛服装来说，羊毛标志一般缝于领口或在左肩缝以下约25cm处悬挂吊牌。

WOOL MARK   WOOL BLEND   WOOLMARK BLEND

图14-3　纯羊毛标志

申请羊毛标志的程序是，厂家首先向国际羊毛局提出书面申请，国际羊毛局认定该厂具备一定条件后，到厂考察，产品送到指定的测试部门测试，合格后，双方签订协议书，颁发"纯羊毛标志"或者"羊毛混纺标志"的使用许可证。之后每生产一批产品都要到指定的测试部门测试，抽样率为千分之一。

三、丝织品的包装与标志

在桑蚕丝织物标准GB/T 15551—2007中，规定并简化了对丝织物包装材料和包装方法的要求。

1. 包装分类

丝织物包装根据用户要求分为卷筒、卷板及折叠三类。

2. 包装材料

卷筒纸管规格，螺旋斜开机制管，内径3.0～3.5cm，外径4cm，长度按纸箱长减去2cm，纸管要圆整、挺直。卷板用双瓦楞纸板。卷板的宽度为15cm，长度根据丝织物的幅宽或对折后的宽度决定。包装用纸箱采用高强度牛皮纸制成的双瓦楞叠盖式纸箱。要求坚韧、牢固、整洁，并涂防潮剂。

3. 包装要求

同件（箱）内优等品、一等品匹与匹之间色差不低于GB/T 250中4级。卷筒、卷板包装的内外层边的相对位移不大于2cm。绸匹外包装采用纸箱时，纸箱内应加衬塑料内衬袋或拖蜡防潮纸，用胶带封口。纸箱外用塑料打包带和铁皮轧扣箍紧纸箱。包装应牢固、防潮，便于仓储及运输。绸匹成包时，每匹实测回潮率不高于13％。

4. 标志

标志应明确、清晰、耐久、便于识别。每匹或每段丝织物两端距绸边3cm以内、幅边10cm以内盖一检验章及等级标记。每匹或每段丝织物应吊标签一张，内容按国家标准GB/T 5296.4—1998规定，包括品名、品号、原料名称及成分、幅宽、色别、长度、等级、执行标准编号、企业名称。每箱（件）应附装箱单。纸箱（布包）刷唛要正确、整齐、清晰。纸箱唛头内容包括合同号、箱号、品名、品号、花色号、幅宽、等级、匹数、毛重、净重及运输标志、企业名称、地址。每批产品出厂应附品质检验结果单。

对桑蚕丝织物的品质、包装和标志另有特殊要求者，供需双方可另订协议或合同，并按其执行。

5. 高档丝绸标志

高档丝绸标志，为丝绸类产品的规格达到指定规格的证明，目的在于证明真丝类产品的质量等级。丝的等级（由高到低）为6A、5A、4A、3A、2A、A、B、C。使用高档丝绸标志的产品必须达到《高档丝绸标志质量手册》所规定的品质指标，符合成分含量、优等优质、环保绿色等要求。

思考与实训题 ▶▶

1. 简述主要传统天然纤维的包装、储运与标志的要求？

2. 简述特种动物纤维山羊绒检验规则、包装、储运与标志的要求？

3. 如何识别纱线品种代号与标示？下列纱线品种代号与标示是何含意？

T60/C40JD13K

（27texS430+50texZ82）t0

32texS610×2Z410；R68.4tex

（18texZ710×3S410+32texS600）Z210；R86tex

4. 纱线的包装标志有何作用和要求？

5. 棉织物的规格怎样表示？

6. 简述服装包装的主要内容是什么。

7. 简述服装标识的主要内容是什么。

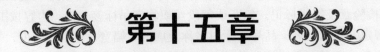

第十五章

纺织商品的选购

【本章知识点】
- 服装产品的选购方法与步骤；
- 常见纺织产品的选购方法；
- 进口服装的选购要点；
- 家纺产品的选购方法。

第一节　服装产品的选购要素

服装产品丰富，其面料风格、手感、舒适性能等都有很大差别。面对琳琅满目的商品，如何选购到称心如意的产品呢？购买一件衣服时要从以下多方面因素综合考察。

一、看款式色彩

服装最引人注目的是款式和色彩。服装款式指服装的式样，通常指形状因素，是服装造型要素中的一种。以女装为例，服装款式包括套装系列、典雅系列、印花系列、时尚系列、晚装系列、休闲系列和运动系列等多种，在此基础上变化，继而形成了丰富多彩的服装。根据服装整体的松紧程度可将服装款式分为一般型、紧身型和宽松型；根据服装不同部位的松紧变化，又可将服装款式分为H型、X型、T型、A型和O型等。

面料的色彩也是影响服装效果的一个重要因素。一般根据体型、肤色、年龄、性别、爱好、季节和服装款式特点确定花色品种。

同时还要看服装色彩是否均匀，彩色图案印染是否准确无误，不能出现走形及由于染色工艺不当而造成的各种影响面料色泽的质量问题。

二、看品牌

服装品牌是一笔无形资产，具有独特的功能价值和情感价值。服装的认牌购买，已经成为大多数人的习惯，因为名牌服装在用料、做工上都比较讲究，消费者购买比较放心。可在服装的吊牌、纽扣、拉链等处辨识其品牌。

三、看面料

服装面料按织造方式可分为机织物、针织物和非织造布三大类。针织物能在各个方向延伸，弹性好，有较大的透气性能，手感松软。机织物一般比较紧密，硬挺。针织物常用于制作毛衫、圆领衫、针织T恤衫、针织裤、针织工艺衫、针织休闲服装、针织裙套等；机织物常用作棉服装、西服（裤）、牛仔服装、夹克衫、羽绒服装、风衣、衬衫、单夹服装等。非织造布不太用于服装面料。

服装面料按原料分为天然纤维和化学纤维两大类。棉、毛、丝、麻等天然纤维吸湿、透气、穿着舒适，不易产生静电，光泽柔和，迎合人们回归自然的意愿；化学纤维具有耐穿、易洗快干、色泽鲜艳、不易褪色、不易变形等方面的优势，而且通过改性，可仿毛、仿麻、仿丝绸，达到以假乱真乃至胜似真的效果。

四、看质量

用手触摸面料质感、厚薄等，夏季以柔软、滑爽、透气为宜，冬季以厚实、保暖为宜。还可将面料抓在手里，用力捏紧，然后摊开检查是否易起皱。选购针织品时，纱线越细，布面越光滑细腻，穿着舒适性也会越好。

生产过程中残留的化学成分，会对人体造成伤害。选购时，可将商品靠近鼻孔闻一闻，是否带有霉味、石油味、鱼腥味等。如果产品有异味，则存在质量隐患，谨慎购买。

成衣质量的十六字标准，即平、服、顺、直、圆、登、挺、满、薄、松、匀、软、活、轻、窝、戤。"平"是指成衣的面、里、衬平坦，门襟、背衩不搅不豁，无起伏。"服"指成衣不但要符合人体的尺寸大小，而且各部位凹凸曲线与人体凹凸线相一致，俗称"服帖"。"顺"指成衣缝子，各部位的线条均与人的体型线条相吻合。"直"指成衣的各种直线应挺直、无弯曲。"圆"指成衣的各部位连接线条都构成平滑圆弧。"登"指成衣穿在身上后，各部位的横线条（如胸围线、腰围线）均与地面平行。"挺"指成衣的各部位要挺括。"满"是指成衣的前胸部要丰满。"薄"是指成衣的止口、卜头等部位要做得薄，能给人以飘逸、舒适的感觉。"松"是指成衣不拉紧、不呆板，能给人一种活泼感。"匀"是指成衣面、里、衬要统一均匀。"软"是指成衣的衬头挺而不硬，有柔软之感。"活"是指成衣形成的各方面线条和曲线灵活、活络，不给人呆滞的感觉。"轻"指成衣的穿着感到轻松。"窝"是指成衣各部位，如止口、领头、袋盖、背衩，都要有窝势。"戤"是指成衣宽舒度，伸手时不扳紧，手放直时戤龙不皱。

面料外观质量主要是指织物表面是否平整丰满、织纹清晰，是否存在织疵和色差等。印花产品还应注意对花是否准确，花形有无变形，主花朝向是否一致。仔细观看衣领、前胸、后背、袖子外侧等醒目的外观部位，主要是看其是否有明显影响外观质量的织疵（粗丝、断丝或丝结头）和污渍、水渍，有没有起毛和染斑现象，以及是否有其他明显疵点和破洞。另外还要对比左右前身、袖子，以及口袋、领子等部位有没有色差。有倒顺毛的要看其倒顺向是否一致。格、条面料应对格对条，特别是袖子与上衣前后片的格条要吻合。

如果是弹性面料，还可用手拉一拉服装的身长方向和宽度方向，看看弹性到底有多大。

五、看使用说明

服装产品使用说明由扣在服装上的吊牌和缝在服装产品上的标识组成。按GB5296.4《消费品使用说明纺织品和服装使用说明》和GB 18401—2010《国家纺织产品基本安全技术规范》规定应标示的内容是，产品名称，制造厂商的名称和地址，产品检验的合格证明，产品执行标准编号，产品质量等级，采用原料的成分和含量，产品号型和规格，洗涤标识的图形

符号及说明，产品安全技术类别等。

六、看标签

在服装上还会悬挂一些特殊的标签，如纯羊毛标志、中国流行面料等。

专属于毛织品的认证目前最为权威的是国际羊毛局（IWS）推出的纯羊毛标志（WOOLMARK）、高比例羊毛混纺标志（WOOLMARK BLEND）和羊毛混纺（WOOL BLEND）

中国流行面料工程是在中国纺织工业联合会指导下，由中国纺织信息中心、国家纺织产品开发中心偕同各专业协会共同执行的行业性产品开发解决方案。"中国流行面料吊牌企业"将被授权使用吊牌标志，吊牌标志将注明公司名称、公司LOGO、有效期及证书标号。

七、看安全

服装面料在印染和后整理等过程中需加入各种染料、助剂，但这些整理剂或多或少都会产生对人体有害的物质，当这些有害物质残留在服装上并达到一定量时，就会对人的皮肤，乃至人体健康造成不同程度的危害。

如经含有甲醛的树脂处理过的织物，抗皱性和防缩性好。但甲醛含量过高会对人体产生不良影响，为此，国家制订了GB 18401，严格限制了纺织品中甲醛含量。标准按产品分类规定了甲醛含量限定值，其中婴幼儿用纺织品（包括床上用品）限定≤20mg/kg，包括床单、被罩在内的直接接触皮肤的纺织品限定≤75mg/Kg，外衣等非直接接触皮肤类纺织品限定≤300mg/Kg，包括窗帘、床罩在内的室内装饰。

有些织物在洗涤过程中会严重褪色，在遇到汗液或晾晒后颜色会变得黯淡，都是由于织物色牢度不佳而引起的。还有一些色彩亮丽的织物（如苹果绿、嫩黄和漂白色等）都添加有荧光剂，阳光照射后容易泛黄、黯淡，同时也不利于穿着者的安全。

纺织产品认证依据的技术标准是HJ/T 307—2006《环境标志产品技术要求 生态纺织品》。该标准制定的目的是减少纺织品在制造和消费过程中甲醛、重金属、有毒染料、挥发性物质的释放等对环境、消费者健康带来的危害，为指导性标准，适用于中国环境标志产品认证。标准适用于除经防蛀整理的毛及其混纺织品外的所有纺织品。

Oeko-Tex标准认证，也即Oeko-Tex Standard100是世界上最权威的、影响最广的纺织品生态标签。悬挂有Oeko-Tex Standard100标签的产品，都经由分布在世界范围内的15个国家的知名纺织检定机构（都隶属于国际环保纺织协会）的测试和认证。Oeko-Tex Standard100标签产品提供了产品生态安全的保证。

八、看价格

购买物美价廉的商品，始终是大多数人的目标。服装的价格实际上是服装款式、面料、品牌、质量的综合体现。新款服装刚刚上市，价格会高一点，名牌服装价格更是不菲。

换季时节，商场、服装街的特卖区多销售一些过季或不时兴的服装，价格一般较便宜。购买此类服装一定要注意的是服装也有"保质期"。纺织纤维都属于高分子材料，放置时间久了会产生老化，从而引起纤维制品的强力等宏观力学性能大幅度下降，从而影响使用寿命。尤其是真丝和纯棉面料，老化后不仅失去原有的质感，而且容易起皱破损，易变形。

九、看效果

购买服装最好能够试穿，看服装与人体体型的符合程度。上衣试穿时，胳膊交叉抱住或伸展时，腋部和背部没有紧绷感。西裤试穿时，可坐到椅子上再站起来，看有无拘束感，以检查腰围尺寸是否瘦小。裙子应选试穿时侧缝直顺、不倾斜，前后身长短一致，腰部、臀部贴身，松紧适度，裙带、拉链无松脱。

以上选购的9个步骤，依各人的情况而有顺序上的不同。如看重品牌的消费者，会限定在喜欢的一个或几个品牌服装中选购，即将"看品牌"这一步骤提前到第一个步骤。

第二节　各类纺织商品的选购

一、棉织物

如前所述，棉织物主要包括纯棉、涤/棉、黏/棉、丙/棉、维/棉的品种，可按棉织物的辨别方法辨别选购。

二、麻织物

麻织物在凉爽、韧性、耐磨、耐腐蚀等方面性能优异，没有静电反应。麻织物的缺点是穿着不甚舒适，外观较为粗糙，生硬。麻织物布面平整，带有自然的小疙瘩，织物组织大多是平纹。麻织品染色性差，故花色品种少，素色本色多。可按麻织物的辨别方法辨别选购。

三、丝织物

真丝面料手感柔软，富有弹性，揉之有丝鸣声。人造丝织品手感稍粗硬，有湿冷的感觉；真丝光泽文雅、不刺眼，人造丝则有类似金属的光泽；真丝织品用手紧握后放开皱纹少而不显，人造丝织物则皱纹较多、不易复原。

四、毛织物

毛织物光泽自然、柔和，手感细腻、滑糯、挺括而不觉得硬。用手将毛织物紧握在手中，慢慢放松手指，能感觉到织物的反弹力。

五、绒线

绒线要求色泽鲜艳不发花，光泽柔和；手感柔软，丰满有弹性；条干光洁，有毛茸；夹花及色均匀。

六、羽绒制品

要看缝制质量，注意面料上有没有钻绒跑毛，各个部位充绒是否均匀。用手轻拍，如针脚处有粉末逸出，说明质量差。抓一把迅即放松，复原快的，证明羽绒质量好。用指尖触摸，如果布满火柴梗、大头针般的毛片，说明含绒量在30%以下。基本摸不到硬梗杂物，证明含绒量达65%，质量合格。用鼻子贴近羽绒吸气，没有异味为佳。

七、保健功能纺织品

中国保健协会的标准CAS115—2005《保健功能纺织品》，对远红外、抗菌、磁性三个功能进行了定性和定量规定。标准还将保健功能纺织品分为服饰制品、床上用品、其他用品等类别。凡是符合标准的将被允许在其产品上使用其标识。

八、进口服装

进口服装应符合GB 18401《国家纺织产品基本安全技术规范》和GB5296.4《消费品使用说明 纺织品和服装的使用说明》两个强制性国家标准。

进口服装选购中要注意以下几点。

① 辨别进口服装原产地标识。

② 看衣领商标的附近或者下摆侧缝的洗唛上标注是哪国制造的。

③ 不同国家及不同品牌的企业对服装尺寸大小的标注方式都不一样，消费者应首先根据中文标签中我国的号型标注来选择合适的服装尺寸。

九、家纺产品

消费者在选购家用纺织品时首先应注意品牌、原料、环保因素，而不是价格和款式。厂商在标明原料、染料时还要标明正确的使用方法和洗涤方式。家用纺织品中最常用的原料是棉、麻等天然纤维、涤/棉纤维及其他合成纤维。

家纺产品最适合的功能是：床上用品要有抗菌功能，沙发布要有防污功能，窗帘要能够防紫外线，宾馆等公共场所的纺织品要具备阻燃功能，毛巾、床单、被套、枕套最好能够防螨虫。

思考与实训题 ▶▶

1. 写出服装产品的选购要素。

2. 家纺产品在选购上与服装产品有哪些不同？

3. 实训题：辨别不同材质的面料。

第十六章
纺织商品的使用养护

【本章知识点】

● 纺织品服装的污染、除渍、洗涤、熨烫、收藏、废弃和回收。

第一节　纺织品服装的污染与除渍

纺织品服装在使用过程中，不可避免地受到来自人体本身及外部的污染。污染的形式和性状多种多样，了解这些形式和性状，对于去除污染、保护衣物有着重要的作用。

一、污垢种类

按化学组成和性质的不同，污垢的类别有水溶性、油性、固体粒子和蛋白质之分；按来源分，衣物上的污垢包括来自人体的汗、皮脂、皮屑及血液、排泄物等分泌物，以及来自生活和工作环境的尘埃、食物残渣、化妆品、药品、墨水和机油等。其中有些本身不一定是脏物，但沾在衣物上，不仅会使衣物产生污垢，还可能会滋生和繁殖来自空气中的细菌和霉菌，在衣物上留下难以去除的污渍。

衣物污垢的类别和特点见表16-1。

表16-1　衣物污垢的类别及特点

性质类别	举例	特点
水溶性污垢	汗、酱油、砂糖、果汁、食盐、淀粉等	粘附后若立即加以去除，则能够除净，但也有一些色素不溶于水
油性污垢	皮脂、油脂、食用油、化妆品、机油、涂料等	不溶于水但能溶于有机溶剂，有的能用表面活性剂的水溶液去除。如果残留的油性物质在空气中氧化，形成不溶于溶剂的污渍，就会使纤维变色
固体粒子	煤烟、黏土、沙粒、铁粉、纤维残丝等	既不溶于水又不溶于有机溶剂，主要靠表面活性剂的分散作用去除，有时用拍打或刷子刷除
蛋白质	皮脂蛋白、血液、牛奶、鸡蛋等	刚沾着时是水溶性的，但受热、湿、紫外线等影响后，就会成为不溶于水并难以去除的污渍。这类污渍常需要配制在洗涤剂中的蛋白质分解酶类去除。

二、纺织品衣物与沾污关系

（一）污垢粘附形式

由于纤维类衣物的构成因素所致，污垢在纤维类衣物中的粘附形式如图16-1所示，主要

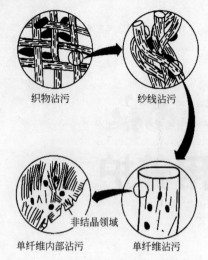

织物沾污　　　　纱线沾污

非结晶领域

单纤维内部沾污　　单纤维沾污

图16-1　污垢在纤维类衣物中的粘附形式

有织物沾污、纱线沾污、单纤维沾污及单纤维内部沾污四种。

（二）衣物与沾污

由于纤维类衣物的主要构成因素是纤维、纱线、组织结构及后整理，因此，衣物沾污、去污的难易程度与这些因素所造就的衣物表面物理状态和化学特性有相当密切的关系。

1.衣物表面物理状态与沾污

衣物表面凹凸不平、沟槽多、褶皱多，表面积相应增大，因此容易沾污。例如，同样是纤维素纤维，黏纤类衣物由于其纤维表面有纵向沟槽而比棉织物易沾污；短纤维衣物由于表面有较多的茸毛而比长丝衣物易沾污；针织物通常由于其线圈结构所拥有的空隙和纱线结构相对蓬松而比机织物易沾污。

2.衣物化学特性与沾污

衣物的化学特性主要取决于其纤维的化学特性和衣物的染整工艺，因此，纤维和染整助剂的化学组成决定了衣物的化学特性和沾污去污性能。衣物的化学性能与污染性的关系如表16-2所示。

表16-2　衣物化学性能与污染性的关系

衣物类别	纤维属性	化学结构性能	沾污、去污性能
羊毛、蚕丝、麻、黏纤、棉、维纶、锦纶类衣物	亲水性纤维	分子结构中含有大量或较多的亲水性基团	水溶性污物易粘附，也易去除
丙纶、氯纶、涤纶、腈纶类衣物	疏水性纤维	分子结构中只有少量或没有亲水性基团	油污易附着，且难以去除，再污染性很大

三、纺织品服装的除渍

除渍是指用去污剂或化学药品，再加上机械作用去除污垢的过程，一般在洗衣店中进行。有些污物在水洗或干洗前较易去除，而有些是在干洗过程中或水洗与干洗之后经过处理才能解决。应根据不同纤维、不同污垢、不同药品作用和不同方法来选择正确的去污方式。

第二节　纺织品服装的洗涤

一、纺织品服装的洗涤

纺织品服装受污染后，不仅外观不雅，其内在性能如弹性、透气性、保暖性、强度等也会受到损伤，从而影响衣物的使用功能和寿命。此外，污垢分解会产生有害于人体的成分，并为细菌及微生物提供繁殖的条件，从而危害人体健康。为了去除污染物，使服装回复原始状态，达到长期使用的目的，必须对污染物进行洗涤。

通常对服装洗涤作用基本过程的描述是，当服装浸在含有洗涤剂的溶液中时，洗涤剂与污垢、污垢与固体表面之间发生一系列物理化学作用（润湿、渗透、乳化、增溶、分散和气泡等），随后借助于机械搅动或揉搓，污垢从衣物表面脱离下来，分散、悬浮于溶液中，最后经漂洗除去，这是洗涤的主要过程。需指出的是，洗涤过程是一个可逆过程，分散、悬浮于溶液中的污垢也有可能从溶液中重新沉积于衣物表面，使其变脏，这种现象称为污垢再沉积（或织物再沾污）。因此，优良的洗涤剂应具备两种作用：一是降低污垢与衣物表面的结合力，具有使污垢脱离衣物表面的作用；二是具有防止污垢再沉积的作用。

（一）洗涤方法

纺织品服装的洗涤方法有水洗（湿法洗涤）和干洗（干法洗涤）两种。

1. 水洗

水洗是将洗涤剂溶于水中来清洗衣物。由于水的洗涤较为简单、方便且经济，所以，家庭普遍采用水洗。为达到最佳洗涤效果，洗前把衣物在冷水中浸泡一段时间，可使附着在衣物表面的灰尘、污垢、汗液等脱离衣物而游离入水，既可以提高洗涤质量，又可以节约洗涤剂；同时可利用水的渗透，使衣物充分膨胀，有利于洗涤剂进入。但应注意浸泡时间也要适度，否则，会适得其反。

水洗条件有洗涤方式（手洗和机洗）、洗涤温度、洗涤液浓度、洗涤用水（硬水和软水）几种。

洗涤温度是洗涤过程的重要影响因素，对洗涤效果影响很大。理论上讲，温度越高，洗涤效果越好；而实际上却因受到纤维耐热性、色泽的耐温性等因素的限制，洗涤温度的选择应根据衣物品种、色泽、污垢程度等的不同来确定，一般以40℃为宜。

2. 干洗

干洗是采用挥发性有机溶剂或干洗合成洗涤剂为洗涤剂和洗液。清洁用的干洗溶液是那些在常温下易蒸发的油溶剂，如石脑油、乙醚、丙酮、酒精等。与水洗相比，干洗后的服装不变形、不褪色，对纤维损伤小。不足之处是整件服装的干洗需要庞大的浸润容器、溶液去除设备、晾干设备、溶剂回收设备等，所用的溶剂数量很大，花费也大，且有机溶剂有起焰和中毒的危险性，故一般家庭不宜自作干洗。干洗常只限于不宜水洗的高档服装，如呢西装、呢大衣、丝绒服、天鹅绒呢、羊绒服装、薄丝织物等。

干洗虽然容易洗去油污，但较难去除水溶性污垢，也容易发生再次污染。为此，实际操作时可采用掺水干洗法，即在溶剂中加入微量水分和表面活性剂的混合液的洗涤方法。这样，油溶性的污垢溶解于干洗剂的溶剂中且与溶剂一起被除去；水溶性污垢溶解于洗涤剂中的少量水中，然后增溶，再进入溶剂而被除去；而不溶性的固体污垢，由于表面活性剂的作用，分散于溶剂中而被除去。

（二）常见的洗涤剂

洗涤剂是指能够去除服装及其他各种纺织品污垢的物质。除去衣物上的污物必须借助于洗涤剂等溶剂。选用洗涤剂的原则是，首先要能洗清污物，要在水洗条件下能随水漂去，不残留在织物表面或内部；其次，对织物不会损伤或损伤不大，不会发生退色、沾色等现象，洗涤剂对洗涤机械和手不会产生损害；最后，还要考虑环保的要求。目前用的洗涤剂，基本上都能符合环保要求，洗涤剂分水洗用合成洗涤剂和干洗用干洗剂两种。

1. 水洗用合成洗涤剂

水洗用合成洗涤剂有表面活性剂和助洗剂两种。

表面活性剂是两亲（亲油、亲水）分子构成的物质。将少量的这种物质加入水溶液中，能显著降低水溶液的表面张力。

洗涤剂中加入助洗剂可以增强洗涤效果。

2. 干洗剂

干洗剂具有不损伤纤维、无变形、无退色，保持服装挺括、自然、丰满等特点，适合于丝绸、毛织品等高级服装材料。干洗剂有膏状和液态两种。膏状主要用于服装局部油污的去除。液态干洗剂则用于整体衣料的洗涤。

（三）洗涤要点

各类衣料的洗涤要点见表16-3。

表16-3　各类衣料的洗涤要点

面料种类	洗涤温度/℃	洗涤剂	洗涤方法	拧绞	晾晒、烘干	备注
棉织物	25～40	碱性或中性	可以揉搓、可用毛刷刷洗	可以	反面晾晒	内衣忌热水浸泡
麻织物	25～40	碱性或中性	忌用硬刷刷洗，轻揉、轻搓	忌用力拧绞	反面晾晒	—
黏胶纤维织物	25～40	碱性或中性	忌刷洗，轻揉、轻搓	忌拧绞	忌暴晒	—
醋酯纤维织物	25～40	碱性或中性	忌刷洗，轻揉、轻搓	忌拧绞	忌烘干	—
丝织物	25～30	中性或若酸性	忌刷洗，轻揉、轻搓	忌拧绞	忌暴晒、忌烘干	小心手洗
毛织物	25～30	中性或若酸性	忌刷洗，轻揉、轻搓	忌拧绞	忌暴晒、忌烘干	—
涤纶、锦纶和锦纶织物	25～40	一般洗涤剂	可以揉搓、可用毛刷刷洗	可以	忌暴晒、忌烘干	—
维纶织物	25～30	一般洗涤剂	可以揉搓、可用毛刷刷洗	可以	忌暴晒	—

二、纺织品服装的熨烫

熨烫是使用熨斗，对衣物在一定温度、压力、水汽的条件下进行的"热定形"。熨烫的目的是通过高温作用与衣料，赋予服装以平整、挺括的外观，使穿着时显得平挺、线条轮廓清晰、服帖合身。熨烫工艺条件（衣物的湿度、熨烫温度、熨烫压力以及熨烫时间）需依服装材料的性质而定。

（一）熨烫的类型

1. 手工熨烫

手工熨烫就是使用熨斗和烫台，在服装表面通过人工施加一定的外力和操作技巧，促使服装成型的一种方法。人们在家中或小型洗衣店对衣服的熨烫，基本都采用这种方法。

2. 机械熨烫

机械熨烫是采用相关的熨烫机械，使服装成型的一种方法。这种熨烫加工主要是服装制作工厂、大型洗衣店中运用。主要机械有用于床单、被罩、台布的熨平机，衬衫熨平机，服装厂家常用的模烫机械、加熨机等。

（二）熨烫工艺

1. 衣物的湿度

根据熨烫时的用水给湿程度，熨烫可分为干烫、湿烫或蒸汽烫。熨烫时在服装上洒上点水或垫上一层湿布，有利于借助水分子润湿作用，使纤维润湿、膨胀、伸展，较快地进入预定的排列位置，在热的作用下进行定形。

熨烫时对服装的用水给湿程度依据衣料的纤维种类和织物厚薄而定。质地较轻薄的棉、麻、丝、合纤服装都可以在熨烫前喷洒水，等过一段时间水点化匀后进行熨烫。质地较厚重的呢绒、涤纶、腈纶服装，给湿量要多一些，一般以蒸汽熨烫效果最佳，缺乏条件时采用喷水或垫湿布，也可垫干布。最好不要直接熨烫，特别是对丝、毛织物和合纤织物，以免产生极光。喷水时含水率控制在15%～30%，所垫湿布的含水率一般在80%～90%。此外织物也不宜熨烫得过于干燥，一般可烫至含水率为5%～10%，特别是丝、毛织物不可熨烫至绝干。熨烫后自然晾干，更显自然柔和。

2. 熨烫温度

为了赋予衣物平整、光洁、挺括的外观，掌握好熨烫温度最为关键。一般而言，以衣料的热塑性越大，其定形效果越好。温度过低，达不到热定形的目的；温度过高，会损伤纤维，甚至使纤维熔化或炭化。合适的熨烫定形温度在玻璃化温度和软化点之间。合成纤维的热塑性比天然纤维好，特别是羊毛织物，如果不加一定的温度和湿度，则难以达到预期的定形效果。对于混纺或交织面料，熨烫温度的选择应就低不就高，对于质地轻薄的衣料，熨烫温度可适当对于质地厚重的衣料，其熨烫温度应高一些；对于易褪色、变色的衣料，熨烫温度应适当低一些。

3. 熨烫压力

在熨烫定形中压力也是必不可少的条件。熨斗虽然有一定重量，但在一定的温度和湿度下，通过手给熨斗施加一定压力，能够迫使纤维进一步伸展，或折叠成所需的形状使纤维分子向一定方向移动。当温度下降后，纤维分子在新的位置上固定下来，不再移动，从而完成服装的热定形，使去除折皱的效果更好。熨烫压力的大小要根据材料、款式、部位而定。如真丝、黏纤、人造毛、灯芯绒、平绒、丝绒等材料，用力不能太重，否则会使纤维倒伏而产生极光；而像毛料西裤挺缝线、西服止口等处，则应用力重压，以利于折痕持久、止口变薄。熨烫时应避免在一个位置过久重压，防止服装上留下熨斗印痕或变色。

4. 熨烫时间

熨烫操作的时间长短，取决于以上3个基本条件的综合作用。一般情况下，熨烫时间长，熨烫效果好；但时间过长，会使衣物产生极光甚至烫焦衣物。整烫的温度高，熨烫的时间就相对较短；反之，时间相对较长。面料的湿度越大，熨烫的时间就越长；压力大一些，熨烫的时间就会短一些。只有在温度、湿度、压力3个基本条件运用适当的情况下，适当延长熨烫时间，才能使服装达到较好的定形效果。

（三）常见服装面料的熨烫

棉纤维被加热到120℃时，就会变色发黄；达到150℃时，纤维结构发生变化，强力下降；当继续加热到250℃时，棉纤维很快就会燃烧炭化。棉纤维适当的熨烫温度为180～200℃。

麻制品不宜重压，褶裥处也不宜反复熨烫。能承受的温度高达170～190℃，熨烫温度可达200℃，一般需要加湿熨烫。

羊毛耐热性不如棉纤维，较一般纤维差。在100～105℃的干热中，纤维内水分蒸干后，便开始泛黄、发硬；当温度升高到120～130℃时，羊毛纤维开始分解，并放出刺激性气味，强力明显下降。在整烫羊毛织物时不能干烫，应喷水湿烫或垫上湿布进行熨烫。熨烫温度一般在160～180℃。

蚕丝的耐光性差，在日光下纤维会泛黄变脆，不宜用含氯漂白剂或洗涤剂处理。丝织物比较精细，一般在熨烫前需均匀喷水，并在水匀后再在反面熨烫，熨烫时温度控制在160～180℃，宜用蒸汽熨斗。丝绸织物的褶裥不易保持。对丝绒类织物，不但要熨背面，并且应注意熨台需要垫厚，压力要小，最好采用悬烫。柞蚕丝织物不能湿烫，否则会出现水渍。还要注意丝绸织物不一定全是纯蚕丝织物，丝绸织物中还有大量的化纤长丝织物，熨烫时应区分对待。

由于涤纶有快干免烫的特性，所以日常服用时一般不必熨烫，或只需稍加轻微熨烫即可，但如果是第一次定形，则需注意熨烫温度或褶裥的掌握，最好一步到位。如需改变已熨好的褶裥造型，则须使用比第一次熨烫时更高的温度。涤纶织物需要垫布、湿烫，以免由于温度掌握不好而出现材料的软化或"镜面"。

锦纶织物稍加熨烫便可平整，但不易保持，因此也需垫布湿烫。由于锦纶热收缩率比涤纶大，所以应注意温度不宜过高，且用力要适中。

维纶在湿热条件下收缩很大，因此这类织物在熨烫时不能用湿烫，可垫干布熨烫，熨斗温度控制在125～145℃。

腈纶织物的熨烫一般与毛织物的熨烫相类似。

丙纶、氯纶织物一般不需要熨烫，如需要熨烫时，丙纶可喷水在衣料背面熨烫，温度控制在85～100℃。而氯纶织物的耐热性很差，即使要熨烫也只能控制在40～60℃，不能垫湿布，这类织物不能承受熨烫，只适于作为化学工业上的过滤材料和其他特殊用品。

第三节　废旧纺织品服装的废弃和再利用

废旧纺织品的来源主要有两个：一个是来自纺纱、制造和成品生产加工的各道工序，例如纺纱清花、混和、梳理工序以前的落物（回花、地弄花、盖板花等），成品加工过程中的下脚料、废纱、废布等；另一个来源是废弃的纺织品，如穿旧的服装、旧地毯等。目前看来，第二个来源有不断增长的趋势。

一、废旧纺织品服装的废弃处理

生产过程中产生的纺织废料可以直接作为纺织原料，大多被工厂内部回用，且有很高的回用价值。但对于服装废弃品的处理，目前最主要的处理方式就是掩埋和焚烧。据统计，整个美洲，每年约有超过$2.5×10^7$t的废旧服装被实施垃圾掩埋。英国平均每年仅仅约有17%的服装被回收利用，绝大多数废旧服装被当成垃圾掩埋。日本平均每年约有100t的废旧服装被当成垃圾丢弃，也仅有约10%被回收再利用。

这些服装材料废料的堆积将会占用土地，而且容易造成坍塌；堆积的废料暴露在空气中，聚积灰尘、杂质会影响环境卫生。在雨水的作用下，服装废料上的染料及其有害成分将浸出并渗入地下，会污染地下水。填埋处理在地表之下进行，虽然不会影响地面环境，但经过填埋处理的场地在城市中几乎不可再利用。由于化纤不易分解，化纤废料的填埋会使土壤板结硬化。同样，废料上的有害物质会随水渗入土壤、透入地下，污染土壤和地下水。而焚毁产生的灰尘与温室气体二氧化碳，将污染大气，影响环境卫生；而且焚烧后的化纤残留物更不易处理。

二、废旧纺织品服装再利用

1. 废旧纺织品服装再利用现状

现在，越来越多的国家对废旧服装的处理十分重视，许多国家专门成立组织进行废旧衣物回收，避免造成资源浪费以及不必要的环境污染。

在纺织工业发达国家，各种化学纤维是纺织工业的重要原料，因此如何成功地将化纤回收再利用是重要的研究方向。1978年，瑞士成立了Texaid股份公司，回收瑞士人的旧衣物，并将回收的衣物分类为"可穿衣物"与"回收品"，进行二次买卖、接济贫困人群或制作抹布等产品。1979年，美国一家造纸公司用废旧纺织品生产出了优质的造币用纸，开辟了废旧纺织品回收再利用的新技术。

与国际纺织服装废旧物的研究进程和成果相比而言，中国废旧纺织品服装的再回收和相关研究就显得较为滞后。根据统计，每年中国纺织服装的废弃物已近千万吨，且呈递增趋势。怎样对废纺织服装纺织品实施再回收利用，以节约能源和资源，减少污染应该引起行业及研究人员的高度重视。

2. 纺织品服装循环利用的主要途径

目前针对废旧纺织品服装的回收再利用方法主要有三种，分别是物理回收方法、能量回收方法和化学回收方法。

（1）物理回收方法　是指对废旧纺织品进行初步的机械加工后，就可以被重新利用，或是得到一些初级原材料的回收再利用方法。物理回收对废旧纺织品回收利用彻底，可以完全利用。但是通过物理回收方法可能导致一些贵重的纺织原料浪费。

（2）能量回收方法　其回收方法简单，成本低，回收彻底；但是在回收处理中会造成环境污染，同时也使得大量可重复利用的纺织原材料浪费。

（3）化学回收方法　是对废旧纺织品回收的最佳方式，不仅可以使纺织原料彻底利用，而且对于价格昂贵的纺织原料能够较好地重复利用。经化学回收的原料与新料所制造的纤维性能差别较小。但是化学回收法所需的工艺技术较高，成本相对较高，适用于批量生产，对于所回收的废旧纺织品所含原料要求较为严格。

3. 服装材料循环利用存在的问题

由于服装材料循环利用还是个新兴课题，不论国内外，都还没有把服装材料循环利用做到很完善，目前，关于服装材料的循环利用方面还存在许多问题。

（1）我国废旧服装再利用活动展开较少，缺乏政府扶持　就国外而言，废旧服装的再利用相对比较成熟，而且也初步形成了一个体系，不管是政府支持还是民间机构，宣传和发动工作做得较好。在国内，废旧服装再利用，对于大多数人来说，仅仅停留在概念上，宣传力度也不够。政府对这一部分的支持十分有限，关于这方面的机构少之又少，废旧服装回收渠道具有一定的局限性。仅有少部分服装设计者回收部分废旧服装进行二次设计外；另有少量回收废旧服装用于捐助贫困地区。

（2）废旧服装回收渠道的局限性　不论国内外，废旧服装再利用最主要的问题就在于废旧服装的回收。尽管国外在这方面的发展相对成熟，但仍不能保证人人都参与到回收废旧服装纺织品的行列中。而我国参与到此项活动中的人仅仅是极其小的一部分。发达国家在废旧服装回收后，分类、处理、乃至后续的规划仍需要进一步完善。然而对于我国来讲，基本上还没有涉及，所以也无从参考。

（3）可降解服装材料种类不足　由于高分子合成纤维的结构比较复杂，进行化学反应的条件比较苛刻，反应的时间也比较长，所以针对可降解高分子合成纤维的研究还少有突破。目前对可降解服装材料的研发，还主要停留在天然纤维与少数已知可降解高分子合成纤维上，可降解服装材料的种类还很少，难以满足需要。

思考与实训题 ▶▶

1. 简述纺织品服装如何洗涤与熨烫。

2. 日常生活中，你是根据什么选择洗涤剂的？调查洗涤剂的品牌、类型、特点、适合洗涤衣物种类。

3. 请论述废旧纺织品服装再利用的意义，并讨论我国应该如何发展。

参考文献

[1] 王府梅等.纺织服装商品学 [M].北京：中国纺织出版社，2008.

[2] 袁观洛.纺织商品学 [M].2版.上海：东华大学出版社，2006.

[3] 潘绍来.商品学 [M].南京：东南大学出版社，2004.

[4] 潘绍来.商品理论与实务 [M].2版.南京：东南大学出版社，2012.

[5] 朱进忠.实用纺织商品学 [M].2版.北京：中国纺织出版社，2011.

[6] 方风铃.商品学概论 [M].北京：北京大学出版社，2007.

[7] 陈明华.商品学 [M].北京：北京理工大学出版社，2006.

[8] 朱峰.保健功能纺织品认识及选购要领 [J].福建质量技术监督，2012，（5）：48-49.

[9] 林荣宗.浅谈服装选购知识 [J].中国纤检，2011，（7）：81-82.

[10] 瞿才新.服装选购也要讲究科学 [J].四川纺织科技，2001，（3）：49-50.

[11] 冯宪.真丝服装的选购、使用与维护保养 [J].上海丝绸，2011，（2）：16-17.

[12] 王文博.服装洗熨设备与技术 [M].北京：机械工业出版社，2007.

[13] 张弦，曹红梅.纺织品服装选购与保养245问 [M].北京：中国纺织出版社，2008.

[14] 马翔.商品学 [M].哈尔滨：哈尔滨工业大学出版社，2011.

[15] 申纲领.商品学 [M].北京：北京理工大学出版社，2012.

[16] 束舞云.如何选购纺织品服装 [J].中国纤检，2004，（12）：38.

[17]《纺织品大全》编辑委员会.纺织品大全 [M].2版.北京：中国纺织出版社，2005.

[18] 王革辉.服装材料学 [M].北京：中国纺织出版社，2006.

[19] 吴薇薇.服装材料学·应用篇 [M].北京：中国纺织出版社，2009.10.

[20] 刘国联.服装材料学 [M].上海：东华大学出版社，2011.7.

[21] 汪秀琛.服装材料基础与应用 [M].北京：中国轻工业出版社，2012.

[22] 戴鸿.服装号型标准及其应用 [M].北京：中国纺织出版社，2009.

[23] 冯翼，冯以枚.服装生产管理与质量控制 [M].北京：中国纺织出版社，2010.

[24] 朱松文.服装材料学 [M].北京：中国纺织出版社，2001.

[25] 万志琴，宋惠景.服装生产管理 [M].北京：中国纺织出版社，2008.

[26] 沈婷婷.家用纺织品造型与结构设计 [M].中国纺织出版社，2004.

[27] 龚建培.现代家用纺织品的设计与开发 [M].中国纺织出版社，2004.

[28] 崔唯.现代室内纺织品艺术设计 [M].中国纺织出版社，1999.

[29] 谢霞.军事用纺织品的应用及发展 [J].产业用纺织品，2006，2.

[30] 葛怡.纺织材料在医疗卫生领域的应用状况与开发前景 [J].产业用纺织品，1996，2.

[31] 周蓉.秸秆非织造基质发展现状及前景 [J].产业用纺织品，2004，3.

[32] 巴塔.非织造布在农业上的应用 [J].产业用纺织品，2000，6.

[33] 温优良.高新材料技术在竞技体育中运用调查分析 [J].体育研究，2001，4.

[34] 李汉堂.轮胎帘线 [J].轮胎研究与开发，1992，2.

[35] 于川江.现代制动刹车材料的应用研究与展望 [J].润滑与密封，2010，2.

[36] [美] 阿达纳主编.威灵顿产业用纺织品手册 [M].徐朴等译.北京：中国纺织出版社，2000.

[37] 熊杰.产业用纺织品 [M].杭州：浙江科学技术出版社，2007.

[38] 杨彩云.产业用纺织品 [M].北京：中国纺织出版社，1998.

[39] 晏雄.产业用纺织品 [M].上海：东华大学出版社，2003.

[40] 柯勤飞.非织造学 [M].上海：东华大学出版社，2010.

[41] 言宏元.非织造工艺学 [M].北京：中国纺织出版社，2010.

[42] 宗亚宁，刘月玲.新型纺织材料及应用 [M].北京：中国纺织出版社，2009.

[43] 于伟东.纺织材料学 [M].北京：中国纺织出版社，2006.

[44] 道德锟.立体织物与复合材料 [M].北京：中国纺织出版社，2000.

[45] 黄故.现代纺织复合材料 [M].北京：中国纺织出版社，2000.

[46] 王延熹.非织造布生产技术 [M].上海：中国纺织大学出版社，1998.

［47］罗瑞林.织物涂层技术［M］.北京：中国纺织出版社，2005.

［48］陶肖明.纺织结构复合材料［M］.北京：科学出版社，2001.

［49］陈详宝.树脂基复合材料制造技术［M］.北京：化学工业出版社，2000.

［50］吴人杰.复合材料［M］.天津：天津大学出版社，2000.

［51］沃丁柱.复合材料大全［M］.北京：化学工业出版社，2000.

［52］杨思让.土工布应用技术［M］.北京：纺织工业出版社，1991.

［53］郝新敏，张建春，杨元.医用纺织材料与防护服装［M］.北京：化学工业出版社，2007.

［54］张建春.织物防水透湿原理与层压织物生产技术［M］.北京：中国纺织出版社，2003.

［55］罗益锋.从战略性新兴产业看纤维产业的发展（一）：高科技纤维在医疗领域的应用［J］.纺织导报，2012，5.

［56］芦长春.从战略性新兴产业看纤维产业的发展（二）：高新纤维材料在环境控制与净化领域的应用进展［J］.纺织导报，2012，6.

［57］芦长春.从战略性新兴产业看纤维产业的发展（三）：高性能纤维材料在航空航天领域的应用［J］.纺织导报，2012，7.

［58］芦长春.从战略性新兴产业看纤维产业的发展（四）：合纤长丝在医疗领域的应用［J］.纺织导报，2012，8.

［59］赵京生，刘孝恒.电磁波辐射的危害性及防护［J］.工业安全与防尘，1998，12.

［60］萧庆亮.建筑物补强加固用纤维片材的制备与应用［J］.浙江工程学院学报，2003，12.